ŒUVRES
COMPLÈTES
DE MOLIÈRE

TOME TROISIÈME.

PARIS.
PUBLIÉE PAR NAPOLÉON CHAIX,
IMPRIMEUR-ÉDITEUR.
1864.

BIBLIOTHÈQUE UNIVERSELLE DES FAMILLES

FORMANT

500 BEAUX VOLUMES IN-OCTAVO

CHOISIS PARMI

LES MEILLEURS OUVRAGES ANCIENS ET MODERNES

PUBLIÉE

PAR NAPOLÉON CHAIX.

COLLECTION NAPOLÉON CHAIX

ŒUVRES

COMPLÈTES

DE MOLIÈRE

TOME TROISIÈME.

PARIS

CHEZ NAPOLÉON CHAIX ET Cie,

IMPRIMEURS-ÉDITEURS.

1864.

LE MISANTHROPE.

COMÉDIE EN CINQ ACTES.

4 juin 1666.

AVERTISSEMENT

DE L'ÉDITION ORIGINALE

(1667.)

LE LIBRAIRE AU LECTEUR.

Le Misanthrope, dès sa première représentation, ayant reçu au théâtre l'approbation que le lecteur ne pourra lui refuser, et la cour étant à Fontainebleau lorsqu'il parut, j'ai cru que je ne pouvais rien faire de plus agréable pour le public que de lui faire part d'une lettre[1] qui fut écrite, un jour après, à une personne de qualité sur le sujet de cette comédie. Celui qui l'écrivit étant un homme dont le mérite et l'esprit sont fort connus, sa lettre fut vue de la meilleure partie de la cour, et trouvée si juste parmi tout ce qu'il y a de gens les plus éclairés en ces matières, que je me suis persuadé qu'après leur avoir plu, le lecteur me serait obligé du soin que j'avais pris d'en chercher une copie pour la lui donner, et qu'il lui rendra la justice que tant de personnes de la plus haute naissance lui ont accordée.

---

[1] Cette lettre fut écrite par Jean Donneau de Vizé, créateur du *Mercure de France*. On la trouve en tête de l'édition originale de 1667.

LETTRE

ÉCRITE SUR LA COMÉDIE DU MISANTHROPE.

Monsieur,

Vous devriez être satisfait de ce que je vous ai dit de la dernière comédie de M. de Molière, que vous avez vue aussi bien que moi, sans m'obliger à vous écrire mes sentiments. Je ne puis m'empêcher de faire ce que vous souhaitez; mais souvenez-vous de la sincère amitié que vous m'avez promise, et n'allez pas exposer à Fontainebleau, au jugement des courtisans, des remarques que je n'ai faites que pour vous obéir. Songez à ménager ma réputation; et pensez que les gens de la cour, de qui le goût est si raffiné, n'auront pas pour moi la même indulgence que vous.

Il est à propos, avant que de parler à fond de cette comédie, de voir quel a été le but de l'auteur; et je crois qu'il mérite des louanges, s'il est venu à bout de ce qu'il s'est proposé, et c'est la première chose qu'il faut examiner. Je pourrais vous dire en deux mots, si je voulais m'exempter de faire un grand discours, qu'il a plu, et que, son intention étant de plaire, les critiques ne peuvent pas dire qu'il ait mal fait, puisqu'en faisant mieux (si toutefois il est possible) son dessein n'aurait peut-être pas si bien réussi.

Examinons donc les endroits par où il a plu, et voyons quelle a été la fin de son ouvrage. Il n'a point voulu faire une comédie pleine d'incidents, mais une pièce, seulement, où il pût parler contre les mœurs du siècle. C'est ce qui lui a fait prendre, pour son héros, un misanthrope; et, comme misanthrope veut dire ennemi des hommes, on doit demeurer d'accord qu'il ne pouvait choisir un personnage qui vraisemblablement pût mieux parler contre les hommes que leur ennemi. Ce choix est encore admirable pour le théâtre; et les chagrins, les dépits, les bizarreries et les emportements d'un misanthrope étant des choses qui font un grand jeu, ce caractère est un des plus brillants qu'on puisse produire sur la scène.

On n'a pas seulement remarqué l'adresse de l'auteur dans le choix de ce personnage, mais encore dans tous les autres; et, comme rien ne fait paraître davantage une chose que celle qui lui est opposée, on peut non-seulement dire que l'ami du misanthrope, qui est un homme sage et prudent, fait voir dans son jour le caractère de ce ridicule, mais encore que l'humeur du misanthrope fait connaître la sagesse de son ami.

Molière n'étant pas de ceux qui ne font pas tout également bien, n'a pas été moins heureux dans le choix de ses autres caractères, puisque la maîtresse du misanthrope est une jeune veuve, coquette, et tout à fait médisante. Il faut s'écrier ici, et admirer l'adresse de l'auteur : ce n'est pas que le caractère ne soit assez ordinaire, et que plusieurs n'eussent pu s'en servir; mais l'on doit admirer que, dans une pièce où Molière veut parler contre les mœurs du siècle et n'épargner personne, il nous fait voir une médisante avec un ennemi des hommes. Je vous laisse à penser si ces deux personnes ne peuvent pas naturellement parler contre toute la terre, puisque l'un hait les hommes, et que l'autre se plaît à en dire tout le mal qu'elle en sait. En vérité, l'adresse de cet auteur est admirable; ce sont là de ces choses que tout le monde ne remarque pas, et qui sont faites avec beaucoup de jugement. Le misanthrope seul n'aurait pu parler contre tous les hommes; mais en trouvant le moyen de le faire aider d'une médisante, c'est avoir trouvé en même temps celui de mettre, dans une seule pièce, la dernière main au portrait du siècle. Il y est tout entier, puisque nous voyons encore une femme qui veut paraître prude, opposée à une coquette, et des marquis qui représentent la cour : tellement qu'on peut assurer que dans cette comédie l'on voit tout ce qu'on peut dire contre les mœurs du siècle. Mais, comme il ne suffit pas d'avancer une chose, si l'on ne la prouve, je vais, en examinant cette pièce d'acte en acte, vous faire remarquer tout ce que j'ai dit, et vous faire voir cent choses qui sont mises en leur jour avec beaucoup d'art, et qui ne sont connues que des personnes aussi éclairées que vous.

Les choses qui sont les plus précieuses d'elles-mêmes ne seraient pas souvent estimées ce qu'elles sont, si l'art ne leur avait prêté quelques traits; et l'on peut dire que, de quelque valeur qu'elles soient, il augmente toujours leur prix. Une pierre mise en œuvre a beaucoup plus d'éclat qu'auparavant; et nous ne saurions bien voir le plus beau tableau du monde, s'il n'est dans son jour. Toutes choses ont besoin d'y être ; et les actions que l'on nous représente sur la scène nous paraissent plus ou moins belles, selon que l'art du poëte nous les fait paraître. Ce n'est pas qu'on doive trop s'en servir, puisque le trop d'art n'est plus art, et que c'est en avoir beaucoup que de ne le pas montrer. Tout excès est condamnable et nuisible, et les plus grandes beautés perdent beaucoup de leur éclat, lorsqu'elles sont exposées à un trop grand jour. Les productions d'esprit sont de même, et surtout celles qui regardent le théâtre; il leur faut donner de certains jours qui sont plus difficiles à trouver que les choses les plus spirituelles : car enfin, il n'y a point d'esprits si grossiers qui n'aient quelquefois de belles pensées, mais il y en a peu qui sachent bien les mettre en œuvre, s'il est permis de parler ainsi. C'est ce que Molière fait si bien, et ce que vous pouvez remarquer dans sa pièce. Cette ingénieuse et admirable comédie commence par le misanthrope qui, par son action, fait connaître à tout le monde que c'est lui, avant même d'ouvrir la bouche; ce qui fait juger qu'il soutiendra bien son caractère, puisqu'il commence si bien de le faire remarquer.

Dans cette première scène, il blâme ceux qui sont tellement accoutumés à faire des protestations d'amitié, qu'ils embrassent également leurs amis et ceux qui leur doivent être indifférents, le faquin et l'honnête homme; et dans le même temps, par la colère où il témoigne être contre son ami, il fait voir que ceux qui reçoivent ces embrassades avec trop de complaisance ne sont pas moins dignes de blâme que ceux qui les font; et par ce que lui répond son ami, il fait voir que son dessein est de rompre en visière à tout le genre humain; et l'on connaît, par ce peu de paroles, le caractère qu'il doit soutenir pendant toute la pièce. Mais, comme il ne pouvait le faire paraître sans avoir de matière, l'auteur a cherché toutes les choses qui peuvent exercer la patience des hommes; et, comme il n'y en a presque point qui n'ait quelque procès, et que c'est une chose fort contraire à l'humeur d'un tel personnage, il n'a pas manqué de le faire plaider : et comme les plus sages s'emportent ordinairement quand ils ont des procès, il a pu justement faire dire tout ce qu'il a voulu à un misanthrope, qui doit, plus qu'un autre, faire voir sa mauvaise humeur et contre ses juges et contre sa partie.

Ce n'était pas assez de lui avoir fait dire qu'il voulait rompre en visière à tout le genre humain, si l'on ne lui donnait lieu de le faire. Plusieurs disent des choses qu'ils ne font pas; et l'auditeur ne lui a pas sitôt vu prendre cette résolution, qu'il souhaite d'en voir les effets : ce qu'il découvre dans la scène suivante, et ce qui lui doit faire connaître l'adresse de l'auteur, qui répond sitôt à ses désirs.

Cette seconde scène réjouit et attache beaucoup, puisqu'on voit un homme de qualité faire au misanthrope les civilités qu'il vient de blâmer, et qu'il faut nécessairement ou qu'il démente son caractère, ou qu'il lui rompe en visière. Mais il est encore plus embarrassé dans la suite; car la même personne lui lit un sonnet, et veut l'obliger d'en dire son sentiment. Le misanthrope fait d'abord voir un peu de prudence, et tâche de lui faire comprendre ce qu'il ne veut pas lui dire ouvertement, pour lui épargner de la confusion; mais enfin, il est obligé de lui rompre en visière : ce qu'il fait d'une manière qui doit beaucoup divertir le spectateur. Il lui fait voir que son sonnet vaut moins qu'un vieux couplet de chanson qu'il lui dit, que ce n'est qu'un jeu de paroles qui ne signifient rien; mais que la chanson dit beaucoup plus, puisqu'elle fait du moins voir un homme amoureux, qui abandonnerait une ville comme Paris pour sa maîtresse.

Je ne crois pas qu'on puisse rien voir de plus agréable que cette scène. Le sonnet n'est point méchant, selon la manière d'écrire d'aujourd'hui; et ceux qui cherchent ce que l'on appelle pointes ou chutes, plutôt que le bon sens, le trouveront sans doute bon. J'en vis même, à la première représentation de cette pièce, qui se firent jouer, pendant qu'on représentait cette scène; car ils crièrent que le sonnet était bon, avant que le misanthrope en fît la critique, et demeurèrent ensuite tout confus.

Il y a cent choses dans cette scène qui doivent faire remarquer l'esprit de l'auteur; et le choix du sonnet en est une, dans un temps où tous nos courtisans font des vers. On peut ajouter à cela que les gens de qualité croient que leur naissance les doit excuser, lorsqu'ils écrivent mal; qu'ils sont les premiers à dire : *Cela est écrit cavalièrement, et un gentilhomme n'en doit pas savoir davantage.* Mais ils devraient plutôt se persuader que les gens de qualité doivent mieux faire que les autres, ou du moins ne point faire voir ce qu'ils ne font pas bien.

Ce premier acte ayant plu à tout le monde, et n'ayant que deux scènes, doit être parfaitement beau, puisque les Français, qui voudraient toujours voir de nouveaux personnages, s'y seraient ennuyés, s'il ne les avait fort attachés et divertis.

Après avoir vu le misanthrope déchaîné contre ceux qui font également des protestations d'amitié à tout le monde, et ceux qui y répondent avec le même emportement, après l'avoir ouï parler contre sa partie, et l'avoir vu condamner le sonnet, et rompre en visière à son auteur, on ne pouvait plus souhaiter que de le voir amoureux, puisque l'amour doit bien donner de la peine aux personnes de son caractère, et que l'on doit, en cet état, en espérer quelque chose de plaisant, chacun traitant ordinairement cette passion selon son tempérament; et c'est d'où vient que l'on attribue tant de choses à l'amour, qui ne doivent souvent être attribuées qu'à l'humeur des hommes.

Si l'on souhaite de voir le misanthrope amoureux, on doit être satisfait dans cette scène, puisqu'il y paraît avec sa maîtresse, mais avec la hauteur ordinaire à ceux de son caractère. Il n'est point soumis, il n'est point languissant, mais il lui découvre librement les défauts qu'il voit en elle, et lui reproche qu'elle reçoit bien tout l'univers; et, pour douceurs, il lui dit qu'il voudrait bien ne la pas aimer, et qu'il ne l'aime que pour ses péchés. Ce n'est pas qu'avec tous ces discours il ne paraisse aussi amoureux que les autres, comme nous le verrons dans la suite. Pendant leur entretien, quelques gens viennent visiter sa maîtresse : il voudrait l'obliger à ne les pas voir; et, comme elle lui répond que l'un d'eux la sert dans un procès, il lui dit qu'elle devrait perdre sa cause, plutôt que de les voir.

Il faut demeurer d'accord que cette pensée ne se peut payer, et qu'il n'y a qu'un misanthrope qui puisse dire des choses semblables. Enfin, toute la compagnie arrive, et le misanthrope conçoit tant de dépit, qu'il veut s'en aller. C'est ici où l'esprit de Molière se fait remarquer, puisqu'en deux vers, joints à quelque action qui marque du dépit, il fait voir ce que peut l'amour sur le cœur de tous les hommes, et sur celui du misanthrope même, sans le faire sortir de son caractère. Sa maîtresse lui dit deux fois de demeurer; il témoigne qu'il n'en veut rien faire; et sitôt qu'elle lui donne congé avec un peu de froideur, il demeure et montre, en faisant deux ou trois pas pour s'en aller, et en revenant aussitôt, que l'amour, pendant ce temps, combat contre son caractère, et demeure vainqueur : ce que l'auteur a fait judicieusement, puisque l'amour surmonte tout. Je trouve encore une chose admirable en cet endroit; c'est la manière dont les femmes agissent pour se faire obéir, et comme une femme a le pouvoir de mettre à la raison un homme comme le misanthrope, qui la vient même de quereller, en lui disant : *Je veux que vous demeuriez,* et puis en changeant de ton : *Vous pouvez vous en aller.* Cependant cela se fait tous les jours, et l'on ne peut le voir mieux représenté qu'il est dans cette scène. Après tant de choses si différentes et si naturellement touchées et représentées dans l'espace de quatre vers, on voit une scène de conversation, où se rencontrent deux marquis, l'ami du misanthrope et la cousine de la maîtresse de ce dernier. La jeune veuve, chez qui toute la compagnie se trouve, n'est point fâchée d'avoir la cour chez elle; et, comme elle est bien aise d'en avoir, qu'elle est politique, et veut ménager tout le monde, elle n'avait pas voulu faire dire qu'elle n'y était pas aux deux marquis, comme le souhaitait le misanthrope. La conversation est toute aux dépens du prochain, et la coquette médisante fait voir ce qu'elle sait, quand il s'agit de le dauber; et qu'elle est de celles qui déchirent sous main jusques à leurs meilleurs amis.

Cette conversation fait voir que l'auteur n'est pas épuisé, puisqu'on y parle de vingt caractères de gens qui sont admirablement bien dépeints en peu de vers chacun; et l'on peut dire que ce sont autant de sujets de comédies que Molière donne libéralement à ceux qui s'en voudront servir. Le misanthrope soutient bien son caractère pendant cette conversation, et leur parle avec la liberté qui lui est ordinaire. Elle est à peine finie qu'il fait une action digne de lui, en disant aux deux marquis qu'il ne sortira point qu'ils ne soient sortis; et il le ferait sans doute, puisque les gens de son caractère ne se démentent jamais, s'il n'était obligé de suivre un garde pour le différend qu'il a eu avec Oronte, en condamnant son sonnet. C'est par où cet acte finit.

L'ouverture du troisième se fait par une scène entre les deux marquis, qui disent des choses fort convenables à leurs caractères, et qui font voir, par les applaudissements qu'ils reçoivent, qu'on peut toujours mettre des marquis sur la scène, tant qu'on leur fera dire quelque chose que les autres n'aient point encore dit. L'accord qu'ils font entre eux de se dire les marques d'estime qu'ils recevront de leur maîtresse, est une adresse de l'auteur qui prépare la fin de sa pièce, comme vous remarquerez dans la suite.

Il y a, dans le même acte, une scène entre deux femmes, que l'on trouve d'autant plus belle, que leurs caractères sont tout à fait opposés, et se font ainsi paraître l'un l'autre. L'une est la jeune veuve, aussi coquette que médisante, et l'autre une femme qui veut passer pour prude, et qui, dans l'âme, n'est pas moins du monde que la coquette. Elle donne à cette dernière des avis charitables sur sa conduite; la coquette les reçoit fort bien en apparence, et lui dit à son tour, pour la payer de cette obligation, qu'elle veut l'avertir de ce que l'on dit d'elle, et lui fait un tableau de la vie des feintes prudes, dont les couleurs sont aussi fortes que celles que la prude avait employées pour lui représenter la vie des coquettes : et ce qui doit faire trouver cette scène fort agréable, est que celle qui a parlé la première se fâche quand l'autre la paye en même monnaie.

L'on peut assurer que l'on voit dans cette scène tout ce que l'on peut dire de toutes les femmes, puisqu'elles sont toutes de l'un ou de l'autre caractère, ou que, si elles ont quelque chose de plus ou de moins, ce qu'elles ont a toujours du rapport à l'un ou à l'autre.

Ces deux femmes, après s'être parlé à cœur ouvert touchant leurs vies, se séparent; et la coquette laisse la prude avec le misanthrope, qu'elle voit entrer chez elle. Comme la prude a de l'esprit, et qu'elle n'a choisi ce caractère que pour mieux faire ses affaires, elle tâche, par toutes sortes de voies, d'attirer le misanthrope qu'elle aime. Elle le loue, elle parle contre la coquette, lui veut persuader qu'on le trompe, et le mène chez elle pour lui en donner des preuves: ce qui donne sujet à une partie des choses qui se passent au quatrième acte.

Cet acte commence par le récit de l'accommodement du misanthrope avec l'homme du sonnet; et l'ami de ce premier en entretient la cousine de la coquette. Les vers de ce récit sont tout à fait beaux; mais ce que l'on y doit remarquer, c'est que le caractère du misanthrope est soutenu avec la même vigueur qu'il fait paraître en ouvrant la pièce. Ces deux personnes parlent quelque temps des sentiments de leurs cœurs, et sont interrompues par le misanthrope même, qui paraît furieux et jaloux; et l'auditeur se persuade aisément, par ce qu'il a vu dans l'autre acte, que la prude, avec qui on l'a vu sortir, lui a inspiré ses sentiments. Le dépit lui fait faire ce que tous les hommes feraient en sa place, de quelque humeur qu'ils fussent : il offre son cœur à la belle parente de sa maîtresse; mais elle lui fait voir que ce n'est que le dépit qui le fait parler, et qu'une coupable aimée est bientôt innocente. Ils le laissent avec sa maîtresse qui paraît, et se retirent.

Je ne crois pas qu'on puisse rien voir de plus beau que cette scène. Elle est toute sérieuse; et cependant il y en a peu dans la pièce qui divertissent davantage. On y voit un portrait, naturellement représenté, de ce que les amants font tous les jours en de semblables rencontres. Le misanthrope paraît d'abord aussi emporté que jaloux; il semble que rien ne peut diminuer sa colère, et que la pleine justification de sa maîtresse ne pourrait qu'avec peine calmer sa fureur. Cependant admirez l'adresse de l'auteur : ce jaloux, cet emporté, ce furieux, paraît tout radouci, il ne parle que du désir qu'il a de faire du bien à sa maîtresse; et ce qui est admirable, c'est qu'il lui dit toutes ces choses avant qu'elle se soit justifiée, et lorsqu'elle lui dit qu'il a raison d'être jaloux. C'est faire voir ce que peut l'amour sur le cœur de tous les hommes; et faire connaître en même temps, par une adresse que l'on ne peut assez admirer, ce que peuvent les femmes sur leurs amants, en changeant seulement le ton de leur voix, et prenant un air qui paraît ensemble et fier et attirant. Pour moi, je ne puis assez m'étonner quand je vois une coquette ramener, avant que s'être justifiée, non pas un amant soumis et languissant, mais un misanthrope; et l'obliger non-seulement à la prier de se justifier, mais encore à des protestations d'amour, qui n'ont pour but que le bien de l'objet aimé; et cependant demeurer ferme, après l'avoir ramené, et ne le point éclaircir, pour avoir le plaisir de s'applaudir d'un plein triomphe. Voilà ce qui s'appelle manier des scènes : voilà ce qui s'appelle travailler avec art, et représenter, avec des traits délicats, ce qui se passe tous les jours dans le monde. Je ne crois pas que les beautés de cette scène soient connues de tous ceux qui l'ont vu représenter. Elle est trop délicatement traitée, mais je puis assurer que tout le monde a remarqué qu'elle était bien écrite, et que les personnes d'esprit en ont bien su connaître les finesses.

Dans le reste de l'acte, le valet du misanthrope vient chercher son maître pour l'avertir qu'on lui est venu signifier quelque chose qui regarde son procès. Comme l'esprit paraît aussi bien dans les petites choses que dans les grandes, on en voit beaucoup dans cette scène, puisque le valet exerce la patience du misanthrope, et que ce qu'il dit ferait moins d'effet s'il était à un maître qui fût d'une autre humeur.

La scène du valet, au quatrième acte, devait faire croire que l'on entendrait bientôt parler du procès. Aussi apprend-on, à l'ouverture du cinquième, qu'il est perdu ; et le misanthrope agit selon que j'ai dit au premier. Son chagrin, qui l'oblige à se promener et rêver, le fait retirer dans un coin de la chambre, où il voit aussitôt entrer sa maîtresse, accompagnée de l'homme avec qui il a eu démêlé pour le sonnet. Il la presse de se déclarer et de faire un choix entre lui et ses rivaux ; ce qui donne lieu au misanthrope de faire une action qui est bien d'un homme de son caractère. Il sort de l'endroit où il est, et lui fait la même prière. La coquette agit toujours en femme adroite et spirituelle, et, par un procédé qui paraît honnête, leur dit qu'elle sait bien quel choix elle doit faire, qu'elle ne balance pas ; mais qu'elle ne veut point se déclarer en présence de celui qu'elle ne doit pas choisir. Ils sont interrompus par la prude et par les marquis, qui apportent chacun une lettre qu'elle a écrite contre eux ; ce que l'auteur a préparé dès le troisième acte, en leur faisant promettre qu'ils se montreraient ce qu'ils recevraient de leur maîtresse. Cette scène est fort agréable : tous les acteurs sont raillés dans les deux lettres ; et quoique cela soit nouveau au théâtre, il fait voir néanmoins la véritable manière d'agir des coquettes médisantes, qui parlent et écrivent continuellement contre ceux qu'elles voient tous les jours, et à qui elles font bonne mine. Les marquis la quittent et lui témoignent plus de mépris que de colère.

La coquette paraît un peu mortifiée dans cette scène. Ce n'est pas qu'elle démente son caractère, mais la surprise qu'elle a de se voir abandonnée, et le chagrin d'apprendre que son jeu est découvert, lui causent un secret dépit qui paraît jusque sur son visage. Cet endroit est tout à fait judicieux. Comme la médisance est un vice, il était nécessaire qu'à la fin de la comédie elle eût quelque sorte de punition, et l'auteur a trouvé le moyen de la punir et de lui faire en même temps soutenir son caractère. Il ne faut point d'autre preuve pour montrer qu'elle le soutient, que le refus qu'elle fait d'épouser le misanthrope, et d'aller vivre dans son désert. Il ne tient qu'à elle de le faire ; mais leurs humeurs étant incompatibles, ils seraient trop mal assortis, et la coquette peut se corriger en demeurant dans le monde, sans choisir un désert pour faire pénitence, son crime, qui ne part que d'un esprit encore jeune, ne demandant pas qu'elle en fasse une si grande.

Pour ce qui regarde le misanthrope, on peut dire qu'il soutient son caractère jusques au bout. Nous en voyons souvent qui ont bien de la peine à le garder pendant le cours d'une comédie ; mais si, comme j'ai dit tantôt, celui-ci a fait connaître le sien avant que de parler, il fait voir, en finissant, qu'il le conservera toute sa vie, en se retirant du monde.

Voilà, monsieur, ce que je pense de la comédie du *Misanthrope amoureux*, que je trouve d'autant plus admirable que le héros en est le plaisant, sans être trop ridicule, et qu'il fait rire les honnêtes gens, sans dire des plaisanteries fades et basses, comme l'on a accoutumé de voir dans des pièces comiques. Celles de cette nature me semblent plus divertissantes, encore que l'on y rie moins haut : et je crois qu'elles divertissent davantage, qu'elles attachent, et qu'elles font continuellement rire dans l'âme. Le misanthrope, malgré sa folie, si l'on peut ainsi appeler son humeur, a le caractère d'un honnête homme, et beaucoup de fermeté, comme l'on peut connaître dans l'affaire du sonnet. Nous voyons de grands hommes dans des pièces héroïques, qui en ont bien moins, qui n'ont point de caractère, et démentent souvent au théâtre, par leur lâcheté, la bonne opinion que l'histoire a fait concevoir d'eux.

L'auteur ne représente pas seulement le misanthrope sous ce caractère, mais il fait encore parler à son héros d'une partie des mœurs du temps : et ce qui est admirable, c'est que, bien qu'il paraisse en quelque façon ridicule, il dit des choses fort justes. Il est vrai qu'il semble trop exiger; mais il faut demander beaucoup, pour obtenir quelque chose, et, pour obliger les hommes à se corriger un peu de leurs défauts, il est nécessaire de les leur faire paraître bien grands.

Molière, par une adresse qui lui est particulière, laisse partout deviner plus qu'il ne dit, et n'imite pas ceux qui parlent beaucoup et ne disent rien.

On peut assurer que cette pièce est une perpétuelle et divertissante instruction; qu'il y a des tours et des délicatesses inimitables; que les vers en sont fort beaux, au sentiment de tout le monde; les scènes bien tournées et bien maniées; et que l'on ne peut ne la pas trouver bonne, sans faire voir que l'on n'est pas de ce monde, et que l'on ignore la manière de vivre de la cour et celle des plus illustres personnes de la ville.

Il n'y a rien dans cette comédie qui ne puisse être utile et dont l'on ne doive profiter. L'ami du misanthrope est si raisonnable, que tout le monde devrait l'imiter : il n'est ni trop ni trop peu critique, et ne portant les choses ni dans l'un ni dans l'autre excès, sa conduite doit être approuvée de tout le monde. Pour le misanthrope, il doit inspirer à tous ses semblables le désir de se corriger. Les coquettes médisantes, par l'exemple de Célimène, voyant qu'elles peuvent s'attirer des affaires qui les feront mépriser, doivent apprendre à ne pas déchirer sous main leurs meilleurs amis. Les fausses prudes doivent connaître que leurs grimaces ne servent de rien; et que, quand elles seraient aussi sages qu'elles le veulent paraître, elles seront toujours blâmées, tant qu'elles voudront passer pour prudes. Je ne dis rien des marquis, je les crois les plus incorrigibles, et il y a tant de choses à reprendre encore en eux, que tout le monde avoue qu'on les peut encore jouer longtemps, bien qu'ils n'en demeurent pas d'accord.

Vous trouverez, sans doute, ma lettre trop longue; mais je n'ai pu m'arrêter, et j'ai trouvé qu'il était difficile de parler sur un si grand sujet en peu de mots. Ce long discours ne devrait pas déplaire aux courtisans, puisqu'ils ont assez fait voir, par leurs applaudissements, qu'ils trouvaient la comédie belle. En tout cas, je n'ai écrit que pour vous, et j'espère que vous cacherez ceci, si vous jugez qu'il ne vaille pas la peine d'être montré. Ne craignez pas que j'y trouve à redire; je suis autrement soumis à votre jugement qu'Oronte ne l'était aux avis du misanthrope.

Je suis,

Monsieur,

Votre très-humble et très-obéissant serviteur,

J. D. D. V.

LE MISANTHROPE.

COMÉDIE.

PERSONNAGES.

ALCESTE, amant de Célimène.

PHILINTE, ami d'Alceste.

ORONTE, amant de Célimène.

CÉLIMÈNE, amante d'Alceste.

ÉLIANTE, cousine de Célimène.

ARSINOÉ, amie de Célimène.

ACASTE, } marquis.
CLITANDRE, }

BASQUE, valet de Célimène.

Un Garde de la maréchaussée de France.

DUBOIS, valet d'Alceste

Noms des acteurs qui ont joué d'original dans *le Misanthrope*.

ALCESTE.	Molière.
PHILINTE.	La Thorillière.
ORONTE.	Du Croisy.
CÉLIMÈNE.	Mlle Molière.
ÉLIANTE.	Mlle Debrie.
ARSINOÉ.	Mlle Duparc.
ACASTE.	La Grange.
CLITANDRE.	Hubert.
UN GARDE.	Debrie.
DUBOIS.	Béjart.

La scène est à Paris.

LE MISANTHROPE.

ACTE PREMIER.

SCÈNE I.

PHILINTE, ALCESTE.

PHILINTE.
Qu'est-ce donc, qu'avez-vous?
ALCESTE, assis.
Laissez-moi, je vous prie.
PHILINTE.
Mais encor, dites-moi quelle bizarrerie...
ALCESTE.
Laissez-moi là, vous dis-je, et courez vous cacher.
PHILINTE.
Mais on entend les gens au moins sans se fâcher.
ALCESTE.
Moi, je me veux fâcher, et ne veux point entendre.
PHILINTE.
Dans vos brusques chagrins je ne puis vous comprendre;
Et, quoique amis enfin, je suis tout des premiers...
ALCESTE, se levant brusquement.
Moi, votre ami? Rayez cela de vos papiers.

J'ai fait jusques ici profession de l'être ;
Mais, après ce qu'en vous je viens de voir paraître,
Je vous déclare net que je ne le suis plus,
Et ne veux nulle place en des cœurs corrompus.

PHILINTE.

Je suis donc bien coupable, Alceste, à votre compte?

ALCESTE.

Allez, vous devriez mourir de pure honte ;
Une telle action ne saurait s'excuser,
Et tout homme d'honneur s'en doit scandaliser.
Je vous vois accabler un homme de caresses,
Et témoigner pour lui les dernières tendresses ;
De protestations, d'offres, et de serments,
Vous chargez la fureur de vos embrassements :
Et quand je vous demande après quel est cet homme,
A peine pouvez-vous dire comme il se nomme ;
Votre chaleur pour lui tombe en vous séparant,
Et vous me le traitez, à moi, d'indifférent.
Morbleu ! c'est une chose indigne, lâche, infâme,
De s'abaisser ainsi jusqu'à trahir son âme ;
Et si, par un malheur, j'en avais fait autant,
Je m'irais, de regret, pendre tout à l'instant.

PHILINTE.

Je ne vois pas, pour moi, que le cas soit pendable ;
Et je vous supplierai d'avoir pour agréable
Que je me fasse un peu grâce sur votre arrêt,
Et ne me pende pas pour cela, s'il vous plaît.

ALCESTE.

Que la plaisanterie est de mauvaise grâce !

PHILINTE.

Mais, sérieusement, que voulez-vous qu'on fasse?

ALCESTE.

Je veux qu'on soit sincère, et qu'en homme d'honneur
On ne lâche aucun mot qui ne parte du cœur.

PHILINTE.

Lorsqu'un homme vous vient embrasser avec joie,
Il faut bien le payer de la même monnoie,
Répondre, comme on peut, à ses empressements,
Et rendre offre pour offre, et serments pour serments.

ALCESTE.

Non, je ne puis souffrir cette lâche méthode
Qu'affectent la plupart de vos gens à la mode;
Et je ne hais rien tant que les contorsions
De tous ces grands faiseurs de protestations,
Ces affables donneurs d'embrassades frivoles,
Ces obligeants diseurs d'inutiles paroles,
Qui de civilités avec tous font combat,
Et traitent du même air l'honnête homme et le fat.
Quel avantage a-t-on qu'un homme vous caresse,
Vous jure amitié, foi, zèle, estime, tendresse,
Et vous fasse de vous un éloge éclatant,
Lorsqu'au premier faquin il court en faire autant?
Non, non, il n'est point d'âme un peu bien située
Qui veuille d'une estime ainsi prostituée;
Et la plus glorieuse a des régals peu chers
Dès qu'on voit qu'on nous mêle avec tout l'univers;
Sur quelque préférence une estime se fonde,
Et c'est n'estimer rien qu'estimer tout le monde.
Puisque vous y donnez, dans ces vices du temps,
Morbleu! vous n'êtes pas pour être de mes gens;
Je refuse d'un cœur la vaste complaisance
Qui ne fait de mérite aucune différence;
Je veux qu'on me distingue; et, pour le trancher net,
L'ami du genre humain n'est point du tout mon fait.

PHILINTE.

Mais, quand on est du monde, il faut bien que l'on rende
Quelques dehors civils que l'usage demande.

ALCESTE.

Non, vous dis-je; on devrait châtier sans pitié

Ce commerce honteux de semblants d'amitié.
Je veux que l'on soit homme, et qu'en toute rencontre
Le fond de notre cœur dans nos discours se montre,
Que ce soit lui qui parle, et que nos sentiments
Ne se masquent jamais sous de vains compliments.

PHILINTE.

Il est bien des endroits où la pleine franchise
Deviendrait ridicule, et serait peu permise ;
Et parfois, n'en déplaise à votre austère honneur,
Il est bon de cacher ce qu'on a dans le cœur.
Serait-il à propos, et de la bienséance,
De dire à mille gens tout ce que d'eux on pense ?
Et, quand on a quelqu'un qu'on hait ou qui déplaît,
Lui doit-on déclarer la chose comme elle est ?

ALCESTE.

Oui.

PHILINTE.

Quoi! vous iriez dire à la vieille Émilie
Qu'à son âge il sied mal de faire la jolie,
Et que le blanc qu'elle a scandalise chacun ?

ALCESTE.

Sans doute.

PHILINTE.

A Dorilas, qu'il est trop importun ;
Et qu'il n'est, à la cour, oreille qu'il ne lasse
A conter sa bravoure et l'éclat de sa race ?

ALCESTE.

Fort bien.

PHILINTE.

Vous vous moquez.

ALCESTE.

Je ne me moque point,
Et je vais n'épargner personne sur ce point.
Mes yeux sont trop blessés, et la cour et la ville
Ne m'offrent rien qu'objets à m'échauffer la bile ;

J'entre en une humeur noire, en un chagrin profond,
Quand je vois vivre entre eux les hommes comme ils font;
Je ne trouve partout que lâche flatterie,
Qu'injustice, intérêt, trahison, fourberie;
Je n'y puis plus tenir, j'enrage; et mon dessein
Est de rompre en visière à tout le genre humain.

PHILINTE.

Ce chagrin philosophe est un peu trop sauvage.
Je ris des noirs accès où je vous envisage,
Et crois voir en nous deux, sous mêmes soins nourris,
Ces deux frères que peint *l'École des maris*,
Dont...

ALCESTE.

Mon Dieu! laissons là vos comparaisons fades.

PHILINTE.

Non : tout de bon, quittez toutes ces incartades.
Le monde par vos soins ne se changera pas :
Et, puisque la franchise a pour vous tant d'appas,
Je vous dirai tout franc que cette maladie,
Partout où vous allez, donne la comédie;
Et qu'un si grand courroux contre les mœurs du temps
Vous tourne en ridicule auprès de bien des gens.

ALCESTE.

Tant mieux, morbleu! tant mieux, c'est ce que je demande.
Ce m'est un fort bon signe, et ma joie en est grande.
Tous les hommes me sont à tel point odieux,
Que je serais fâché d'être sage à leurs yeux.

PHILINTE.

Vous voulez un grand mal à la nature humaine.

ALCESTE.

Oui, j'ai conçu pour elle une effroyable haine.

PHILINTE.

Tous les pauvres mortels, sans nulle exception,
Seront enveloppés dans cette aversion?
Encore en est-il bien, dans le siècle où nous sommes...

ALCESTE.

Non, elle est générale, et je hais tous les hommes :
Les uns, parce qu'ils sont méchants et malfaisants,
Et les autres, pour être aux méchants complaisants,
Et n'avoir pas pour eux ces haines vigoureuses
Que doit donner le vice aux âmes vertueuses.
De cette complaisance on voit l'injuste excès
Pour le franc scélérat avec qui j'ai procès.
Au travers de son masque on voit à plein le traître ;
Partout il est connu pour tout ce qu'il peut être ;
Et ses roulements d'yeux, et son ton radouci,
N'imposent qu'à des gens qui ne sont point d'ici.
On sait que ce pied-plat, digne qu'on le confonde,
Par de sales emplois s'est poussé dans le monde,
Et que par eux son sort, de splendeur revêtu,
Fait gronder le mérite et rougir la vertu ;
Quelques titres honteux qu'en tous lieux on lui donne,
Son misérable honneur ne voit pour lui personne :
Nommez-le fourbe, infâme, et scélérat maudit,
Tout le monde en convient, et nul n'y contredit.
Cependant sa grimace est partout bien venue ;
On l'accueille, on lui rit, partout il s'insinue :
Et s'il est, par la brigue, un rang à disputer,
Sur le plus honnête homme on le voit l'emporter.
Têtebleu ! ce me sont de mortelles blessures,
De voir qu'avec le vice on garde des mesures ;
Et parfois il me prend des mouvements soudains
De fuir dans un désert l'approche des humains.

PHILINTE.

Mon Dieu ! des mœurs du temps mettons-nous moins en peine,
Et faisons un peu grâce à la nature humaine ;
Ne l'examinons point dans la grande rigueur,
Et voyons ses défauts avec quelque douceur.
Il faut, parmi le monde, une vertu traitable ;
A force de sagesse, on peut être blâmable ;

La parfaite raison fuit toute extrémité,
Et veut que l'on soit sage avec sobriété.
Cette grande roideur des vertus des vieux âges
Heurte trop notre siècle et les communs usages;
Elle veut aux mortels trop de perfection :
Il faut fléchir au temps sans obstination;
Et c'est une folie à nulle autre seconde,
De vouloir se mêler de corriger le monde.
J'observe, comme vous, cent choses tous les jours,
Qui pourraient mieux aller, prenant un autre cours;
Mais, quoi qu'à chaque pas je puisse voir paraître,
En courroux, comme vous, on ne me voit point être;
Je prends tout doucement les hommes comme ils sont;
J'accoutume mon âme à souffrir ce qu'ils font,
Et je crois qu'à la cour, de même qu'à la ville,
Mon flegme est philosophe autant que votre bile.

ALCESTE.

Mais ce flegme, monsieur, qui raisonne si bien,
Ce flegme pourra-t-il ne s'échauffer de rien?
Et s'il faut, par hasard, qu'un ami vous trahisse,
Que, pour avoir vos biens, on dresse un artifice,
Ou qu'on tâche à semer de méchants bruits de vous,
Verrez-vous tout cela sans vous mettre en courroux?

PHILINTE.

Oui, je vois ces défauts, dont votre âme murmure,
Comme vices unis à l'humaine nature;
Et mon esprit enfin n'est pas plus offensé
De voir un homme fourbe, injuste, intéressé,
Que de voir des vautours affamés de carnage,
Des singes malfaisants, et des loups pleins de rage.

ALCESTE.

Je me verrai trahir, mettre en pièces, voler,
Sans que je sois... Morbleu! Je ne veux point parler,
Tant ce raisonnement est plein d'impertinence!

PHILINTE.

Ma foi, vous ferez bien de garder le silence.
Contre votre partie éclatez un peu moins,
Et donnez au procès une part de vos soins.

ALCESTE.

Je n'en donnerai point, c'est une chose dite.

PHILINTE.

Mais qui voulez-vous donc qui pour vous sollicite?

ALCESTE.

Qui je veux? La raison, mon bon droit, l'équité.

PHILINTE.

Aucun juge par vous ne sera visité?

ALCESTE.

Non. Est-ce que ma cause est injuste ou douteuse?

PHILINTE.

J'en demeure d'accord : mais la brigue est fâcheuse,
Et...

ALCESTE.

Non. J'ai résolu de n'en pas faire un pas.
J'ai tort, ou j'ai raison.

PHILINTE.

Ne vous y fiez pas.

ALCESTE.

Je ne remuerai point.

PHILINTE.

Votre partie est forte,
Et peut, par sa cabale, entraîner...

ALCESTE.

Il n'importe.

PHILINTE.

Vous vous tromperez.

ALCESTE.

Soit. J'en veux voir le succès.

PHILINTE.

Mais...

ALCESTE.

J'aurai le plaisir de perdre mon procès.

PHILINTE.

Mais enfin...

ALCESTE.

Je verrai dans cette plaiderie
Si les hommes auront assez d'effronterie,
Seront assez méchants, scélérats et pervers,
Pour me faire injustice aux yeux de l'univers.

PHILINTE.

Quel homme!

ALCESTE.

Je voudrais, m'en coutât-il grand'chose,
Pour la beauté du fait, avoir perdu ma cause.

PHILINTE.

On se rirait de vous, Alceste, tout de bon,
Si l'on vous entendait parler de la façon.

ALCESTE.

Tant pis pour qui rirait.

PHILINTE.

Mais cette rectitude
Que vous voulez en tout avec exactitude,
Cette pleine droiture où vous vous renfermez,
La trouvez-vous ici dans ce que vous aimez?
Je m'étonne, pour moi, qu'étant, comme il le semble,
Vous et le genre humain, si fort brouillés ensemble,
Malgré tout ce qui peut vous le rendre odieux,
Vous ayez pris chez lui ce qui charme vos yeux;
Et ce qui me surprend encore davantage,
C'est cet étrange choix où votre cœur s'engage.
La sincère Éliante a du penchant pour vous,
La prude Arsinoé vous voit d'un œil fort doux;
Cependant à leurs vœux votre âme se refuse,
Tandis qu'en ses liens Célimène l'amuse,
De qui l'humeur coquette et l'esprit médisant

Semblent si fort donner dans les mœurs d'à présent.
D'où vient que, leur portant une haine mortelle,
Vous pouvez bien souffrir ce qu'en tient cette belle?
Ne sont-ce plus défauts dans un objet si doux?
Ne les voyez-vous pas, ou les excusez-vous?

ALCESTE.

Non. L'amour que je sens pour cette jeune veuve
Ne ferme point mes yeux aux défauts qu'on lui treuve[1];
Et je suis, quelque ardeur qu'elle m'ait pu donner,
Le premier à les voir, comme à les condamner.
Mais avec tout cela, quoique je puisse faire,
Je confesse mon faible; elle a l'art de me plaire :
J'ai beau voir ses défauts, et j'ai beau l'en blâmer,
En dépit qu'on en ait, elle se fait aimer;
Sa grâce est la plus forte; et sans doute ma flamme
De ces vices du temps pourra purger son âme.

PHILINTE.

Si vous faites cela, vous ne ferez pas peu.
Vous croyez être donc aimé d'elle?

ALCESTE.

Oui, parbleu!
Je ne l'aimerais pas, si je ne croyais l'être.

PHILINTE.

Mais si son amitié pour vous se fait paraître,
D'où vient que vos rivaux vous causent de l'ennui?

ALCESTE.

C'est qu'un cœur bien atteint veut qu'on soit tout à lui,
Et je ne viens ici qu'à dessein de lui dire
Tout ce que là-dessus ma passion m'inspire.

PHILINTE.

Pour moi, si je n'avais qu'à former des désirs,
La cousine Éliante aurait tous mes soupirs :
Son cœur, qui vous estime, est solide et sincère,

---

[1] Vieille locution qu'on ne trouve plus même au xviiie siècle.

Et ce choix plus conforme était mieux votre affaire.
ALCESTE.
Il est vrai : ma raison me le dit chaque jour ;
Mais la raison n'est pas ce qui règle l'amour.
PHILINTE.
Je crains fort pour vos feux; et l'espoir où vous êtes
Pourrait...

SCÈNE II.

ORONTE, ALCESTE, PHILINTE.

ORONTE, à Alceste.

J'ai su là-bas que, pour quelques emplettes,
Éliante est sortie, et Célimène aussi.
Mais comme l'on m'a dit que vous étiez ici,
J'ai monté pour vous dire, et d'un cœur véritable,
Que j'ai conçu pour vous une estime incroyable,
Et que, depuis longtemps, cette estime m'a mis
Dans un ardent désir d'être de vos amis.
Oui, mon cœur au mérite aime à rendre justice,
Et je brûle qu'un nœud d'amitié nous unisse.
Je crois qu'un ami chaud, et de ma qualité,
N'est pas assurément pour être rejeté.

(En cet endroit, Alceste paraît tout rêveur, et semble n'entendre pas qu'Oronte lui parle ; il ne sort de sa rêverie que quand Oronte lui dit :)

C'est à vous, s'il vous plaît, que ce discours s'adresse.
ALCESTE.
A moi, monsieur?
ORONTE.
A vous. Trouvez-vous qu'il vous blesse?
ALCESTE.
Non pas. Mais la surprise est fort grande pour moi,
Et je n'attendais pas l'honneur que je reçoi.

ORONTE.

L'estime où je vous tiens ne doit pas vous surprendre,
Et de tout l'univers vous la pouvez prétendre.

ALCESTE.

Monsieur...

ORONTE.

L'État n'a rien qui ne soit au-dessous
Du mérite éclatant que l'on découvre en vous.

ALCESTE.

Monsieur...

ORONTE.

Oui, de ma part, je vous tiens préférable
A tout ce que j'y vois de plus considérable.

ALCESTE.

Monsieur...

ORONTE.

Sois-je du ciel écrasé, si je mens!
Et, pour vous confirmer ici mes sentiments,
Souffrez qu'à cœur ouvert, monsieur, je vous embrasse,
Et qu'en votre amitié je vous demande place.
Touchez là, s'il vous plaît. Vous me la promettez,
Votre amitié?

ALCESTE.

Monsieur...

ORONTE.

Quoi! vous y résistez?

ALCESTE.

Monsieur, c'est trop d'honneur que vous me voulez faire;
Mais l'amitié demande un peu plus de mystère;
Et c'est assurément en profaner le nom
Que de vouloir le mettre à toute occasion.
Avec lumière et choix cette union veut naître;
Avant que nous lier, il faut nous mieux connaître;
Et nous pourrions avoir telles complexions,
Que tous deux du marché nous nous repentirions.

ORONTE.

Parbleu! c'est là-dessus parler en homme sage,
Et je vous en estime encore davantage.
Souffrons donc que le temps forme des nœuds si doux;
Mais cependant je m'offre entièrement à vous.
S'il faut faire à la cour pour vous quelque ouverture,
On sait qu'auprès du roi je fais quelque figure;
Il m'écoute; et dans tout il en use, ma foi,
Le plus honnêtement du monde avecque moi.
Enfin je suis à vous de toutes les manières;
Et, comme votre esprit a de grandes lumières,
Je viens, pour commencer entre nous ce beau nœud,
Vous montrer un sonnet que j'ai fait depuis peu,
Et savoir s'il est bon qu'au public je l'expose.

ALCESTE.

Monsieur, je suis mal propre à décider la chose.
Veuillez m'en dispenser.

ORONTE.

Pourquoi?

ALCESTE.

J'ai le défaut
D'être un peu plus sincère en cela qu'il ne faut.

ORONTE.

C'est ce que je demande; et j'aurais lieu de plainte,
Si, m'exposant à vous pour me parler sans feinte,
Vous alliez me trahir et me déguiser rien.

ALCESTE.

Puisqu'il vous plaît ainsi, Monsieur, je le veux bien.

ORONTE.

SONNET. C'est un sonnet. *L'espoir...* C'est une dame
Qui de quelque espérance avait flatté ma flamme.
L'espoir... Ce ne sont point de ces grands vers pompeux,
Mais de petits vers doux, tendres et langoureux.

(A toutes ces interruptions il regarde Alceste.)

ALCESTE.

Nous verrons bien.

ORONTE.

L'espoir... Je ne sais si le style
Pourra vous en paraître assez net et facile,
Et si du choix des mots vous vous contenterez.

ALCESTE.

Nous allons voir, monsieur.

ORONTE.

Au reste, vous saurez
Que je n'ai demeuré qu'un quart d'heure à le faire.

ALCESTE.

Voyons, monsieur, le temps ne fait rien à l'affaire.

ORONTE lit.

« L'espoir, il est vrai, nous soulage,
» Et nous berce un temps notre ennui;
» Mais, Philis, le triste avantage,
» Lorsque rien ne marche après lui! »

PHILINTE.

Je suis déjà charmé de ce petit morceau.

ALCESTE, bas, à Philinte.

Quoi! vous avez le front de trouver cela beau?

ORONTE.

« Vous eûtes de la complaisance;
» Mais vous en deviez moins avoir,
» Et ne vous pas mettre en dépense
» Pour ne me donner que l'espoir. »

PHILINTE.

Ah! qu'en termes galants ces choses-là sont mises!

ALCESTE, bas, à Philinte.

Morbleu! vil complaisant, vous louez des sottises.

ORONTE.

« S'il faut qu'une attente éternelle
» Pousse à bout l'ardeur de mon zèle,
» Le trépas sera mon recours.

» Vos soins ne m'en peuvent distraire :
» Belle Philis, on désespère,
» Alors qu'on espère toujours. »

PHILINTE.

La chute en est jolie, amoureuse, admirable.

ALCESTE, bas, à part.

La peste de ta chute, empoisonneur au diable!
En eusses-tu fait une à te casser le nez!

PHILINTE.

Je n'ai jamais ouï de vers si bien tournés.

ALCESTE, bas, à part.

Morbleu!

ORONTE, à Philinte.

Vous me flattez, et vous croyez peut-être...

PHILINTE.

Non, je ne flatte point.

ALCESTE, bas, à part.

Hé! que fais-tu donc, traître?

ORONTE, à Alceste.

Mais pour vous, vous savez quel est notre traité.
Parlez-moi, je vous prie, avec sincérité.

ALCESTE.

Monsieur, cette matière est toujours délicate.
Et sur le bel esprit nous aimons qu'on nous flatte.
Mais un jour, à quelqu'un dont je tairai le nom,
Je disais, en voyant des vers de sa façon,
Qu'il faut qu'un galant homme ait toujours grand empire
Sur les démangeaisons qui nous prennent d'écrire;
Qu'il doit tenir la bride aux grands empressements
Qu'on a de faire éclat de tels amusements;
Et que, par la chaleur de montrer ses ouvrages,
On s'expose à jouer de mauvais personnages.

ORONTE.

Est-ce que vous voulez me déclarer par là

Que j'ai tort de vouloir?...

ALCESTE.

Je ne dis pas cela.
Mais, je lui disais, moi, qu'un froid écrit assomme,
Qu'il ne faut que ce faible à décrier un homme,
Et qu'eût-on d'autre part cent belles qualités,
On regarde les gens par leurs méchants côtés.

ORONTE.

Est-ce qu'à mon sonnet vous trouvez à redire?

ALCESTE.

Je ne dis pas cela. Mais, pour ne point écrire,
Je lui mettais aux yeux comme, dans notre temps,
Cette soif a gâté de fort honnêtes gens.

ORONTE.

Est-ce que j'écris mal, et leur ressemblerais-je?

ALCESTE.

Je ne dis pas cela. Mais enfin, lui disais-je,
Quel besoin si pressant avez-vous de rimer?
Et qui diantre vous pousse à vous faire imprimer?
Si l'on peut pardonner l'essor d'un mauvais livre,
Ce n'est qu'aux malheureux qui composent pour vivre.
Croyez-moi, résistez à vos tentations,
Dérobez au public ces occupations,
Et n'allez point quitter, de quoi que l'on vous somme,
Le nom que dans la cour vous avez d'honnête homme,
Pour prendre, de la main d'un avide imprimeur,
Celui de ridicule et misérable auteur.
C'est ce que je tâchai de lui faire comprendre.

ORONTE.

Voilà qui va fort bien, et je crois vous entendre.
Mais ne puis-je savoir ce que dans mon sonnet...

ACTE I. SCÈNE II.

ALCESTE.

Franchement, il est bon à mettre au cabinet[1].
Vous vous êtes réglé sur de méchants modèles,
Et vos expressions ne sont point naturelles.

Qu'est-ce que « Nous berce un temps notre ennui ? »
Et que « Rien ne marche après lui ? »
Que « Ne vous pas mettre en dépense ?
» Pour ne me donner que de l'espoir ? »
Et que « Philis, on désespère,
» Alors qu'on espère toujours ? »

Ce style figuré, dont on fait vanité,
Sort du bon caractère et de la vérité ;
Ce n'est que jeu de mots, qu'affectation pure,
Et ce n'est point ainsi que parle la nature.
Le méchant goût du siècle en cela me fait peur ;
Nos pères, tout grossiers, l'avaient beaucoup meilleur ;
Et je prise bien moins tout ce que l'on admire,
Qu'une vieille chanson que je m'en vais vous dire.

« Si le roi m'avait donné
» Paris, sa grand' ville,
» Et qu'il me fallût quitter
» L'amour de ma mie,
» Je dirais au roi Henri :
» Reprenez votre Paris ;
» J'aime mieux ma mie, ô gué !
» J'aime mieux ma mie. »

La rime n'est pas riche, et le style en est vieux :
Mais ne voyez-vous pas que cela vaut bien mieux

---

[1] Dans *l'Amour médecin* nous avons vu ce qu'on appelait *cabinet*. Alceste veut dire par là que ce sonnet doit être tenu sous clef, comme indigne de voir le jour.

Que ces colifichets dont le bon sens murmure,
Et que la passion parle là toute pure?

    « Si le roi m'avait donné
      » Paris, sa grand' ville,
    » Et qu'il me fallût quitter
      » L'amour de ma mie,
    » Je dirais au roi Henri :
    » Reprenez votre Paris ;
    » J'aime mieux ma mie, ô gué!
      » J'aime mieux ma mie. »

Voilà ce que peut dire un cœur vraiment épris.
(A Philinte, qui rit.)
Oui, monsieur le rieur, malgré vos beaux esprits,
J'estime plus cela que la pompe fleurie
De tous ces faux brillants où chacun se récrie.

ORONTE.

Et moi je vous soutiens que mes vers sont fort bons.

ALCESTE.

Pour les trouver ainsi, vous avez vos raisons ;
Mais vous trouverez bon que j'en puisse avoir d'autres
Qui se dispenseront de se soumettre aux vôtres.

ORONTE.

Il me suffit de voir que d'autres en font cas.

ALCESTE.

C'est qu'ils ont l'art de feindre, et moi, je ne l'ai pas.

ORONTE.

Croyez-vous donc avoir tant d'esprit en partage?

ALCESTE.

Si je louais vos vers, j'en aurais davantage.

ORONTE.

Je me passerai bien que vous les approuviez.

ALCESTE.

Il faut bien, s'il vous plaît, que vous vous en passiez.

ORONTE.

Je voudrais bien, pour voir, que, de votre manière,
Vous en composassiez sur la même matière.

ALCESTE.

J'en pourrais, par malheur, faire d'aussi méchants ;
Mais je me garderais de les montrer aux gens.

ORONTE.

Vous me parlez bien ferme ; et cette suffisance...

ALCESTE.

Autre part que chez moi cherchez qui vous encense.

ORONTE.

Mais, mon petit monsieur, prenez-le un peu moins haut.

ALCESTE.

Ma foi, mon grand monsieur, je le prends comme il faut.

PHILINTE, se mettant entre deux.

Hé ! messieurs, c'en est trop. Laissez cela, de grâce.

ORONTE.

Ah ! j'ai tort, je l'avoue, et je quitte la place.
Je suis votre valet, monsieur, de tout mon cœur.

ALCESTE.

Et moi, je suis, monsieur, votre humble serviteur.

SCÈNE III.

PHILINTE, ALCESTE.

PHILINTE.

Hé bien ! vous le voyez. Pour être trop sincère,
Vous voilà sur les bras une fâcheuse affaire ;
Et j'ai bien vu qu'Oronte, afin d'être flatté...

ALCESTE.

Ne me parlez pas.

PHILINTE.

Mais....

ALCESTE.

Plus de société.

PHILINTE.

C'est trop...

ALCESTE.

Laissez-moi là.

PHILINTE.

Si je...

ALCESTE.

Point de langage.

PHILINTE.

Mais quoi!

ALCESTE.

Je n'entends rien.

PHILINTE.

Mais...

ALCESTE.

Encore !

PHILINTE.

On outrage...

ALCESTE.

Ah ! parbleu ! c'en est trop. Ne suivez point mes pas.

PHILINTE.

Vous vous moquez de moi. Je ne vous quitte pas.

FIN DU PREMIER ACTE.

ACTE DEUXIÈME.

SCÈNE I.

ALCESTE, CÉLIMÈNE.

ALCESTE.

Madame, voulez-vous que je vous parle net?
De vos façons d'agir je suis mal satisfait :
Contre elles dans mon cœur trop de bile s'assemble,
Et je sens qu'il faudra que nous rompions ensemble;
Oui, je vous tromperais de parler autrement;
Tôt ou tard nous romprons indubitablement;
Et je vous promettrais mille fois le contraire,
Que je ne serais pas en pouvoir de le faire.

CÉLIMÈNE.

C'est pour me quereller donc, à ce que je vois,
Que vous avez voulu me ramener chez moi?

ALCESTE.

Je ne querelle point. Mais votre humeur, madame,
Ouvre au premier venu trop d'accès dans votre âme.
Vous avez trop d'amants qu'on voit vous obséder,
Et mon cœur de cela ne peut s'accommoder.

CÉLIMÈNE.

Des amants que je fais me rendez-vous coupable?
Puis-je empêcher les gens de me trouver aimable?

Et lorsque pour me voir ils font de doux efforts,
Dois-je prendre un bâton pour les mettre dehors?

ALCESTE.

Non, ce n'est pas, madame, un bâton qu'il faut prendre,
Mais un cœur à leurs vœux moins facile et moins tendre.
Je sais que vos appas vous suivent en tous lieux;
Mais votre accueil retient ceux qu'attirent vos yeux,
Et sa douceur offerte à qui vous rend les armes
Achève sur les cœurs l'ouvrage de vos charmes.
Le trop riant espoir que vous leur présentez
Attache autour de vous leurs assiduités;
Et votre complaisance, un peu moins étendue,
De tant de soupirants chasserait la cohue.
Mais, au moins, dites-moi, madame, par quel sort
Votre Clitandre a l'heur de vous plaire si fort?
Sur quel fonds de mérite et de vertu sublime
Appuyez-vous en lui l'honneur de votre estime?
Est-ce par l'ongle long qu'il porte au petit doigt,
Qu'il s'est acquis chez vous l'estime où l'on le voit?
Vous êtes-vous rendue, avec tout le beau monde,
Au mérite éclatant de sa perruque blonde?
Sont-ce ses grands canons qui vous le font aimer?
L'amas de ses rubans a-t-il su vous charmer?
Est-ce par les appas de sa vaste rhingrave [1],
Qu'il a gagné votre âme en faisant votre esclave?
Ou sa façon de rire, et son ton de fausset,
Ont-ils de vous toucher su trouver le secret?

CÉLIMÈNE.

Qu'injustement de lui vous prenez de l'ombrage!
Ne savez-vous pas bien pourquoi je le ménage;
Et que dans mon procès, ainsi qu'il m'a promis,

---

[1] Haut-de-chausses fort ample, taillé, d'après une mode allemande qui avait été apportée en France, dit Ménage, par un seigneur qu'on appelait M. le Rhingrave, c'est-à-dire le comte du Rhin (*Rhein graff*).

ACTE II. SCÈNE I.

Il peut intéresser tout ce qu'il a d'amis?
ALCESTE.
Perdez votre procès, madame, avec constance,
Et ne ménagez point un rival qui m'offense.
CÉLIMÈNE.
Mais de tout l'univers vous devenez jaloux.
ALCESTE.
C'est que tout l'univers est bien reçu de vous.
CÉLIMÈNE.
C'est ce qui doit rasseoir votre âme effarouchée,
Puisque ma complaisance est sur tous épanchée;
Et vous auriez plus lieu de vous en offenser,
Si vous me la voyiez sur un seul ramasser.
ALCESTE.
Mais moi, que vous blâmez de trop de jalousie,
Qu'ai-je de plus qu'eux tous, madame, je vous prie?
CÉLIMÈNE.
Le bonheur de savoir que vous êtes aimé.
ALCESTE.
Et quel lieu de le croire a mon cœur enflammé?
CÉLIMÈNE.
Je pense qu'ayant pris le soin de vous le dire,
Un aveu de la sorte a de quoi vous suffire.
ALCESTE.
Mais qui m'assurera que, dans le même instant,
Vous n'en disiez, peut-être, aux autres tout autant?
CÉLIMÈNE.
Certes pour un amant la fleurette est mignonne;
Et vous me traitez là de gentille personne.
Hé bien! pour vous ôter d'un semblable souci,
De tout ce que j'ai dit je me dédis ici;
Et rien ne saurait plus vous tromper que vous-même :
Soyez content.
ALCESTE.
Morbleu! faut-il que je vous aime!

Ah! que si de vos mains je rattrape mon cœur,
Je bénirai le ciel de ce rare bonheur!
Je ne le cèle pas, je fais tout mon possible
A rompre de ce cœur l'attachement terrible;
Mais mes plus grands efforts n'ont rien fait jusqu'ici,
Et c'est pour mes péchés que je vous aime ainsi.

CÉLIMÈNE.

Il est vrai, votre ardeur est pour moi sans seconde.

ALCESTE.

Oui, je puis là-dessus défier tout le monde.
Mon amour ne se peut concevoir; et jamais
Personne n'a, madame, aimé comme je fais.

CÉLIMÈNE.

En effet, la méthode en est toute nouvelle,
Car vous aimez les gens pour leur faire querelle;
Ce n'est qu'en mots fâcheux qu'éclate votre ardeur,
Et l'on n'a vu jamais un amour si grondeur.

ALCESTE.

Mais il ne tient qu'à vous que son chagrin ne passe.
A tous nos démêlés coupons chemin, de grâce;
Parlons à cœur ouvert, et voyons d'arrêter...

SCÈNE II.

CÉLIMÈNE, ALCESTE, BASQUE.

CÉLIMÈNE.

Qu'est-ce?

BASQUE.

Acaste est là-bas.

CÉLIMÈNE.

Hé bien! faites monter.

SCÈNE III.

CÉLIMÈNE, ALCESTE.

ALCESTE.

Quoi! l'on ne peut jamais vous parler tête à tête?
A recevoir le monde on vous voit toujours prête;
Et vous ne pouvez pas, un seul moment de tous,
Vous résoudre à souffrir de n'être pas chez vous?

CÉLIMÈNE.

Voulez-vous qu'avec lui je me fasse une affaire?

ALCESTE.

Vous avez des égards qui ne sauraient me plaire.

CÉLIMÈNE.

C'est un homme à jamais ne me le pardonner,
S'il savait que sa vue eût pu m'importuner.

ALCESTE.

Et que vous fait cela, pour vous gêner de sorte?...

CÉLIMÈNE.

Mon Dieu! de ses pareils la bienveillance importe;
Et ce sont de ces gens qui, je ne sais comment,
Ont gagné, dans la cour, de parler hautement.
Dans tous les entretiens on les voit s'introduire;
Ils ne sauraient servir, mais ils peuvent vous nuire;
Et jamais, quelque appui qu'on puisse avoir d'ailleurs,
On ne doit se brouiller avec ces grands brailleurs.

ALCESTE.

Enfin, quoi qu'il en soit, et sur quoi qu'on se fonde,
Vous trouvez des raisons pour souffrir tout le monde;
Et les précautions de votre jugement...

SCÈNE IV.

ALCESTE, CÉLIMÈNE, BASQUE.

BASQUE.

Voici Clitandre encor, madame.

ALCESTE.

Justement.

(Il témoigne s'en vouloir aller.)

CÉLIMÈNE.

Où courez-vous?

ALCESTE.

Je sors.

CÉLIMÈNE.

Demeurez.

ALCESTE.

Pour quoi faire?

CÉLIMÈNE.

Demeurez.

ALCESTE.

Je ne puis.

CÉLIMÈNE.

Je le veux.

ALCESTE.

Point d'affaire.
Ces conversations ne font que m'ennuyer,
Et c'est trop que vouloir me les faire essuyer.

CÉLIMÈNE.

Je le veux, je le veux.

ALCESTE.

Non, il m'est impossible.

CÉLIMÈNE.

Hé bien! allez, sortez, il vous est tout loisible.

SCÈNE V.

ÉLIANTE, PHILINTE, ACASTE, CLITANDRE,
ALCESTE, CÉLIMÈNE, BASQUE.

ÉLIANTE, à Célimène.

Voici les deux marquis qui montent avec nous.
Vous l'est-on venu dire ?

CÉLIMÈNE.
(A Basque.)
Oui. Des siéges pour tous.
(Basque donne des siéges, et sort.)

(A Alceste.)
Vous n'êtes pas sorti ?

ALCESTE.

Non, mais je veux, madame,
Ou pour eux, ou pour moi, faire expliquer votre âme.

CÉLIMÈNE.

Taisez-vous.

ALCESTE.

Aujourd'hui vous vous expliquerez.

CÉLIMÈNE.

Vous perdez le sens.

ALCESTE.

Point. Vous vous déclarerez.

CÉLIMÈNE.

Ah !

ALCESTE.

Vous prendrez parti.

CÉLIMÈNE.

Vous vous moquez, je pense.

ALCESTE.

Non. Mais vous choisirez : c'est trop de patience.

CLITANDRE.

Parbleu! je viens du Louvre, où Cléonte, au levé,
Madame, a bien paru ridicule achevé.
N'a-t-il point quelque ami qui pût, sur ses manières,
D'un charitable avis lui prêter les lumières?

CÉLIMÈNE.

Dans le monde, à vrai dire, il se barbouille fort;
Partout il porte un air qui saute aux yeux d'abord;
Et, lorsqu'on le revoit après un peu d'absence,
On le retrouve encor plus plein d'extravagance.

ACASTE.

Parbleu! s'il faut parler de gens extravagants,
Je viens d'en essuyer un des plus fatigants,
Damon le raisonneur, qui m'a, ne vous déplaise,
Une heure, au grand soleil, tenu hors de ma chaise.

CÉLIMÈNE.

C'est un parleur étrange, et qui trouve toujours
L'art de ne vous rien dire avec de grands discours :
Dans les propos qu'il tient on ne voit jamais goutte,
Et ce n'est que du bruit que tout ce qu'on écoute.

ÉLIANTE, à Philinte.

Ce début n'est pas mal; et, contre le prochain,
La conversation prend un assez bon train.

CLITANDRE.

Timante encor, madame, est un bon caractère.

CÉLIMÈNE.

C'est de la tête aux pieds un homme tout mystère.
Qui vous jette, en passant, un coup d'œil égaré,
Et, sans aucune affaire, est toujours affairé.
Tout ce qu'il vous débite en grimaces abonde;
A force de façons il assomme le monde :

Sans cesse il a tout bas, pour rompre l'entretien,
Un secret à vous dire, et ce secret n'est rien;
De la moindre vétille il fait une merveille,
Et, jusques au bonjour, il dit tout à l'oreille.

ACASTE.

Et Géralde, madame?

CÉLIMÈNE.

O l'ennuyeux conteur!
Jamais on ne le voit sortir du grand seigneur.
Dans le brillant commerce il se mêle sans cesse,
Et ne cite jamais que duc, prince ou princesse.
La qualité l'entête; et tous ses entretiens
Ne sont que de chevaux, d'équipage et de chiens.
Il tutaye en parlant ceux du plus haut étage,
Et le nom de monsieur est chez lui hors d'usage.

CLITANDRE.

On dit qu'avec Bélise il est du dernier bien.

CÉLIMÈNE.

Le pauvre esprit de femme, et le sec entretien!
Lorsqu'elle vient me voir, je souffre le martyre;
Il faut suer sans cesse à chercher que lui dire;
Et la stérilité de son expression
Fait mourir à tous coups la conversation.
En vain, pour attaquer son stupide silence,
De tous les lieux communs vous prenez l'assistance;
Le beau temps et la pluie, et le froid et le chaud,
Sont des fonds qu'avec elle on épuise bientôt.
Cependant sa visite, assez insupportable,
Traîne en une longueur encore épouvantable;
Et l'on demande l'heure, et l'on bâille vingt fois,
Qu'elle grouille aussi peu qu'une pièce de bois.

ACASTE.

Que vous semble d'Adraste?

CÉLIMÈNE.

Ah! quel orgueil extrême!
C'est un homme gonflé de l'amour de soi-même.
Son mérite jamais n'est content de la cour,
Contre elle il fait métier de pester chaque jour;
Et l'on ne donne emploi, charge, ni bénéfice,
Qu'à tout ce qu'il se croit on ne fasse injustice.

CLITANDRE.

Mais le jeune Cléon, chez qui vont aujourd'hui
Nos plus honnêtes gens, que dites-vous de lui?

CÉLIMÈNE.

Que de son cuisinier il s'est fait un mérite,
Et que c'est à sa table à qui l'on rend visite.

ÉLIANTE.

Il prend soin d'y servir des mets fort délicats.

CÉLIMÈNE.

Oui, mais je voudrais bien qu'il ne s'y servît pas;
C'est un fort méchant plat que sa sotte personne,
Et qui gâte, à mon goût, tous les repas qu'il donne.

PHILINTE.

On fait assez de cas de son oncle Damis :
Qu'en dites-vous, madame?

CÉLIMÈNE.

Il est de mes amis.

PHILINTE.

Je le trouve honnête homme, et d'un air assez sage.

CÉLIMÈNE.

Oui, mais il veut avoir trop d'esprit, dont j'enrage.
Il est guindé sans cesse; et, dans tous ses propos,
On voit qu'il se travaille à dire de bons mots.
Depuis que dans la tête il s'est mis d'être habile,
Rien ne touche son goût, tant il est difficile.
Il veut voir des défauts à tout ce qu'on écrit,
Et pense que louer n'est pas d'un bel esprit,
Que c'est être savant que trouver à redire,

Qu'il n'appartient qu'aux sots d'admirer et de rire,
Et qu'en n'approuvant rien des ouvrages du temps,
Il se met au-dessus de tous les autres gens.
Aux conversations même il trouve à reprendre;
Ce sont propos trop bas pour y daigner descendre;
Et, les deux bras croisés, du haut de son esprit,
Il regarde en pitié tout ce que chacun dit.

ACASTE.

Dieu me damne! voilà son portrait véritable.

CLITANDRE, à Célimène.

Pour bien peindre les gens vous êtes admirable.

ALCESTE.

Allons, ferme, poussez, mes bons amis de cour;
Vous n'en épargnez point, et chacun a son tour :
Cependant aucun d'eux à vos yeux ne se montre,
Qu'on ne vous voie en hâte aller à sa rencontre,
Lui présenter la main, et d'un baiser flatteur
Appuyer les serments d'être son serviteur.

CLITANDRE.

Pourquoi s'en prendre à nous? Si ce qu'on dit vous blesse,
Il faut que le reproche à madame s'adresse.

ALCESTE.

Non, morbleu! c'est à vous; et vos ris complaisants
Tirent de son esprit tous ces traits médisants.
Son humeur satirique est sans cesse nourrie
Par le coupable encens de votre flatterie;
Et son cœur à railler trouverait moins d'appas,
S'il avait observé qu'on ne l'applaudît pas.
C'est ainsi qu'aux flatteurs on doit partout se prendre
Des vices où l'on voit les humains se répandre.

PHILINTE.

Mais pourquoi pour ces gens un intérêt si grand,
Vous qui condamneriez ce qu'en eux on reprend?

CÉLIMÈNE.

Et ne faut-il pas bien que monsieur contredise?

A la commune voix veut-on qu'il se réduise,
Et qu'il ne fasse pas éclater en tous lieux
L'esprit contrariant qu'il a reçu des cieux ?
Le sentiment d'autrui n'est jamais pour lui plaire :
Il prend toujours en main l'opinion contraire,
Et penserait paraître un homme du commun,
Si l'on voyait qu'il fût de l'avis de quelqu'un.
L'honneur de contredire a pour lui tant de charmes,
Qu'il prend contre lui-même assez souvent les armes ;
Et ses vrais sentiments sont combattus par lui,
Aussitôt qu'il les voit dans la bouche d'autrui.

ALCESTE.

Les rieurs sont pour vous, madame ; c'est tout dire ;
Et vous pouvez pousser contre moi la satire.

PHILINTE.

Mais il est véritable aussi que votre esprit
Se gendarme toujours contre tout ce qu'on dit ;
Et que, par un chagrin que lui-même il avoue,
Il ne saurait souffrir qu'on blâme ni qu'on loue.

ALCESTE.

C'est que jamais, morbleu ! les hommes n'ont raison,
Que le chagrin contre eux est toujours de saison,
Et que je vois qu'ils sont, sur toutes les affaires,
Loueurs impertinents, ou censeurs téméraires.

CÉLIMÈNE.

Mais...

ALCESTE.

Non, madame, non, quand j'en devrais mourir,
Vous avez des plaisirs que je ne puis souffrir ;
Et l'on a tort ici de nourrir dans votre âme
Ce grand attachement au défaut qu'on y blâme.

CLITANDRE.

Pour moi, je ne sais pas ; mais j'avouerai tout haut
Que j'ai cru jusqu'ici madame sans défaut.

ACASTE.

De grâces et d'attraits je vois qu'elle est pourvue;
Mais les défauts qu'elle a ne frappent point ma vue.

ALCESTE.

Ils frappent tous la mienne; et, loin de m'en cacher,
Elle sait que j'ai soin de les lui reprocher.
Plus on aime quelqu'un, moins il faut qu'on le flatte;
A ne rien pardonner le pur amour éclate;
Et je bannirais, moi, tous ces lâches amants
Que je verrais soumis à tous mes sentiments,
Et dont, à tout propos, les molles complaisances
Donneraient de l'encens à mes extravagances.

CÉLIMÈNE.

Enfin, s'il faut qu'à vous s'en rapportent les cœurs,
On doit, pour bien aimer, renoncer aux douceurs,
Et du parfait amour mettre l'honneur suprême
A bien injurier les personnes qu'on aime.

ÉLIANTE.

L'amour, pour l'ordinaire, est peu fait à ces lois,
Et l'on voit les amants vanter toujours leur choix.
Jamais leur passion n'y voit rien de blâmable,
Et dans l'objet aimé, tout leur devient aimable;
Ils comptent les défauts pour des perfections,
Et savent y donner de favorables noms.
La pâle est au jasmin en blancheur comparable;
La noire à faire peur, une brune adorable;
La maigre a de la taille et de la liberté;
La grasse est, dans son port, pleine de majesté;
La malpropre sur soi, de peu d'attraits chargée,
Est mise sous le nom de beauté négligée;
La géante paraît une déesse aux yeux;
La naine, un abrégé des merveilles des cieux;
L'orgueilleuse a le cœur digne d'une couronne;

La fourbe a de l'esprit; la sotte est toute bonne;
La trop grande parleuse est d'agréable humeur;
Et la muette garde une honnête pudeur.
C'est ainsi qu'un amant dont l'ardeur est extrême
Aime jusqu'aux défauts des personnes qu'il aime.

ALCESTE.

Et moi, je soutiens, moi...

CÉLIMÈNE.

Brisons là ce discours,
Et dans la galerie allons faire deux tours.
Quoi! vous vous en allez, messieurs?

CLITANDRE ET ACASTE.

Non pas, madame.

ALCESTE.

La peur de leur départ occupe fort votre âme.
Sortez quand vous voudrez, messieurs; mais j'avertis
Que je ne sors qu'après que vous serez sortis.

ACASTE.

A moins de voir madame en être importunée,
Rien ne m'appelle ailleurs de toute la journée.

CLITANDRE.

Moi, pourvu que je puisse être au petit couché,
Je n'ai point d'autre affaire où je sois attaché.

CÉLIMÈNE, à Alceste.

C'est pour rire, je crois.

ALCESTE.

Non, en aucune sorte.
Nous verrons si c'est moi que vous voudrez qui sorte.

SCÈNE VI.

ALCESTE, CÉLIMÈNE, ÉLIANTE, ACASTE, PHILINTE, CLITANDRE, BASQUE.

BASQUE, à Alceste.

Monsieur, un homme est là qui voudrait vous parler
Pour affaire, dit-il, qu'on ne peut reculer.

ALCESTE.

Dis-lui que je n'ai point d'affaires si pressées.

BASQUE.

Il porte une jaquette à grand' basques plissées,
Avec du dor dessus[1].

CÉLIMÈNE, à Alceste.

Allez voir ce que c'est,
Ou bien faites-le entrer.

SCÈNE VII.

ALCESTE, CÉLIMÈNE, ÉLIANTE, ACASTE, PHILINTE, CLITANDRE, UN GARDE de la maréchaussée.

ALCESTE, allant au-devant du garde.

Qu'est-ce donc qu'il vous plaît?
Venez, monsieur.

LE GARDE.

Monsieur, j'ai deux mots à vous dire.

---

[1] *Du dor*, pour de l'or.

ALCESTE.

Vous pouvez parler haut, monsieur, pour m'en instruire.

LE GARDE.

Messieurs les maréchaux [1], dont j'ai commandement,
Vous mandent de venir les trouver promptement,
Monsieur.

ALCESTE.

Qui? moi, monsieur?

LE GARDE.

Vous-même.

ALCESTE.

Et pour quoi faire?

PHILINTE, à Alceste.

C'est d'Oronte et de vous la ridicule affaire.

CÉLIMÈNE, à Philinte.

Comment?

PHILINTE.

Oronte et lui se sont tantôt bravés
Sur certains petits vers qu'il n'a pas approuvés;
Et l'on veut assoupir la chose en sa naissance.

ALCESTE.

Moi, je n'aurai jamais de lâche complaisance.

PHILINTE.

Mais il faut suivre l'ordre : allons, disposez-vous.

ALCESTE.

Quel accommodement veut-on faire entre nous?
La voix de ces messieurs me condamnera-t-elle
A trouver bons les vers qui font notre querelle?
Je ne me dédis point de ce que j'en ai dit.
Je les trouve méchants.

PHILINTE.

Mais d'un plus doux esprit...

---

[1] Les maréchaux de France formaient un tribunal auquel était exclusivement réservée la connaissance des affaires d'honneur entre gentilshommes ou officiers.

ALCESTE.
Je n'en démordrai point, les vers sont exécrables.
PHILINTE.
Vous devez faire voir des sentiments traitables.
Allons, venez.
ALCESTE.
J'irai, mais rien n'aura pouvoir
De me faire dédire.
PHILINTE.
Allons vous faire voir.
ALCESTE.
Hors qu'un commandement exprès du roi me vienne
De trouver bons les vers dont on se met en peine,
Je soutiendrai toujours, morbleu! qu'ils sont mauvais,
Et qu'un homme est pendable après les avoir faits.
(A Clitandre et à Acaste qui rient.)
Par la sangbleu! messieurs, je ne croyais pas être
Si plaisant que je suis.
CÉLIMÈNE.
Allez vite paraître
Où vous devez.
ALCESTE.
J'y vais, madame, et sur mes pas
Je reviens en ce lieu pour vider nos débats.

FIN DU DEUXIÈME ACTE.

ACTE TROISIÈME.

SCÈNE I.

CLITANDRE, ACASTE.

CLITANDRE.
Cher marquis, je te vois l'âme bien satisfaite;
Toute chose t'égaye, et rien ne t'inquiète.
En bonne foi, crois-tu, sans t'éblouir les yeux,
Avoir de grands sujets de paraître joyeux?
ACASTE.
Parbleu! je ne vois pas lorsque je m'examine,
Où prendre aucun sujet d'avoir l'âme chagrine;
J'ai du bien, je suis jeune, et sors d'une maison
Qui se peut dire noble avec quelque raison;
Et je crois par le rang que me donne ma race,
Qu'il est fort peu d'emplois dont je ne sois en passe.
Pour le cœur, dont surtout nous devons faire cas,
On sait, sans vanité, que je n'en manque pas;
Et l'on m'a vu pousser dans le monde une affaire
D'une assez vigoureuse et gaillarde manière.
Pour de l'esprit, j'en ai, sans doute; et du bon goût,
A juger sans étude et raisonner de tout;
A faire aux nouveautés dont je suis idolâtre,
Figure de savant sur les bancs du théâtre;

Y décider en chef, et faire du fracas
A tous les beaux endroits qui méritent des has !
Je suis assez adroit ; j'ai bon air, bonne mine,
Les dents belles surtout, et la taille fort fine.
Quant à se mettre bien, je crois, sans me flatter,
Qu'on serait mal venu de me le disputer.
Je me vois dans l'estime autant qu'on y puisse être,
Fort aimé du beau sexe, et bien auprès du maître.
Je crois qu'avec cela, mon cher marquis, je croi.
Qu'on peut, par tout pays, être content de soi.

CLITANDRE.

Oui. Mais, trouvant ailleurs des conquêtes faciles,
Pourquoi pousser ici des soupirs inutiles ?

ACASTE.

Moi? Parbleu ! je ne suis de taille, ni d'humeur
A pouvoir d'une belle essuyer la froideur.
C'est aux gens mal tournés, aux mérites vulgaires,
A brûler constamment pour des beautés sévères,
A languir à leurs pieds et souffrir leurs rigueurs,
A chercher le secours des soupirs et des pleurs,
Et tâcher, par des soins d'une très-longue suite,
D'obtenir ce qu'on nie à leur peu de mérite.
Mais les gens de mon air, marquis, ne sont pas faits
Pour aimer à crédit et faire tous les frais.
Quelque rare que soit le mérite des belles,
Je pense, Dieu merci, qu'on vaut son prix comme elles ;
Que, pour se faire honneur d'un cœur comme le mien,
Ce n'est pas la raison qu'il ne leur coûte rien ;
Et qu'au moins, à tout mettre en de justes balances,
Il faut qu'à frais communs se fassent les avances.

CLITANDRE.

Tu penses donc, marquis, être fort bien ici ?

ACASTE.

J'ai quelque lieu, marquis, de le penser ainsi.

CLITANDRE.

Crois-moi, détache-toi de cette erreur extrême :
Tu te flattes, mon cher, et t'aveugles toi-même.

ACASTE.

Il est vrai, je me flatte et m'aveugle en effet.

CLITANDRE.

Mais qui te fait juger ton bonheur si parfait?

ACASTE.

Je me flatte.

CLITANDRE.

Sur quoi fonder tes conjectures?

ACASTE.

Je m'aveugle.

CLITANDRE.

En as-tu des preuves qui soient sûres?

ACASTE.

Je m'abuse, te dis-je.

CLITANDRE.

Est-ce que de ses vœux
Célimène t'a fait quelques secrets aveux?

ACASTE.

Non, je suis maltraité.

CLITANDRE.

Réponds-moi, je te prie.

ACASTE.

Je n'ai que des rebuts.

CLITANDRE.

Laissons la raillerie,
Et me dis quel espoir on peut t'avoir donné.

ACASTE.

Je suis le misérable, et toi le fortuné;
On a pour ma personne une aversion grande,
Et quelqu'un de ces jours il faut que je me pende.

CLITANDRE.

Oh! çà, veux-tu, marquis, pour ajuster nos vœux,

Que nous tombions d'accord d'une chose tous deux :
Que qui pourra montrer une marque certaine
D'avoir meilleure part au cœur de Célimène,
L'autre ici fera place au vainqueur prétendu,
Et le délivrera d'un rival assidu?

ACASTE.

Ah! parbleu! tu me plais avec un tel langage,
Et du bon de mon cœur à cela je m'engage.
Mais, chut.

SCÈNE II.

CÉLIMÈNE, ACASTE, CLITANDRE.

CÉLIMÈNE.

Encore ici?

CLITANDRE.

L'amour retient nos pas.

CÉLIMÈNE.

Je viens d'ouïr entrer un carrosse là-bas.
Savez-vous qui c'est?

CLITANDRE.

Non.

SCÈNE III.

CÉLIMÈNE, ACASTE, CLITANDRE, BASQUE.

BASQUE.

Arsinoé, madame,
Monte ici pour vous voir.

CÉLIMÈNE.

Que me veut cette femme?

BASQUE.

Éliante là bas est à l'entretenir.

CÉLIMÈNE.

De quoi s'avise-t-elle, et qui la fait venir?

ACASTE.

Pour prude consommée en tous lieux elle passe;
Et l'ardeur de son zèle...

CÉLIMÈNE.

Oui, oui, franche grimace.
Dans l'âme elle est du monde; et ses soins tentent tout
Pour accrocher quelqu'un sans en venir à bout.
Elle ne saurait voir qu'avec un œil d'envie
Les amants déclarés dont une autre est suivie;
Et son triste mérite, abandonné de tous,
Contre le siècle aveugle est toujours en courroux.
Elle tâche à couvrir d'un faux voile de prude
Ce que chez elle on voit d'affreuse solitude;
Et, pour sauver l'honneur de ses faibles appas,
Elle attache du crime au pouvoir qu'ils n'ont pas.
Cependant un amant plairait fort à la dame;
Et même pour Alceste elle a tendresse d'âme.
Ce qu'il me rend de soins outrage ses attraits;
Elle veut que ce soit un vol que je lui fais;
Et son jaloux dépit, qu'avec peine elle cache,
En tous endroits sous main contre moi se détache.
Enfin je n'ai rien vu de si sot à mon gré;
Elle est impertinente au suprême degré,
Et...

SCÈNE IV.

ARSINOÉ, CÉLIMÈNE, CLITANDRE, ACASTE.

CÉLIMÈNE.

Ah! quel heureux sort en ce lieu vous amène?
Madame, sans mentir, j'étais de vous en peine.

ARSINOÉ.

Je viens pour quelque avis que j'ai cru vous devoir.

CÉLIMÈNE.

Ah! mon Dieu! que je suis contente de vous voir!
(Clitandre et Acaste sortent en riant.)

SCÈNE V.

ARSINOÉ, CÉLIMÈNE.

ARSINOÉ.

Leur départ ne pouvait plus à propos se faire.

CÉLIMÈNE.

Voulons-nous nous asseoir?

ARSINOÉ.

Il n'est pas nécessaire.
Madame, l'amitié doit surtout éclater
Aux choses qui le plus nous peuvent importer;
Et comme il n'en est point de plus grande importance
Que celles de l'honneur et de la bienséance,
Je viens, par un avis qui touche votre honneur,
Témoigner l'amitié que pour vous a mon cœur.
Hier j'étais chez des gens de vertu singulière,
Où sur vous du discours on tourna la matière;

Et là, votre conduite avec ses grands éclats,
Madame, eut le malheur qu'on ne la loua pas.
Cette foule de gens dont vous souffrez visite,
Votre galanterie, et les bruits qu'elle excite,
Trouvèrent des censeurs plus qu'il n'aurait fallu,
Et bien plus rigoureux que je n'eusse voulu.
Vous pouvez bien penser quel parti je sus prendre;
Je fis ce que je pus pour vous pouvoir défendre;
Je vous excusai fort sur votre intention,
Et voulus de votre âme être la caution.
Mais vous savez qu'il est des choses dans la vie
Qu'on ne peut excuser, quoiqu'on en ait envie;
Et je me vis contrainte à demeurer d'accord
Que l'air dont vous vivez vous faisait un peu tort;
Qu'il prenait dans le monde une méchante face;
Qu'il n'est conte fâcheux que partout on n'en fasse,
Et que, si vous vouliez, tous vos déportements
Pourraient moins donner prise aux mauvais jugements.
Non que j'y croie au fond l'honnêteté blessée :
Me préserve le ciel d'en avoir la pensée!
Mais aux ombres du crime on prête aisément foi,
Et ce n'est pas assez de bien vivre pour soi.
Madame, je vous crois l'âme trop raisonnable
Pour ne pas prendre bien cet avis profitable,
Et pour l'attribuer qu'aux mouvements secrets
D'un zèle qui m'attache à tous vos intérêts.

CÉLIMÈNE.

Madame, j'ai beaucoup de grâces à vous rendre.
Un tel avis m'oblige; et, loin de le mal prendre,
J'en prétends reconnaître à l'instant la faveur,
Par un avis aussi qui touche votre honneur;
Et comme je vous vois vous montrer mon amie,
En m'apprenant les bruits que de moi l'on publie,
Je veux suivre, à mon tour, un exemple si doux,
En vous avertissant de ce qu'on dit de vous.

En un lieu, l'autre jour, où je faisais visite,
Je trouvai quelques gens d'un très-rare mérite,
Qui, parlant des vrais soins d'une âme qui vit bien,
Firent tomber sur vous, madame, l'entretien.
Là, votre pruderie et vos éclats de zèle
Ne furent pas cités comme un fort bon modèle;
Cette affectation d'un grave extérieur,
Vos discours éternels de sagesse et d'honneur,
Vos mines et vos cris aux ombres d'indécence
Que d'un mot ambigu peut avoir l'innocence,
Cette hauteur d'estime où vous êtes de vous,
Et ces yeux de pitié que vous jetez sur tous,
Vos fréquentes leçons et vos aigres censures
Sur des choses qui sont innocentes et pures;
Tout cela, si je puis vous parler franchement,
Madame, fut blâmé d'un commun sentiment.
« A quoi bon, disaient-ils, cette mine modeste,
Et ce sage dehors que dément tout le reste?
Elle est à bien prier exacte au dernier point;
Mais elle bat ses gens, et ne les paye point.
Dans tous les lieux dévots elle étale un grand zèle;
Mais elle met du blanc, et veut paraître belle.
Elle fait des tableaux couvrir les nudités;
Mais elle a de l'amour pour les réalités. »
Pour moi, contre chacun, je pris votre défense,
Et leur assurai fort que c'était médisance;
Mais tous les sentiments combattirent le mien,
Et leur conclusion fut que vous feriez bien
De prendre moins de soin des actions des autres,
Et de vous mettre un peu plus en peine des vôtres;
Qu'on doit se regarder soi-même un fort long temps
Avant que de songer à condamner les gens;
Qu'il faut mettre le poids d'une vie exemplaire
Dans les corrections qu'aux autres on veut faire;
Et qu'encor vaut-il mieux s'en remettre, au besoin,

A ceux à qui le ciel en a commis le soin.
Madame, je vous crois aussi trop raisonnable
Pour ne pas prendre bien cet avis profitable,
Et pour l'attribuer qu'aux mouvements secrets
D'un zèle qui m'attache à tous vos intérêts.

ARSINOÉ.

A quoi qu'en reprenant on soit assujettie,
Je ne m'attendais pas à cette repartie,
Madame; et je vois bien, par ce qu'elle a d'aigreur,
Que mon sincère avis vous a blessée au cœur.

CÉLIMÈNE.

Au contraire, madame; et, si l'on était sage,
Ces avis mutuels seraient mis en usage.
On détruirait par là, traitant de bonne foi,
Ce grand aveuglement où chacun est pour soi.
Il ne tiendra qu'à vous qu'avec le même zèle
Nous ne continuions cet office fidèle,
Et ne prenions grand soin de nous dire, entre nous,
Ce que nous entendrons, vous de moi, moi de vous.

ARSINOÉ.

Ah! madame, de vous je ne puis rien entendre;
C'est en moi que l'on peut trouver fort à reprendre.

CÉLIMÈNE.

Madame, on peut, je crois, louer et blâmer tout :
Et chacun a raison, suivant l'âge ou le goût.
Il est une saison pour la galanterie,
Il en est une aussi propre à la pruderie.
On peut, par politique, en prendre le parti,
Quand de nos jeunes ans l'éclat est amorti;
Cela sert à couvrir de fâcheuses disgrâces.
Je ne dis pas qu'un jour je ne suive vos traces;
L'âge amènera tout; et ce n'est pas le temps,
Madame, comme on sait, d'être prude à vingt ans.

ARSINOÉ.

Certes, vous vous targuez d'un bien faible avantage,

Et vous faites sonner terriblement votre âge.
Ce que de plus que vous on en pourrait avoir
N'est pas un si grand cas pour s'en tant prévaloir :
Et je ne sais pourquoi votre âme ainsi s'emporte,
Madame, à me pousser de cette étrange sorte.

CÉLIMÈNE.

Et moi, je ne sais pas, madame, aussi pourquoi
On vous voit en tous lieux vous déchaîner sur moi.
Faut-il de vos chagrins sans cesse à moi vous prendre?
Et puis-je mais des soins qu'on ne va pas vous rendre?
Si ma personne aux gens inspire de l'amour,
Et si l'on continue à m'offrir chaque jour
Des vœux que votre cœur peut souhaiter qu'on m'ôte,
Je n'y saurais que faire, et ce n'est pas ma faute;
Vous avez le champ libre, et je n'empêche pas
Que, pour les attirer, vous n'ayez des appas.

ARSINOÉ.

Hélas! et croyez-vous que l'on se mette en peine
De ce nombre d'amants dont vous faites la vaine,
Et qu'il ne nous soit pas fort aisé de juger
A quel prix aujourd'hui on peut les engager?
Pensez-vous faire croire, à voir comme tout roule,
Que votre seul mérite attire cette foule?
Qu'ils ne brûlent pour vous que d'un honnête amour,
Et que pour vos vertus ils vous font tous la cour?
On ne s'aveugle point, par de vaines défaites;
Le monde n'est point dupe; et j'en vois qui sont faites
A pouvoir inspirer de tendres sentiments,
Qui chez elles pourtant ne fixent point d'amants :
Et de là nous pouvons tirer des conséquences
Qu'on n'acquiert point leurs cœurs sans de grandes avances;
Qu'aucun, pour nos beaux yeux, n'est notre soupirant,
Et qu'il faut acheter tous les soins qu'on nous rend.
Ne vous enflez donc pas d'une si grande gloire,

Pour les petits brillants d'une faible victoire ;
Et corrigez un peu l'orgueil de vos appas,
De traiter pour cela les gens de haut en bas.
Si nos yeux enviaient les conquêtes des vôtres,
Je pense qu'on pourrait faire comme les autres,
Ne se point ménager, et vous faire bien voir
Que l'on a des amants quand on en veut avoir.

CÉLIMÈNE.

Ayez-en donc, madame, et voyons cette affaire ;
Par ce rare secret efforcez-vous de plaire ;
Et sans...

ARSINOÉ.

Brisons, madame, un pareil entretien,
Il pousserait trop loin votre esprit et le mien ;
Et j'aurais pris déjà le congé qu'il faut prendre,
Si mon carrosse encor ne m'obligeait d'attendre.

CÉLIMÈNE.

Autant qu'il vous plaira vous pouvez arrêter,
Madame, et là-dessus rien ne doit vous hâter.
Mais, sans vous fatiguer de ma cérémonie,
Je m'en vais vous donner meilleure compagnie ;
Et monsieur, qu'à propos le hasard fait venir,
Remplira mieux ma place à vous entretenir.

SCÈNE VI.

ALCESTE, CÉLIMÈNE, ARSINOÉ.

CÉLIMÈNE.

Alceste, il faut que j'aille écrire un mot de lettre,
Que, sans me faire tort, je ne saurais remettre.
Soyez avec madame ; elle aura la bonté
D'excuser aisément mon incivilité.

SCÈNE VII.

ALCESTE, ARSINOÉ.

ARSINOÉ.

Vous voyez, elle veut que je vous entretienne,
Attendant un moment que mon carrosse vienne;
Et jamais tous ses soins ne pouvaient m'offrir rien
Qui me fût plus charmant qu'un pareil entretien.
En vérité, les gens d'un mérite sublime
Entraînent de chacun et l'amour et l'estime;
Et le vôtre, sans doute, a des charmes secrets
Qui font entrer mon cœur dans tous vos intérêts.
Je voudrais que la cour, par un regard propice,
A ce que vous valez rendît plus de justice.
Vous avez à vous plaindre; et je suis en courroux
Quand je vois chaque jour qu'on ne fait rien pour vous.

ALCESTE.

Moi, madame? et sur quoi pourrais-je en rien prétendre?
Quel service à l'État est-ce qu'on m'a vu rendre?
Qu'ai-je fait, s'il vous plaît, de si brillant de soi,
Pour me plaindre à la cour qu'on ne fait rien pour moi?

ARSINOÉ.

Tous ceux sur qui la cour jette des yeux propices
N'ont pas toujours rendu de ces fameux services.
Il faut l'occasion ainsi que le pouvoir;
Et le mérite enfin que vous nous faites voir
Devrait...

ALCESTE.

Mon Dieu! laissons mon mérite, de grâce :

De quoi voulez-vous là que la cour s'embarrasse?
Elle aurait fort à faire, et ses soins seraient grands
D'avoir à déterrer le mérite des gens.

ARSINOÉ.

Un mérite éclatant se déterre lui-même.
Du vôtre en bien des lieux on fait un cas extrême;
Et vous saurez de moi qu'en deux fort bons endroits
Vous fûtes hier loué par des gens d'un grand poids.

ALCESTE.

Hé! madame, l'on loue aujourd'hui tout le monde,
Et le siècle par là n'a rien qu'on ne confonde.
Tout est d'un grand mérite également doué;
Ce n'est plus un honneur que de se voir loué :
D'éloges on regorge, à la tête on les jette;
Et mon valet de chambre est mis dans la gazette.

ARSINOÉ.

Pour moi, je voudrais bien que, pour vous montrer mieux,
Une charge à la cour vous pût frapper les yeux.
Pour peu que d'y songer vous nous fassiez les mines,
On peut, pour vous servir, remuer des machines;
Et j'ai des gens en main que j'emploierai pour vous,
Qui vous feront à tout un chemin assez doux.

ALCESTE.

Et que voudriez-vous, madame, que j'y fisse?
L'humeur dont je me sens veut que je m'en bannisse;
Le ciel ne m'a point fait, en me donnant le jour,
Une âme compatible avec l'air de la cour.
Je ne me trouve point les vertus nécessaires
Pour y bien réussir, et faire mes affaires.
Être franc et sincère est mon plus grand talent;
Je ne sais point jouer les hommes en parlant;
Et qui n'a pas le don de cacher ce qu'il pense
Doit faire en ce pays fort peu de résidence.
Hors de la cour sans doute on n'a pas cet appui
Et ces titres d'honneur qu'elle donne aujourd'hui;

Mais on n'a pas aussi, perdant ces avantages,
Le chagrin de jouer de fort sots personnages :
On n'a point à souffrir mille rebuts cruels,
On n'a point à louer les vers de messieurs tels,
A donner de l'encens à madame une telle,
Et de nos francs marquis essuyer la cervelle.

ARSINOÉ.

Laissons, puisqu'il vous plaît, ce chapitre de cour :
Mais il faut que mon cœur vous plaigne en votre amour;
Et, pour vous découvrir là-dessus mes pensées,
Je souhaiterais fort vos ardeurs mieux placées.
Vous méritez, sans doute, un sort beaucoup plus doux,
Et celle qui vous charme est indigne de vous.

ALCESTE.

Mais en disant cela, songez-vous, je vous prie,
Que cette personne est, madame, votre amie?

ARSINOÉ.

Oui. Mais ma conscience est blessée en effet
De souffrir plus longtemps le tort que l'on vous fait.
L'état où je vous vois afflige trop mon âme,
Et je vous donne avis qu'on trahit votre flamme.

ALCESTE.

C'est me montrer, madame, un tendre mouvement,
Et de pareils avis obligent un amant.

ARSINOÉ.

Oui, toute mon amie, elle est et je la nomme
Indigne d'asservir le cœur d'un galant homme;
Et le sien n'a pour vous que de feintes douceurs.

ALCESTE.

Cela se peut, madame, on ne voit pas les cœurs;
Mais votre charité se serait bien passée
De jeter dans le mien une telle pensée.

ARSINOÉ.

Si vous ne voulez pas être désabusé,
Il faut ne vous rien dire; il est assez aisé.

ALCESTE.

Non. Mais sur ce sujet, quoi que l'on nous expose,
Les doutes sont fâcheux plus que toute autre chose;
Et je voudrais, pour moi, qu'on ne me fît savoir
Que ce qu'avec clarté l'on peut me faire voir.

ARSINOÉ.

Hé bien! c'est assez dit; et sur cette matière
Vous allez recevoir une pleine lumière.
Oui, je veux que de tout vos yeux vous fassent foi.
Donnez-moi seulement la main jusque chez moi;
Là, je vous ferai voir une preuve fidèle
De l'infidélité du cœur de votre belle;
Et, si pour d'autres yeux le vôtre peut brûler,
On pourra vous offrir de quoi vous consoler.

FIN DU TROISIÈME ACTE.

ACTE QUATRIÈME.

SCÈNE I.

ÉLIANTE, PHILINTE.

PHILINTE.

Non, l'on n'a point vu d'âme à manier si dure,
Ni d'accommodement plus pénible à conclure :
En vain de tous côtés on l'a voulu tourner,
Hors de son sentiment on n'a pu l'entraîner;
Et jamais différend si bizarre, je pense,
N'avait de ces messieurs occupé la prudence.
« Non, messieurs, disait-il, je ne me dédis point,
Et tomberai d'accord de tout, hors de ce point.
De quoi s'offense-t-il? et que veut-il me dire?
Y va-t-il de sa gloire à ne pas bien écrire?
Que lui fait mon avis, qu'il a pris de travers?
On peut être honnête homme, et faire mal des vers :
Ce n'est point à l'honneur que touchent ces matières.
Je le tiens galant homme en toutes les manières,
Homme de qualité, de mérite et de cœur,
Tout ce qu'il vous plaira, mais fort méchant auteur.
Je louerai, si l'on veut, son train et sa dépense,
Son adresse à cheval, aux armes, à la danse;
Mais, pour louer ses vers, je suis son serviteur;

Et, lorsque d'en mieux faire on n'a pas le bonheur,
On ne doit de rimer avoir aucune envie,
Qu'on n'y soit condamné sur peine de la vie. »
Enfin, toute la grâce et l'accommodement
Où s'est avec effort plié son sentiment,
C'est de dire, croyant adoucir bien son style :
« Monsieur, je suis fâché d'être si difficile;
Et, pour l'amour de vous, je voudrais, de bon cœur,
Avoir trouvé tantôt votre sonnet meilleur. »
Et dans une embrassade, on leur a, pour conclure,
Fait vite envelopper toute la procédure.

ÉLIANTE.

Dans ses façons d'agir il est fort singulier;
Mais j'en fais, je l'avoue, un cas particulier;
Et la sincérité dont son âme se pique
A quelque chose en soi de noble et d'héroïque.
C'est une vertu rare au siècle d'aujourd'hui,
Et je la voudrais voir partout comme chez lui.

PHILINTE.

Pour moi, plus je le vois, plus surtout je m'étonne
De cette passion où son cœur s'abandonne.
De l'humeur dont le ciel a voulu le former,
Je ne sais pas comment il s'avise d'aimer;
Et je sais moins encor comment votre cousine
Peut être la personne où son penchant l'incline.

ÉLIANTE.

Cela fait assez voir que l'amour, dans les cœurs,
N'est pas toujours produit par un rapport d'humeurs;
Et toutes ces raisons de douces sympathies,
Dans cet exemple-ci, se trouvent démenties.

PHILINTE.

Mais croyez-vous qu'on l'aime, aux choses qu'on peut voir?

ÉLIANTE.

C'est un point qu'il n'est pas fort aisé de savoir.
Comment pouvoir juger s'il est vrai qu'elle l'aime?

Son cœur de ce qu'il sent n'est pas bien sûr lui-même ;
Il aime quelquefois sans qu'il le sache bien,
Et croit aimer aussi, parfois, qu'il n'en est rien.

PHILINTE.

Je crois que notre ami, près de cette cousine,
Trouvera des chagrins plus qu'il ne s'imagine ;
Et, s'il avait mon cœur, à dire vérité,
Il tournerait ses vœux tout d'un autre côté ;
Et, par un choix plus juste, on le verrait, madame,
Profiter des bontés que lui montre votre âme.

ÉLIANTE.

Pour moi, je n'en fais point de façons, et je croi
Qu'on doit sur de tels points être de bonne foi.
Je ne m'oppose point à toute sa tendresse ;
Au contraire, mon cœur pour elle s'intéresse ;
Et, si c'était qu'à moi la chose pût tenir,
Moi-même à ce qu'il aime on me verrait l'unir.
Mais si dans un tel choix, comme tout se peut faire,
Son amour éprouvait quelque destin contraire,
S'il fallait que d'un autre on couronnât les feux,
Je pourrais me résoudre à recevoir ses vœux ;
Et le refus souffert en pareille occurrence
Ne m'y ferait trouver aucune répugnance.

PHILINTE.

Et moi, de mon côté, je ne m'oppose pas,
Madame, à ces bontés qu'ont pour lui vos appas ;
Et lui-même, s'il veut, il peut bien vous instruire
De ce que là-dessus j'ai pris soin de lui dire.
Mais si, par un hymen qui les joindrait eux deux,
Vous étiez hors d'état de recevoir ses vœux,
Tous les miens tenteraient la faveur éclatante
Qu'avec tant de bonté votre âme lui présente.
Heureux si, quand son cœur s'y pourra dérober,
Elle pouvait sur moi, madame, retomber !

ÉLIANTE.

Vous vous divertissez, Philinte.

PHILINTE.

Non, madame,
Et je vous parle ici du meilleur de mon âme.
J'attends l'occasion de m'offrir hautement,
Et, de tous mes souhaits, j'en presse le moment.

SCÈNE II.

ALCESTE, ÉLIANTE, PHILINTE.

ALCESTE.

Ah! faites-moi raison, madame, d'une offense
Qui vient de triompher de toute ma constance.

ÉLIANTE.

Qu'est-ce donc? Qu'avez-vous qui vous puisse émouvoir?

ALCESTE.

J'ai ce que, sans mourir, je ne puis concevoir;
Et le déchaînement de toute la nature
Ne m'accablerait pas comme cette aventure.
C'en est fait... Mon amour... Je ne saurais parler.

ÉLIANTE.

Que votre esprit un peu tâche à se rappeler.

ALCESTE.

O juste ciel! faut-il qu'on joigne à tant de grâces
Les vices odieux des âmes les plus basses!

ÉLIANTE.

Mais encor, qui vous peut?...

ALCESTE.

Ah! tout est ruiné;
Je suis, je suis trahi, je suis assassiné.
Célimène... eût-on pu croire cette nouvelle?

Célimène me trompe, et n'est qu'une infidèle.
ÉLIANTE.
Avez-vous, pour le croire, un juste fondement ?
PHILINTE.
Peut-être est-ce un soupçon conçu légèrement ;
Et votre esprit jaloux prend parfois des chimères...
ALCESTE.
Ah ! morbleu ! mêlez-vous, monsieur, de vos affaires.
(A Éliante.)
C'est de sa trahison n'être que trop certain,
Que l'avoir, dans ma poche, écrite de sa main.
Oui, madame, une lettre écrite pour Oronte
A produit à mes yeux ma disgrâce et sa honte ;
Oronte, dont j'ai cru qu'elle fuyait les soins,
Et que de mes rivaux je redoutais le moins.
PHILINTE.
Une lettre peut bien tromper par l'apparence,
Et n'est pas quelquefois si coupable qu'on pense.
ALCESTE.
Monsieur, encore un coup, laissez-moi, s'il vous plaît,
Et ne prenez souci que de votre intérêt.
ÉLIANTE.
Vous devez modérer vos transports ; et l'outrage...
ALCESTE.
Madame, c'est à vous qu'appartient cet ouvrage ;
C'est à vous que mon cœur a recours aujourd'hui,
Pour pouvoir s'affranchir de son cuisant ennui.
Vengez-moi d'une ingrate et perfide parente
Qui trahit lâchement une ardeur si constante ;
Vengez-moi de ce trait, qui doit vous faire horreur.
ÉLIANTE.
Moi, vous venger ? comment ?
ALCESTE.
　　　　　　　　　　En recevant mon cœur.
Acceptez-le, madame, au lieu de l'infidèle ;

C'est par là que je puis prendre vengeance d'elle ;
Et je la veux punir par les sincères vœux,
Par le profond amour, les soins respectueux,
Les devoirs empressés et l'assidu service,
Dont ce cœur va vous faire un ardent sacrifice.

ÉLIANTE.

Je compatis, sans doute, à ce que vous souffrez,
Et ne méprise point le cœur que vous m'offrez ;
Mais peut-être le mal n'est pas si grand qu'on pense,
Et vous pourrez quitter ce désir de vengeance.
Lorsque l'injure part d'un objet plein d'appas,
On fait force desseins qu'on n'exécute pas :
On a beau voir, pour rompre, une raison puissante,
Une coupable aimée est bientôt innocente ;
Tout le mal qu'on lui veut se dissipe aisément,
Et l'on sait ce que c'est qu'un courroux d'un amant.

ALCESTE.

Non, non, madame, non. L'offense est trop mortelle ;
Il n'est point de retour, et je romps avec elle ;
Rien ne saurait changer le dessein que j'en fais,
Et je me punirais de l'estimer jamais.
La voici. Mon courroux redouble à cette approche.
Je vais de sa noirceur lui faire un vif reproche,
Pleinement la confondre, et vous porter après
Un cœur tout dégagé de ses trompeurs attraits.

SCÈNE III.

CÉLIMÈNE, ALCESTE.

ALCESTE, à part.

O ciel ! de mes transports puis-je être ici le maître ?

CÉLIMÈNE, à part.
(A Alceste.)
Ouais ! Quel est donc le trouble où je vous vois paraître ?

Et que me veulent dire, et ces soupirs poussés,
Et ces sombres regards que sur moi vous lancez ?
ALCESTE.
Que toutes les horreurs dont une âme est capable
A vos déloyautés n'ont rien de comparable;
Que le sort, les démons et le ciel en courroux,
N'ont jamais rien produit de si méchant que vous.
CÉLIMÈNE.
Voilà certainement des douceurs que j'admire.
ALCESTE.
Ah ! ne plaisantez point, il n'est pas temps de rire.
Rougissez bien plutôt, vous en avez raison ;
Et j'ai de sûrs témoins de votre trahison.
Voilà ce que marquaient les troubles de mon âme ;
Ce n'était pas en vain que s'alarmait ma flamme ;
Par ces fréquents soupçons qu'on trouvait odieux,
Je cherchais le malheur qu'ont rencontré mes yeux ;
Et, malgré tous vos soins et votre adresse à feindre,
Mon astre me disait ce que j'avais à craindre.
Mais ne présumez pas que, sans être vengé,
Je souffre le dépit de me voir outragé.
Je sais que sur les vœux on n'a point de puissance,
Que l'amour veut partout naître sans dépendance,
Que jamais par la force on n'entra dans un cœur,
Et que toute âme est libre à nommer son vainqueur.
Aussi ne trouverais-je aucun sujet de plainte,
Si pour moi votre bouche avait parlé sans feinte ;
Et, rejetant mes vœux dès le premier abord,
Mon cœur n'aurait eu droit de s'en prendre qu'au sort.
Mais d'un aveu trompeur voir ma flamme applaudie,
C'est une trahison, c'est une perfidie,
Qui ne saurait trouver de trop grands châtiments ;
Et je puis tout permettre à mes ressentiments.
Oui, oui, redoutez tout après un tel outrage ;
Je ne suis plus à moi, je suis tout à la rage.

Percé du coup mortel dont vous m'assassinez,
Mes sens par la raison ne sont plus gouvernés ;
Je cède aux mouvements d'une juste colère,
Et je ne réponds pas de ce que je puis faire.

CÉLIMÈNE.

D'où vient donc, je vous prie, un tel emportement?
Avez-vous, dites-moi, perdu le jugement?

ALCESTE.

Oui, oui, je l'ai perdu, lorsque dans votre vue
J'ai pris, pour mon malheur, le poison qui me tue,
Et que j'ai cru trouver quelque sincérité
Dans les traîtres appas dont je fus enchanté.

CÉLIMÈNE.

De quelle trahison pouvez-vous donc vous plaindre?

ALCESTE.

Ah! que ce cœur est double, et sait bien l'art de feindre!
Mais, pour le mettre à bout, j'ai des moyens tout prêts,
Jetez ici les yeux, et connaissez vos traits;
Ce billet découvert suffit pour vous confondre,
Et contre ce témoin on n'a rien à répondre.

CÉLIMÈNE.

Voilà donc le sujet qui vous trouble l'esprit.

ALCESTE.

Vous ne rougissez pas en voyant cet écrit?

CÉLIMÈNE.

Et par quelle raison faut-il que j'en rougisse?

ALCESTE.

Quoi! vous joignez ici l'audace à l'artifice!
Le désavouerez-vous pour n'avoir point de seing?

CÉLIMÈNE.

Pourquoi désavouer un billet de ma main?

ALCESTE.

Et vous pouvez le voir sans demeurer confuse
Du crime dont vers moi son style vous accuse!

CÉLIMÈNE.

Vous êtes, sans mentir, un grand extravagant.

ALCESTE.

Quoi! vous bravez ainsi ce témoin convaincant!
Et ce qu'il m'a fait voir de douceur pour Oronte
N'a donc rien qui m'outrage, et qui vous fasse honte?

CÉLIMÈNE.

Oronte! Qui vous dit que la lettre est pour lui?

ALCESTE.

Les gens qui dans mes mains l'ont remise aujourd'hui.
Mais je veux consentir qu'elle soit pour un autre,
Mon cœur en a-t-il moins à se plaindre du vôtre?
En serez-vous vers moi moins coupable en effet?

CÉLIMÈNE.

Mais si c'est une femme à qui va ce billet,
En quoi vous blesse-t-il, et qu'a-t-il de coupable?

ALCESTE

Ah! le détour est bon, et l'excuse admirable.
Je ne m'attendais pas, je l'avoue, à ce trait,
Et me voilà par là convaincu tout à fait.
Osez-vous recourir à ces ruses grossières?
Et croyez-vous les gens si privés de lumières?
Voyons, voyons un peu par quel biais, de quel air,
Vous voulez soutenir un mensonge si clair;
Et comment vous pourrez tourner pour une femme
Tous les mots d'un billet qui montre tant de flamme?
Ajustez, pour couvrir un manquement de foi,
Ce que je m'en vais lire...

CÉLIMÈNE.

Il ne me plaît pas, moi.
Je vous trouve plaisant d'user d'un tel empire,
Et de me dire au nez ce que vous m'osez dire!

ALCESTE.

Non, non, sans s'emporter, prenez un peu souci
De me justifier les termes que voici.

CÉLIMÈNE.

Non, je n'en veux rien faire; et, dans cette occurrence,
Tout ce que vous croirez m'est de peu d'importance.

ALCESTE.

De grâce, montrez-moi, je serai satisfait,
Qu'on peut, pour une femme, expliquer ce billet.

CÉLIMÈNE.

Non, il est pour Oronte; et je veux qu'on le croie.
Je reçois tous ses soins avec beaucoup de joie,
J'admire ce qu'il dit, j'estime ce qu'il est,
Et je tombe d'accord de tout ce qu'il vous plaît.
Faites, prenez parti; que rien ne vous arrête,
Et ne me rompez pas davantage la tête.

ALCESTE, à part.

Ciel! rien de plus cruel peut-il être inventé!
Et jamais cœur fut-il de la sorte traité?
Quoi! d'un juste courroux je suis ému contre elle,
C'est moi qui me viens plaindre, et c'est moi qu'on querelle,
On pousse ma douleur et mes soupçons à bout,
On me laisse tout croire, on fait gloire de tout;
Et cependant mon cœur est encore assez lâche
Pour ne pouvoir briser la chaîne qui l'attache,
Et pour ne pas s'armer d'un généreux mépris
Contre l'ingrat objet dont il est trop épris!

(A Célimène.)

Ah! que vous savez bien ici contre moi-même,
Perfide, vous servir de ma faiblesse extrême,
Et ménager pour vous l'excès prodigieux
De ce fatal amour né de vos traîtres yeux!
Défendez-vous au moins d'un crime qui m'accable,
Et cessez d'affecter d'être envers moi coupable.
Rendez-moi, s'il se peut, ce billet innocent;
A vous prêter les mains ma tendresse consent.
Efforcez-vous ici de paraître fidèle,
Et je m'efforcerai, moi, de vous croire telle.

CÉLIMÈNE.

Allez, vous êtes fou dans vos transports jaloux,
Et ne méritez pas l'amour qu'on a pour vous.
Je voudrais bien savoir qui pourrait me contraindre
A descendre pour vous aux bassesses de feindre;
Et pourquoi, si mon cœur penchait d'autre côté,
Je ne le dirais pas avec sincérité!
Quoi! de mes sentiments l'obligeante assurance
Contre tous vos soupçons ne prend pas ma défense?
Auprès d'un tel garant, sont-ils de quelque poids?
N'est-ce pas m'outrager que d'écouter leur voix?
Et puisque notre cœur fait un effort extrême
Lorsqu'il peut se résoudre à confesser qu'il aime;
Puisque l'honneur du sexe, ennemi de nos feux,
S'oppose fortement à de pareils aveux,
L'amant qui voit pour lui franchir un tel obstacle
Doit-il impunément douter de cet oracle?
Et n'est-il pas coupable en ne s'assurant pas
A ce qu'on ne dit point qu'après de grands combats?
Allez, de tels soupçons méritent ma colère;
Et vous ne valez pas que l'on vous considère.
Je suis sotte et veux mal à ma simplicité
De conserver encor pour vous quelque bonté;
Je devrais autre part attacher mon estime,
Et vous faire un sujet de plainte légitime.

ALCESTE.

Ah! traîtresse! mon faible est étrange pour vous;
Vous me trompez, sans doute, avec des mots si doux;
Mais il n'importe, il faut suivre ma destinée;
A votre foi mon âme est tout abandonnée;
Je veux voir jusqu'au bout quel sera votre cœur,
Et si de me trahir il aura la noirceur.

CÉLIMÈNE.

Non, vous ne m'aimez point comme il faut que l'on aime.

ALCESTE.

Ah! rien n'est comparable à mon amour extrême;
Et, dans l'ardeur qu'il a de se montrer à tous,
Il va jusqu'à former des souhaits contre vous.
Oui, je voudrais qu'aucun ne vous trouvât aimable,
Que vous fussiez réduite en un sort misérable;
Que le ciel en naissant ne vous eût donné rien;
Que vous n'eussiez ni rang, ni naissance, ni bien,
Afin que de mon cœur l'éclatant sacrifice
Vous pût d'un pareil sort réparer l'injustice,
Et que j'eusse la joie et la gloire en ce jour
De vous voir tenir tout des mains de mon amour.

CÉLIMÈNE.

C'est me vouloir du bien d'une étrange manière!
Me préserve le ciel que vous ayez matière...!
Voici monsieur Dubois plaisamment figuré.

SCÈNE IV.

CÉLIMÈNE, ALCESTE, DUBOIS.

ALCESTE.

Que veut cet équipage et cet air effaré?
Qu'as-tu?

DUBOIS.

    Monsieur...

ALCESTE.

      Hé bien?

DUBOIS.

            Voici bien des mystères.

ALCESTE.

Qu'est-ce?

DUBOIS.

    Nous sommes mal, monsieur, dans nos affaires.

ALCESTE.

Quoi?

DUBOIS.

Parlerai-je haut?

ALCESTE.

Oui, parle, et promptement.

DUBOIS.

N'est-il point là quelqu'un?

ALCESTE.

Ah! que d'amusement!
Veux-tu parler?

DUBOIS.

Monsieur, il faut faire retraite.

ALCESTE.

Comment?

DUBOIS.

Il faut d'ici déloger sans trompette.

ALCESTE.

Et pourquoi?

DUBOIS.

Je vous dis qu'il faut quitter ce lieu.

ALCESTE.

La cause?

DUBOIS.

Il faut partir, monsieur, sans dire adieu.

ALCESTE.

Mais par quelle raison me tiens-tu ce langage?

DUBOIS.

Par la raison, monsieur, qu'il faut plier bagage.

ALCESTE.

Ah! je te casserai la tête assurément,
Si tu ne veux, maraud, t'expliquer autrement.

DUBOIS.

Monsieur, un homme noir et d'habit et de mine
Est venu nous laisser, jusque dans la cuisine,

Un papier griffonné d'une telle façon,
Qu'il faudrait, pour le lire, être pis que démon.
C'est de votre procès, je n'en fais aucun doute ;
Mais le diable d'enfer, je crois, n'y verrait goutte.

ALCESTE.

Hé bien ! quoi ? Ce papier, qu'a-t-il à démêler,
Traître, avec le départ dont tu viens me parler ?

DUBOIS.

C'est pour vous dire ici, monsieur, qu'une heure ensuite,
Un homme qui souvent vous vient rendre visite,
Est venu vous chercher avec empressement,
Et, ne vous trouvant pas, m'a chargé doucement,
Sachant que je vous sers avec beaucoup de zèle,
De vous dire... Attendez, comme est-ce qu'il s'appelle ?

ALCESTE.

Laisse là son nom, traître, et dis ce qu'il t'a dit.

DUBOIS.

C'est un de vos amis ; enfin cela suffit.
Il m'a dit que d'ici votre péril vous chasse,
Et que d'être arrêté le sort vous y menace.

ALCESTE.

Mais quoi ! n'a-t-il voulu te rien spécifier ?

DUBOIS.

Non. Il m'a demandé de l'encre et du papier,
Et vous a fait un mot ; où vous pourrez, je pense,
Du fond de ce mystère avoir la connaissance.

ALCESTE.

Donne-le donc.

CÉLIMÈNE.

Que peut envelopper ceci ?

ALCESTE.

Je ne sais ; mais j'aspire à m'en voir éclairci.
Auras-tu bientôt fait, impertinent au diable ?

DUBOIS, après avoir longtemps cherché le billet.

Ma foi, je l'ai, monsieur, laissé sur votre table.

ALCESTE.

Je ne sais qui me tient.

CÉLIMÈNE.

Ne vous emportez pas,
Et courez démêler un pareil embarras.

ALCESTE.

Il semble que le sort, quelque soin que je prenne,
Ait juré d'empêcher que je vous entretienne;
Mais, pour en triompher, souffrez à mon amour
De vous revoir, madame, avant la fin du jour.

FIN DU QUATRIÈME ACTE.

ACTE CINQUIÈME.

SCÈNE I.

ALCESTE, PHILINTE.

ALCESTE.
La résolution en est prise, vous dis-je.
PHILINTE.
Mais, quel que soit ce coup, faut-il qu'il vous oblige!...
ALCESTE.
Non, vous avez beau faire et beau me raisonner,
Rien de ce que je dis ne me peut détourner;
Trop de perversité règne au siècle où nous sommes,
Et je veux me tirer du commerce des hommes.
Quoi! contre ma partie on voit tout à la fois
L'honneur, la probité, la pudeur et les lois;
On publie en tous lieux l'équité de ma cause;
Sur la foi de mon droit mon âme se repose :
Cependant je me vois trompé par le succès,
J'ai pour moi la justice, et je perds mon procès!
Un traître, dont on sait la scandaleuse histoire,
Est sorti triomphant d'une fausseté noire!
Toute la bonne foi cède à sa trahison!
Il trouve, en m'égorgeant, moyen d'avoir raison!
Le poids de sa grimace, où brille l'artifice,
Renverse le bon droit, et tourne la justice!

Il fait par un arrêt couronner son forfait!
Et, non content encor du tort que l'on me fait,
Il court parmi le monde un livre abominable,
Et de qui la lecture est même condamnable,
Un livre à mériter la dernière rigueur,
Dont le fourbe a le front de me faire l'auteur!
Et là-dessus on voit Oronte qui murmure,
Et tâche méchamment d'appuyer l'imposture!
Lui qui d'un honnête homme à la cour tient le rang,
A qui je n'ai fait rien qu'être sincère et franc,
Qui me vient malgré moi, d'une ardeur empressée,
Sur des vers qu'il a faits demander ma pensée;
Et parce que j'en use avec honnêteté
Et ne le veux trahir, lui, ni la vérité,
Il aide à m'accabler d'un crime imaginaire!
Le voilà devenu mon plus grand adversaire!
Et jamais de son cœur je n'aurai de pardon,
Pour n'avoir pas trouvé que son sonnet fût bon!
Et les hommes, morbleu! sont faits de cette sorte!
C'est à ces actions que la gloire les porte!
Voilà la bonne foi, le zèle vertueux,
La justice et l'honneur que l'on trouve chez eux!
Allons, c'est trop souffrir les chagrins qu'on nous forge :
Tirons-nous de ce bois et de ce coupe-gorge.
Puisque entre humains ainsi vous vivez en vrais loups,
Traîtres, vous ne m'aurez de ma vie avec vous.

PHILINTE.

Je trouve un peu bien prompt le dessein où vous êtes;
Et tout le mal n'est pas si grand que vous le faites.
Ce que votre partie ose vous imputer
N'a point eu le crédit de vous faire arrêter;
On voit son faux rapport lui-même se détruire,
Et c'est une action qui pourrait bien lui nuire.

ALCESTE.

Lui? de semblables tours il ne craint point l'éclat :

Il a permission d'être franc scélérat ;
Et, loin qu'à son crédit nuise cette aventure,
On l'en verra demain en meilleure posture.

PHILINTE.

Enfin il est constant qu'on n'a point trop donné
Au bruit que contre vous sa malice a tourné ;
De ce côté déjà vous n'avez rien à craindre :
Et pour votre procès dont vous pouvez vous plaindre,
Il vous est en justice aisé d'y revenir,
Et contre cet arrêt...

ALCESTE.

Non, je veux m'y tenir.
Quelque sensible tort qu'un tel arrêt me fasse,
Je me garderai bien de vouloir qu'on le casse ;
On y voit trop à plein le bon droit maltraité,
Et je veux qu'il demeure à la postérité
Comme une marque insigne, un fameux témoignage
De la méchanceté des hommes de notre âge.
Ce sont vingt mille francs qu'il m'en pourra coûter ;
Mais pour vingt mille francs j'aurai droit de pester
Contre l'iniquité de la nature humaine,
Et de nourrir pour elle une immortelle haine.

PHILINTE.

Mais enfin...

ALCESTE.

Mais enfin, vos soins sont superflus.
Que pouvez-vous, monsieur, me dire là-dessus ?
Aurez-vous bien le front de me vouloir, en face,
Excuser les horreurs de tout ce qui se passe ?

PHILINTE.

Non, je tombe d'accord de tout ce qu'il vous plaît :
Tout marche par cabale et par pur intérêt ;
Ce n'est plus que la ruse aujourd'hui qui l'emporte,
Et les hommes devraient être faits d'autre sorte.
Mais est-ce une raison que leur peu d'équité,

Pour vouloir se tirer de leur société?
Tous ces défauts humains nous donnent, dans la vie,
Des moyens d'exercer notre philosophie :
C'est le plus bel emploi que trouve la vertu ;
Et, si de probité tout était revêtu,
Si tous les cœurs étaient francs, justes, et dociles,
La plupart des vertus nous seraient inutiles,
Puisqu'on en met l'usage à pouvoir sans ennui
Supporter dans nos droits l'injustice d'autrui ;
Et, de même qu'un cœur d'une vertu profonde...

ALCESTE.

Je sais que vous parlez, monsieur, le mieux du monde ;
En beaux raisonnements vous abondez toujours ;
Mais vous perdez le temps et tous vos beaux discours.
La raison, pour mon bien, veut que je me retire :
Je n'ai point sur ma langue un assez grand empire ;
De ce que je dirais je ne répondrais pas,
Et je me jetterais cent choses sur les bras.
Laissez-moi, sans dispute, attendre Célimène.
Il faut qu'elle consente au dessein qui m'amène ;
Je vais voir si son cœur a de l'amour pour moi ;
Et c'est ce moment-ci qui doit m'en faire foi.

PHILINTE.

Montons chez Éliante, attendant sa venue.

ALCESTE.

Non : de trop de souci je me sens l'âme émue.
Allez-vous-en la voir, et me laissez enfin
Dans ce petit coin sombre avec mon noir chagrin.

PHILINTE.

C'est une compagnie étrange pour attendre,
Et je vais obliger Éliante à descendre.

SCÈNE II.

CÉLIMÈNE, ORONTE, ALCESTE.

ORONTE.

Oui, c'est à vous de voir si, par des nœuds si doux,
Madame, vous voulez m'attacher tout à vous.
Il me faut de votre âme une pleine assurance :
Un amant là-dessus n'aime point qu'on balance.
Si l'ardeur de mes feux a pu vous émouvoir,
Vous ne devez point feindre à me le faire voir;
Et la preuve, après tout, que je vous en demande,
C'est de ne plus souffrir qu'Alceste vous prétende,
De le sacrifier, madame, à mon amour,
Et de chez vous enfin le bannir dès ce jour.

CÉLIMÈNE.

Mais quel sujet si grand contre lui vous irrite,
Vous à qui j'ai tant vu parler de son mérite?

ORONTE.

Madame, il ne faut point ces éclaircissements;
Il s'agit de savoir quels sont vos sentiments.
Choisissez, s'il vous plaît, de garder l'un où l'autre;
Ma résolution n'attend rien que la vôtre.

ALCESTE, sortant du coin où il s'étoit retiré.

Oui, monsieur a raison; madame, il faut choisir;
Et sa demande ici s'accorde à mon désir.
Pareille ardeur me presse, et même soin m'amène;
Mon amour veut du vôtre une marque certaine :
Les choses ne sont plus pour traîner en longueur,
Et voici le moment d'expliquer votre cœur.

ORONTE.

Je ne veux point, monsieur, d'une flamme importune

Troubler aucunement votre bonne fortune.
ALCESTE.
Je ne veux point, monsieur, jaloux ou non jaloux,
Partager de son cœur rien du tout avec vous.
ORONTE.
Si votre amour au mien lui semble préférable...
ALCESTE.
Si du moindre penchant elle est pour vous capable...
ORONTE.
Je jure de n'y rien prétendre désormais.
ALCESTE.
Je jure hautement de ne la voir jamais.
ORONTE.
Madame, c'est à vous de parler sans contrainte.
ALCESTE.
Madame, vous pouvez vous expliquer sans crainte.
ORONTE.
Vous n'avez qu'à nous dire où s'attachent vos vœux.
ALCESTE.
Vous n'avez qu'à trancher, et choisir de nous deux.
ORONTE.
Quoi! sur un pareil choix vous semblez être en peine!
ALCESTE.
Quoi! votre âme balance et paraît incertaine!
CÉLIMÈNE.
Mon Dieu! que cette instance est là hors de saison!
Et que vous témoignez tous deux peu de raison!
Je sais prendre parti sur cette préférence,
Et ce n'est pas mon cœur maintenant qui balance :
Il n'est point suspendu sans doute entre vous deux,
Et rien n'est sitôt fait que le choix de nos vœux;
Mais je souffre, à vrai dire, une gêne trop forte
A prononcer en face un aveu de la sorte;
Je trouve que ces mots qui sont désobligeants,
Ne se doivent point dire en présence des gens.

Qu'un cœur de son penchant donne assez de lumière,
Sans qu'on nous fasse aller jusqu'à rompre en visière ;
Et qu'il suffit enfin que de plus doux témoins[1]
Instruisent un amant du malheur de ses soins.

ORONTE.

Non, non, un franc aveu n'a rien que j'appréhende ;
J'y consens pour ma part.

ALCESTE.

Et moi, je le demande ;
C'est son éclat surtout qu'ici j'ose exiger,
Et je ne prétends point vous voir rien ménager.
Conserver tout le monde est votre grande étude :
Mais plus d'amusement, et plus d'incertitude ;
Il faut vous expliquer nettement là-dessus ;
Ou bien pour un arrêt je prends votre refus ;
Je saurai, de ma part, expliquer ce silence,
Et me tiendrai pour dit tout le mal que j'en pense.

ORONTE.

Je vous sais fort bon gré, monsieur, de ce courroux,
Et je lui dis ici même chose que vous.

CÉLIMÈNE.

Que vous me fatiguez avec un tel caprice !
Ce que vous demandez a-t-il de la justice ?
Et ne vous dis-je pas quel motif me retient ?
J'en vais prendre pour juge Éliante, qui vient.

---

[1] *Témoin* s'employait pour *témoignage, preuve.*

SCÈNE III.

ÉLIANTE, PHILINTE, CÉLIMÈNE, ORONTE, ALCESTE.

CÉLIMÈNE.
Je me vois, ma cousine, ici persécutée
Par des gens dont l'humeur y paraît concertée.
Ils veulent l'un et l'autre, avec même chaleur,
Que je prononce entre eux le choix que fait mon cœur,
Et que, par un arrêt qu'en face il me faut rendre,
Je défende à l'un d'eux tous les soins qu'il peut prendre.
Dites-moi si jamais cela se fait ainsi.
ÉLIANTE.
N'allez point là-dessus me consulter ici;
Peut-être y pourriez-vous être mal adressée,
Et je suis pour les gens qui disent leur pensée.
ORONTE.
Madame, c'est en vain que vous vous défendez.
ALCESTE.
Tous vos détours ici seront mal secondés.
ORONTE.
Il faut, il faut parler, et lâcher la balance.
ALCESTE.
Il ne faut que poursuivre à garder le silence.
ORONTE.
Je ne veux qu'un seul mot pour finir nos débats.
ALCESTE.
Et moi, je vous entends, si vous ne parlez pas.

SCÈNE IV.

ARSINOÉ, CÉLIMÈNE, ÉLIANTE, ALCESTE, PHILINTE, ACASTE, CLITANDRE, ORONTE.

ACASTE, à Célimène.

Madame, nous venons tous deux, sans vous déplaire,
Éclaircir avec vous une petite affaire.

CLITANDRE, à Oronte et à Alceste.

Fort à propos, messieurs, vous vous trouvez ici,
Et vous êtes mêlés dans cette affaire aussi.

ARSINOÉ, à Célimène.

Madame, vous serez surprise de ma vue;
Mais ce sont ces messieurs qui causent ma venue :
Tous deux ils m'ont trouvée, et se sont plaints à moi
D'un trait à qui mon cœur ne saurait prêter foi.
J'ai du fond de votre âme une trop haute estime
Pour vous croire jamais capable d'un tel crime;
Mes yeux ont démenti leurs témoins les plus forts,
Et, l'amitié passant sur de petits discords,
J'ai bien voulu chez vous leur faire compagnie,
Pour vous voir vous laver de cette calomnie.

ACASTE.

Oui, madame, voyons, d'un esprit adouci,
Comment vous vous prendrez à soutenir ceci.
Cette lettre, par vous, est écrite à Clitandre.

CLITANDRE.

Vous avez pour Acaste écrit ce billet tendre.

ACASTE, à Oronte et à Alceste.

Messieurs, ces traits pour vous n'ont point d'obscurité,
Et je ne doute pas que sa civilité

A connaître sa main n'ait trop su vous instruire.
Mais ceci vaut assez la peine de le lire.

« Vous êtes un étrange homme de condamner mon enjoue-
» ment, et de me reprocher que je n'ai jamais tant de joie
» que lorsque je ne suis pas avec vous. Il n'y a rien de plus
» injuste; et si vous ne venez bien vite me demander pardon
» de cette offense, je ne vous la pardonnerai de ma vie.
» Notre grand flandrin de vicomte... »

Il devrait être ici.

« Notre grand flandrin de vicomte, par qui vous com-
» mencez vos plaintes, est un homme qui ne saurait me
» revenir; et, depuis que je l'ai vu trois quarts d'heure du-
» rant cracher dans un puits pour faire des ronds, je n'ai
» jamais pu prendre bonne opinion de lui. Pour le petit
» marquis... »

C'est moi-même, messieurs, sans nulle vanité.

« Pour le petit marquis, qui me tint hier longtemps la
» main, je trouve qu'il n'y a rien de si mince que toute sa
» personne; et ce sont de ces mérites qui n'ont que la cape
» et l'épée. Pour l'homme aux rubans verts... »

(A Alceste.)

A vous le dé, monsieur.

« Pour l'homme aux rubans verts, il me divertit quelque-
» fois avec ses brusqueries et son chagrin bourru; mais il est
» cent moments où je le trouve le plus fâcheux du monde.
» Et pour l'homme à la veste... »

(A Oronte.)

Voici votre paquet.

MOLIÈRE T. III.

« Et pour l'homme à la veste qui s'est jeté dans le bel es-
» prit, et veut être auteur malgré tout le monde, je ne puis
» me donner la peine d'écouter ce qu'il dit; et sa prose me
» fatigue autant que ses vers. Mettez-vous donc en tête que
» je ne me divertis pas toujours si bien que vous pensez;
» que je vous trouve à dire, plus que je ne voudrais, dans
» toutes les parties où l'on m'entraîne; et que c'est un mer-
» veilleux assaisonnement aux plaisirs qu'on goûte, que la
» présence des gens qu'on aime. »

CLITANDRE.

Me voici maintenant, moi.

« Votre Clitandre, dont vous me parlez, et qui fait tant le
» doucereux, est le dernier des hommes pour qui j'aurais de
» l'amitié. Il est extravagant de se persuader qu'on l'aime,
» et vous l'êtes de croire qu'on ne vous aime pas. Changez,
» pour être raisonnable, vos sentiments contre les siens; et
» voyez-moi le plus que vous pourrez, pour m'aider à porter
» le chagrin d'en être obsédée. »

D'un fort beau caractère on voit là le modèle,
Madame, et vous savez comment cela s'appelle.
Il suffit. Nous allons l'un et l'autre, en tous lieux,
Montrer de votre cœur le portrait glorieux.

ACASTE.

J'aurais de quoi vous dire, et belle est la matière;
Mais je ne vous tiens pas digne de ma colère;
Et je vous ferai voir que les petits marquis
Ont, pour se consoler, des cœurs du plus haut prix.

SCÈNE V.

CÉLIMÈNE, ÉLIANTE, ARSINOÉ, ALCESTE, ORONTE, PHILINTE.

ORONTE.

Quoi! de cette façon je vois qu'on me déchire,
Après tout ce qu'à moi je vous ai vu m'écrire!
Et votre cœur, paré de beaux semblants d'amour,
A tout le genre humain se promet tour à tour!
Allez, j'étais trop dupe, et je vais ne plus l'être;
Vous me faites un bien, me faisant vous connaître :
J'y profite d'un cœur qu'ainsi vous me rendez,
Et trouve ma vengeance en ce que vous perdez.

(A Alceste.)

Monsieur, je ne fais plus d'obstacle à votre flamme,
Et vous pouvez conclure affaire avec madame.

SCÈNE VI.

CÉLIMÈNE, ÉLIANTE, ARSINOÉ, ALCESTE, PHILINTE.

ARSINOÉ, à Célimène.

Certes, voilà le trait du monde le plus noir;
Je ne m'en saurais taire, et me sens émouvoir.
Voit-on des procédés qui soient pareils aux vôtres?
Je ne prends point de part aux intérêts des autres.

(Montrant Alceste.)

Mais monsieur, que chez vous fixait votre bonheur,
Un homme, comme lui, de mérite et d'honneur,

Et qui vous chérissait avec idolâtrie,
Devait-il?...

ALCESTE.

Laissez-moi, madame, je vous prie,
Vider mes intérêts moi-même là-dessus,
Et ne vous chargez point de ces soins superflus.
Mon cœur a beau vous voir prendre ici sa querelle,
Il n'est pas en état de payer ce grand zèle;
Et ce n'est point à vous que je pourrai songer,
Si par un autre choix, je cherche à me venger.

ARSINOÉ.

Hé! croyez-vous, monsieur, qu'on ait cette pensée,
Et que de vous avoir on soit tant empressée?
Je vous trouve un esprit bien plein de vanité,
Si de cette créance il peut s'être flatté.
Le rebut de madame est une marchandise
Dont on aurait grand tort d'être si fort éprise.
Détrompez-vous, de grâce, et portez-le moins haut.
Ce ne sont pas des gens comme moi qu'il vous faut.
Vous ferez bien encor de soupirer pour elle,
Et je brûle de voir une union si belle.

SCÈNE VII.

CÉLIMÈNE, ÉLIANTE, ALCESTE, PHILINTE.

ALCESTE, à Célimène.

Hé bien! je me suis tu, malgré ce que je voi,
Et j'ai laissé parler tout le monde avant moi.
Ai-je pris sur moi-même un assez long empire,
Et puis-je maintenant?...

CÉLIMÈNE.

Oui, vous pouvez tout dire;

Vous en êtes en droit, lorsque vous vous plaindrez,
Et de me reprocher tout ce que vous voudrez.
J'ai tort, je le confesse; et mon âme confuse
Ne cherche à vous payer d'aucune vaine excuse.
J'ai des autres ici méprisé le courroux;
Mais je tombe d'accord de mon crime envers vous.
Votre ressentiment sans doute est raisonnable;
Je sais combien je dois vous paraître coupable,
Que toute chose dit que j'ai pu vous trahir,
Et qu'enfin vous avez sujet de me haïr.
Faites-le, j'y consens.
ALCESTE.
Hé! le puis-je traîtresse?
Puis-je ainsi triompher de toute ma tendresse?
Et, quoique avec ardeur je veuille vous haïr,
Trouvé-je un cœur en moi tout prêt à m'obéir?

(A Éliante et à Philinte.)

Vous voyez ce que peut une indigne tendresse,
Et je vous fais tous deux témoins de ma faiblesse.
Mais, à vous dire vrai, ce n'est pas encor tout,
Et vous allez me voir la pousser jusqu'au bout,
Montrer que c'est à tort que sages on nous nomme,
Et que dans tous les cœurs il est toujours de l'homme.

(A Célimène.)

Oui, je veux bien, perfide, oublier vos forfaits;
J'en saurai, dans mon âme, excuser tous les traits,
Et me les couvrirai du nom d'une faiblesse
Où le vice du temps porte votre jeunesse,
Pourvu que votre cœur veuille donner les mains
Au dessein que j'ai fait de fuir tous les humains,
Et que dans mon désert, où j'ai fait vœu de vivre,
Vous soyez, sans tarder, résolue à me suivre.
C'est par là seulement que, dans tous les esprits,
Vous pouvez réparer le mal de vos écrits,
Et qu'après cet éclat qu'un noble cœur abhorre,

Il peut m'être permis de vous aimer encore.
CÉLIMÈNE.

Moi, renoncer au monde avant que de vieillir,
Et dans votre désert aller m'ensevelir !
ALCESTE.

Et, s'il faut qu'à mes feux votre flamme réponde,
Que vous doit importer tout le reste du monde?
Vos désirs avec moi ne sont-ils pas contents?
CÉLIMÈNE.

La solitude effraye une âme de vingt ans.
Je ne sens point la mienne assez grande, assez forte,
Pour me résoudre à prendre un dessein de la sorte.
Si le don de ma main peut contenter vos vœux,
Je pourrai me résoudre à serrer de tels nœuds ;
Et l'hymen...
ALCESTE.

   Non, mon cœur à présent vous déteste,
Et ce refus lui seul fait plus que tout le reste.
Puisque vous n'êtes point, en des liens si doux,
Pour trouver tout en moi, comme moi tout en vous,
Allez, je vous refuse, et ce sensible outrage
De vos indignes fers pour jamais me dégage.

SCÈNE VIII.

ÉLIANTE, ALCESTE, PHILINTE.

ALCESTE, à Éliante.

Madame, cent vertus ornent votre beauté,
Et je n'ai vu qu'en vous de la sincérité;
De vous depuis longtemps je fais un cas extrême;
Mais laissez-moi toujours vous estimer de même,
Et souffrez que mon cœur, dans ses troubles divers,

Ne se présente point à l'honneur de vos fers ;
Je m'en sens trop indigne, et commence à connaître
Que le ciel pour ce nœud ne m'avait point fait naître,
Que ce serait pour vous un hommage trop bas,
Que le rebut d'un cœur qui ne vous valait pas ;
Et qu'enfin...

ÉLIANTE.

Vous pouvez suivre cette pensée :
Ma main de se donner n'est pas embarrassée ;
Et voilà votre ami, sans trop m'inquiéter,
Qui, si je l'en priais, la pourrait accepter.

PHILINTE.

Ah ! cet honneur, madame, est toute mon envie,
Et j'y sacrifierais et mon sang et ma vie.

ALCESTE.

Puissiez-vous, pour goûter de vrais contentements,
L'un pour l'autre à jamais garder ces sentiments !
Trahi de toutes parts, accablé d'injustices,
Je vais sortir d'un gouffre où triomphent les vices ;
Et chercher sur la terre un endroit écarté
Où d'être homme d'honneur on ait la liberté.

PHILINTE.

Allons, madame, allons employer toute chose
Pour rompre le dessein que son cœur se propose.

FIN DU MISANTHROPE.

LE

MÉDECIN MALGRÉ LUI.

COMÉDIE EN TROIS ACTES.

6 août 1666.

PERSONNAGES.

GÉRONTE, père de Lucinde.

LUCINDE, fille de Géronte.

LÉANDRE, amant de Lucinde.

SGANARELLE, mari de Martine.

MARTINE, femme de Sganarelle.

M. ROBERT, voisin de Sganarelle.

VALÈRE, domestique de Géronte.

LUCAS, mari de Jacqueline.

JACQUELINE, nourrice chez Géronte, et femme de Lucas.

THIBAUT, père de Perrin, } paysans.
PERRIN, fils de Thibaut,

LE MÉDECIN MALGRÉ LUI.

ACTE PREMIER.

Le théâtre représente une forêt.

SCÈNE I.

SGANARELLE, MARTINE, paraissant sur le théâtre en se querellant.

SGANARELLE.
Non, je te dis que je n'en veux rien faire, et que c'est à moi de parler et d'être le maître.

MARTINE.
Et je te dis, moi, que je veux que tu vives à ma fantaisie, et que je ne me suis point mariée avec toi pour souffrir tes fredaines !

SGANARELLE.
Oh ! la grande fatigue que d'avoir une femme ! et qu'Aristote a bien raison, quand il dit qu'une femme est pire qu'un démon !

MARTINE.
Voyez un peu l'habile homme, avec son benêt d'Aristote.

SGANARELLE.
Oui, habile homme. Trouve-moi un faiseur de fagots qui

sache comme moi raisonner des choses, qui ait servi six ans un fameux médecin, et qui ait su dans son jeune âge son rudiment par cœur.

MARTINE.

Peste du fou fieffé!

SGANARELLE.

Peste de la carogne!

MARTINE.

Que maudits soient l'heure et le jour où je m'avisai d'aller dire oui!

SGANARELLE.

Que maudit soit le bec cornu de notaire qui me fit signer ma ruine!

MARTINE.

C'est bien à toi, vraiment, à te plaindre de cette affaire! Devrais-tu être un seul moment sans rendre grâces au ciel de m'avoir pour ta femme? et méritais-tu d'épouser une femme comme moi?

SGANARELLE.

Il est vrai que tu me fis trop d'honneur, et que j'eus lieu de me louer la première nuit de mes noces! Hé! morbleu! ne me fais point parler là-dessus; je dirais de certaines choses...

MARTINE.

Quoi? que dirais-tu?

SGANARELLE.

Baste, laissons là ce chapitre. Il suffit que nous savons ce que nous savons, et que tu fus bien heureuse de me trouver.

MARTINE.

Qu'appelles-tu, bien heureuse de te trouver? Un homme qui me réduit à l'hôpital, un débauché, un traître qui me mange tout ce que j'ai!

SGANARELLE.

Tu as menti : j'en bois une partie.

MARTINE.

Qui me vend, pièce à pièce, tout ce qui est dans le logis!

SGANARELLE.

C'est vivre de ménage.

MARTINE.

Qui m'a ôté jusqu'au lit que j'avais!

SGANARELLE.

Tu t'en lèveras plus matin.

MARTINE.

Enfin, qui ne laisse aucun meuble dans toute la maison.

SGANARELLE.

On en déménage plus aisément.

MARTINE.

Et qui, du matin jusqu'au soir, ne fait que jouer et que boire!

SGANARELLE.

C'est pour ne me point ennuyer.

MARTINE.

Et que veux-tu, pendant ce temps, que je fasse avec ma famille?

SGANARELLE.

Tout ce qu'il te plaira.

MARTINE.

J'ai quatre pauvres petits enfants sur les bras.

SGANARELLE.

Mets-les à terre.

MARTINE.

Qui me demandent à toute heure du pain.

SGANARELLE.

Donne-leur le fouet; quand j'ai bien bu et bien mangé, je veux que tout le monde soit soûl dans ma maison.

MARTINE.

Et tu prétends, ivrogne, que les choses aillent toujours de même?

SGANARELLE.

Ma femme, allons tout doucement, s'il vous plaît.

MARTINE.

Que j'endure éternellement tes insolences et tes débauches?

SGANARELLE.

Ne nous emportons point, ma femme.

MARTINE.

Et que je ne sache pas trouver le moyen de te ranger à ton devoir?

SGANARELLE.

Ma femme, vous savez que je n'ai pas l'âme endurante, et que j'ai le bras assez bon.

MARTINE.

Je me moque de tes menaces.

SGANARELLE.

Ma petite femme, ma mie, votre peau vous démange, à votre ordinaire.

MARTINE.

Je te montrerai bien que je ne te crains nullement.

SGANARELLE.

Ma chère moitié, vous avez envie de me dérober quelque chose.

MARTINE.

Crois-tu que je m'épouvante de tes paroles?

SGANARELLE.

Doux objet de mes vœux, je vous frotterai les oreilles.

MARTINE.

Ivrogne que tu es!

SGANARELLE.

Je vous battrai.

MARTINE.

Sac à vin!

SGANARELLE.

Je vous rosserai.

MARTINE.

Infâme!

SGANARELLE.

Je vous étrillerai.

MARTINE.

Traître! insolent! trompeur! lâche! coquin! pendard! gueux! belître! fripon! maraud! voleur!...

SGANARELLE.

Ah! vous en voulez donc? (Sganarelle prend un bâton et lui en donne.)

MARTINE, criant.

Ah! ah! ah! ah!

SGANARELLE.

Voilà le vrai moyen de vous apaiser.

SCÈNE II.

M. ROBERT, SGANARELLE, MARTINE.

MONSIEUR ROBERT.

Holà! holà! holà! Fi! Qu'est-ce ci? Quelle infamie! Peste soit le coquin, de battre ainsi sa femme!

MARTINE, les mains sur les côtés, lui parle en le faisant reculer, et à la fin lui donne un soufflet.

Et je veux qu'il me batte, moi.

MONSIEUR ROBERT.

Ah! j'y consens de tout mon cœur.

MARTINE.

De quoi vous mêlez-vous?

MONSIEUR ROBERT.

J'ai tort.

MARTINE.

Est-ce là votre affaire?

MONSIEUR ROBERT.

Vous avez raison.

MARTINE.

Voyez un peu cet impertinent, qui veut empêcher les maris de battre leurs femmes!

MONSIEUR ROBERT.

Je me rétracte.

MARTINE.

Qu'avez-vous à voir là-dessus?

MONSIEUR ROBERT.

Rien.

MARTINE.

Est-ce à vous d'y mettre le nez?

MONSIEUR ROBERT.

Non.

MARTINE.

Mêlez-vous de vos affaires.

MONSIEUR ROBERT.

Je ne dis plus mot.

MARTINE.

Il me plaît d'être battue.

MONSIEUR ROBERT.

D'accord.

MARTINE.

Ce n'est pas à vos dépens.

MONSIEUR ROBERT.

Il est vrai.

MARTINE.

Et vous êtes un sot de venir vous fourrer où vous n'avez que faire.

MONSIEUR ROBERT.

(Il passe vers Sganarelle, qui pareillement lui parle toujours en le faisant reculer, le frappe avec le même bâton et le met en fuite.)

Compère, je vous demande pardon de tout mon cœur. Faites, rossez, battez comme il faut votre femme; je vous aiderai si vous le voulez.

SGANARELLE.

Il ne me plaît pas, moi.

MONSIEUR ROBERT.

Ah! c'est une autre chose.

SGANARELLE.

Je la veux battre, si je le veux; et ne la veux pas battre, si je ne le veux pas.

MONSIEUR ROBERT.

Fort bien.

SGANARELLE.

C'est ma femme, et non la vôtre.

MONSIEUR ROBERT.

Sans doute.

SGANARELLE.

Vous n'avez rien à me commander.

MONSIEUR ROBERT.

D'accord.

SGANARELLE.

Je n'ai que faire de votre aide.

MONSIEUR ROBERT.

Très-volontiers.

SGANARELLE.

Et vous êtes un impertinent de vous ingérer des affaires d'autrui. Apprenez que Cicéron dit qu'entre l'arbre et le doigt il ne faut point mettre l'écorce. (Ensuite il revient vers sa femme et lui dit en lui pressant la main :

SCÈNE III.

SGANARELLE, MARTINE.

SGANARELLE.

Oh çà! faisons la paix nous deux. Touche là.

MARTINE.

Oui, après m'avoir ainsi battue!

SGANARELLE.

Cela n'est rien. Touche.

MARTINE.

Je ne veux pas.

SGANARELLE.

Hé?

MARTINE.

Non.

SGANARELLE.

Ma petite femme!

MARTINE.

Point.

SGANARELLE.

Allons, te dis-je.

MARTINE.

Je n'en ferai rien.

SGANARELLE.

Viens, viens, viens.

MARTINE.

Non ; je veux être en colère.

SGANARELLE.

Fi! c'est une bagatelle. Allons, allons.

MARTINE.

Laisse-moi là.

SGANARELLE.

Touche, te dis-je.

MARTINE.

Tu m'as trop maltraitée.

SGANARELLE.

Hé bien! va, je te demande pardon; mets là ta main.

MARTINE.

Je te pardonne ; (Elle dit le reste bas.) mais tu le payeras.

SGANARELLE.

Tu es une folle de prendre garde à cela : ce sont petites choses qui sont de temps en temps nécessaires dans l'amitié;

et cinq ou six coups de bâton, entre gens qui s'aiment, ne font que ragaillardir l'affection. Va, je m'en vais au bois, et je te promets aujourd'hui plus d'un cent de fagots.

SCÈNE IV.

MARTINE, seule.

Va, quelque mine que je fasse, je n'oublierai pas mon ressentiment; et je brûle en moi-même de trouver les moyens de te punir des coups que tu m'as donnés. Je sais bien qu'une femme a toujours dans les mains de quoi se venger d'un mari : mais c'est une punition trop délicate pour mon pendard : je veux une vengeance qui se fasse un peu mieux sentir; et ce n'est pas contentement pour l'injure que j'ai reçue.

SCÈNE V.

VALÈRE, LUCAS, MARTINE.

LUCAS, à Valère, sans voir Martine.

Parguenne! j'avons pris là tous deux une gueble de commission; et je ne sais pas, moi, ce que je pensons attraper.

VALÈRE, à Lucas, sans voir Martine.

Que veux-tu, mon pauvre nourricier? il faut bien obéir à notre maître : et puis, nous avons intérêt, l'un et l'autre, à la santé de sa fille, notre maîtresse; et sans doute son mariage, différé par sa maladie, nous vaudra quelque récompense. Horace, qui est libéral, a bonne part aux prétentions qu'on peut avoir sur sa personne; et quoiqu'elle ait fait voir de l'amitié pour un certain Léandre, tu sais bien que son père n'a jamais voulu consentir à le recevoir pour son gendre.

MARTINE, rêvant à part, se croyant seule.

Ne puis-je point trouver quelque invention pour me venger?

LUCAS, à Valère.

Mais quelle fantaisie s'est-il boutée là dans la tête, puisque les médecins y avont tous pardu leur latin?

VALÈRE, à Lucas.

On trouve quelquefois, à force de chercher, ce qu'on ne trouve pas d'abord; et souvent en de simples lieux...

MARTINE, se croyant toujours seule.

Oui, il faut que je me venge à quelque prix que ce soit. Ces coups de bâton me reviennent au cœur, je ne les saurais digérer; et... (Elle dit tout ceci en rêvant, de sorte que, ne prenant pas garde à ces deux hommes, elle les heurte en se retournant, et leur dit :) Ah! messieurs, je vous demande pardon; je ne vous voyais pas, et cherchais dans ma tête quelque chose qui m'embarrasse.

VALÈRE.

Chacun a ses soins dans le monde, et nous cherchons aussi ce que nous voudrions bien trouver.

MARTINE.

Serait-ce quelque chose où je vous puisse aider?

VALÈRE.

Cela se pourrait faire; et nous tâchons de rencontrer quelque habile homme, quelque médecin particulier, qui pût donner quelque soulagement à la fille de notre maître, attaquée d'une maladie qui lui a ôté tout d'un coup l'usage de la langue. Plusieurs médecins ont déjà épuisé toute leur science après elle : mais on trouve parfois des gens avec des secrets admirables, de certains remèdes particuliers, qui font le plus souvent ce que les autres n'ont su faire; et c'est là ce que nous cherchons.

ACTE I. SCÈNE V.

MARTINE, bas, à part.

Ah! que le ciel m'inspire une admirable invention pour me venger de mon pendard! (Haut.) Vous ne pouviez jamais vous mieux adresser pour rencontrer ce que vous cherchez; et nous avons ici un homme, le plus merveilleux homme du monde, pour les maladies désespérées.

VALÈRE.

Et, de grâce, où pouvons-nous le rencontrer?

MARTINE.

Vous le trouverez maintenant vers ce petit lieu que voilà, qui s'amuse à couper du bois.

LUCAS.

Un médecin qui coupe du bois!

VALÈRE.

Qui s'amuse à cueillir des simples, voulez-vous dire?

MARTINE.

Non; c'est un homme extraordinaire qui se plaît à cela, fantasque, bizarre, quinteux, et que vous ne prendriez jamais pour ce qu'il est. Il va vêtu d'une façon extravagante, affecte quelquefois de paraître ignorant, tient sa science renfermée, et ne fuit rien tant tous les jours que d'exercer les merveilleux talents qu'il a eus du ciel pour la médecine.

VALÈRE.

C'est une chose admirable que tous les grands hommes ont toujours du caprice, quelque petit grain de folie mêlé à leur science.

MARTINE.

La folie de celui-ci est plus grande qu'on ne peut croire, car elle va parfois jusqu'à vouloir être battu pour demeurer d'accord de sa capacité; et je vous donne avis que vous n'en viendrez pas à bout, qu'il n'avouera jamais qu'il est médecin, s'il se le met en fantaisie, que vous ne preniez chacun un bâton, et ne le réduisiez, à force de coups, à vous confesser à la fin ce qu'il vous cachera d'abord. C'est ainsi que nous en usons quand nous avons besoin de lui.

VALÈRE.

Voilà une étrange folie!

MARTINE.

Il est vrai; mais, après cela, vous verrez qu'il fait des merveilles.

VALÈRE.

Comment s'appelle-t-il?

MARTINE.

Il s'appelle Sganarelle. Mais il est aisé à connaître : c'est un homme qui a une large barbe noire, et qui porte une fraise, avec un habit jaune et vert.

LUCAS.

Un habit jaune et vart! C'est donc le médecin des parroquets?

VALÈRE.

Mais est-il bien vrai qu'il soit si habile que vous le dites?

MARTINE.

Comment! c'est un homme qui fait des miracles. Il y a six mois qu'une femme fut abandonnée de tous les autres médecins : on la tenait morte il y avait déjà six heures, et l'on se disposait à l'ensevelir, lorsqu'on y fit venir de force l'homme dont nous parlons. Il lui mit, l'ayant vue, une petite goutte de je ne sais quoi dans la bouche; et, dans le même instant, elle se leva de son lit, et se mit aussitôt à se promener dans sa chambre comme si de rien n'eût été.

LUCAS.

Ah!

VALÈRE.

Il fallait que ce fût quelque goutte d'or potable[1].

MARTINE.

Cela pourrait bien être. Il n'y a pas trois semaines encore qu'un jeune enfant de douze ans tomba du haut du clocher

---

[1] L'or potable passa longtemps pour un remède souverain.

en bas, et se brisa sur le pavé la tête, les bras, et les jambes. On n'y eut pas plutôt amené notre homme, qu'il le frotta partout le corps d'un certain onguent qu'il sait faire, et l'enfant aussitôt se leva sur ses pieds et courut jouer à la fossette.

LUCAS.

Ah!

VALÈRE.

Il faut que cet homme-là ait la médecine universelle.

MARTINE.

Qui en doute?

LUCAS.

Testigué! velà justement l'homme qu'il nous faut. Allons vite le charcher.

VALÈRE.

Nous vous remercions du plaisir que vous nous faites.

MARTINE.

Mais souvenez-vous bien au moins de l'avertissement que je vous ai donné.

LUCAS.

Hé! morguenne! laissez-nous faire : s'il ne tient qu'à battre, la vache est à nous.

VALÈRE, à Lucas.

Nous sommes bien heureux d'avoir fait cette rencontre; et j'en conçois, pour moi, la meilleure espérance du monde.

SCÈNE VI.

SGANARELLE, VALÈRE, LUCAS.

SGANARELLE, chantant derrière le théâtre.

La, la, la...

VALÈRE.

J'entends quelqu'un qui chante et qui coupe du bois.

SGANARELLE entre sur le théâtre, en chantant et tenant une bouteille et sans apercevoir Valère ni Lucas.

La, la, la... Ma foi, c'est assez travaillé pour boire un coup. Prenons un peu d'haleine. (Il boit et dit après avoir bu) Voilà du bois qui est salé comme tous les diables. (Il chante.)

> « Qu'ils sont doux,
> » Bouteille jolie,
> » Qu'ils sont doux
> » Vos petits glouglpux !
> » Mais mon sort ferait bien des jaloux,
> » Si vous étiez toujours remplie.
> » Ah ! bouteille, ma mie,
> » Pourquoi vous videz-vous ? »

Allons, morbleu ! il ne faut point engendrer de mélancolie.

VALÈRE, bas, à Lucas.

Le voilà lui-même.

LUCAS, bas à Valère.

Je pense que vous dites vrai, et que j'avons bouté le nez dessus.

VALÈRE.

Voyons de près.

SGANARELLE, les apercevant, les regarde en se tournant vers l'un et puis vers l'autre; et, abaissant sa voix, dit :

Ah ! ma petite friponne ! que je t'aime, mon petit bouchon !

> « Mon sort... ferait... bien des... jaloux...
> » Si... »

Que diable ! à qui en veulent ces gens-là ?

VALÈRE, à Lucas.

C'est lui assurément.

LUCAS, à Valère.

Le velà tout craché comme on nous l'a défiguré.

SGANARELLE, à part.

(Ici il pose sa bouteille à terre, et, Valère se baissant pour le saluer, comme il croit que c'est à dessein de la prendre, il la met de l'autre côté; ensuite de quoi, Lucas faisant la même chose, il la reprend et la tient contre son estomac, avec divers gestes qui font un grand jeu de théâtre.)

Ils consultent en me regardant. Quel dessein auraient-ils ?

VALÈRE.

Monsieur, n'est-ce pas vous qui vous appelez Sganarelle ?

SGANARELLE.

Hé ! quoi ?

VALÈRE.

Je vous demande si ce n'est pas vous qui se nomme Sganarelle.

SGANARELLE, se tournant vers Valère, puis vers Lucas.

Oui et non, selon ce que vous lui voulez.

VALÈRE.

Nous ne voulons que lui faire toutes les civilités que nous pourrons.

SGANARELLE.

En ce cas, c'est moi qui se nomme Sganarelle.

VALÈRE.

Monsieur, nous sommes ravis de vous voir. On nous a adressés à vous pour ce que nous cherchons ; et nous venons implorer votre aide, dont nous avons besoin.

SGANARELLE.

Si c'est quelque chose, messieurs, qui dépende de mon petit négoce, je suis tout prêt à vous rendre service.

VALÈRE.

Monsieur, c'est trop de grâce que vous nous faites. Mais, monsieur, couvrez-vous, s'il vous plaît : le soleil pourrait vous incommoder.

LUCAS.

Monsieu, boutez dessus.

SGANARELLE, à part.

Voici des gens bien pleins de cérémonie. (Il se couvre.)

VALÈRE.

Monsieur, il ne faut pas trouver étrange que nous venions à vous ; les habiles gens sont toujours recherchés, et nous sommes instruits de votre capacité.

SGANARELLE.

Il est vrai, messieurs, que je suis le premier homme du monde pour faire des fagots.

VALÈRE.

Ah ! monsieur...

SGANARELLE.

Je n'y épargne aucune chose, et les fais d'une façon qu'il n'y a rien à dire.

VALÈRE.

Monsieur, ce n'est pas cela dont il est question.

SGANARELLE.

Mais aussi je les vends cent dix sols le cent.

VALÈRE.

Ne parlons point de cela, s'il vous plaît.

SGANARELLE.

Je vous promets que je ne saurais les donner à moins.

VALÈRE.

Monsieur, nous savons les choses.

SGANARELLE.

Si vous savez les choses, vous savez que je les vends cela.

VALÈRE.

Monsieur, c'est se moquer que...

SGANARELLE.

Je ne me moque point, je n'en puis rien rabattre.

VALÈRE.

Parlons d'autre façon, de grâce.

SGANARELLE.

Vous en pourrez trouver autre part à moins; il y a fagots et fagots : mais pour ceux que je fais...

VALÈRE.

Hé! monsieur, laissons-là ces discours.

SGANARELLE.

Je vous jure que vous ne les auriez pas, s'il s'en fallait un double.

VALÈRE.

Hé! fi!

SGANARELLE.

Non, en conscience; vous en payerez cela. Je vous parle sincèrement, et ne suis pas homme à surfaire.

VALÈRE.

Faut-il, monsieur, qu'une personne comme vous s'amuse à ces grossières feintes, s'abaisse à parler de la sorte! qu'un homme si savant, un fameux médecin, comme vous êtes, veuille se déguiser aux yeux du monde et tenir enterrés les beaux talents qu'il a!

SGANARELLE, à part.

Il est fou.

VALÈRE.

De grâce, monsieur, ne dissimulez point avec nous.

SGANARELLE.

Comment?

LUCAS.

Tout ce tripotage ne sart de rian; je savons cen que je savons.

SGANARELLE.

Quoi donc! que me voulez-vous dire? Pour qui me prenez-vous?

VALÈRE.

Pour ce que vous êtes, pour un grand médecin.

SGANARELLE.

Médecin vous-même; je ne le suis point et ne l'ai jamais été.

VALÈRE, bas.

Voilà sa folie qui le tient. (Haut.) Monsieur, ne veuillez point nier les choses davantage; et n'en venons point, s'il vous plaît, à de fâcheuses extrémités.

SGANARELLE.

A quoi donc?

VALÈRE.

A de certaines choses dont nous serions marris.

SGANARELLE.

Parbleu! venez-en à tout ce qu'il vous plaira; je ne suis point médecin, et ne sais ce que vous me voulez dire.

VALÈRE, bas.

Je vois bien qu'il faut se servir du remède. (Haut.) Monsieur, encore un coup, je vous prie d'avouer ce que vous êtes.

LUCAS.

Hé! testigué! ne lantiponez [1] point davantage, et confessez à la franquette que v' êtes médecin.

SGANARELLE, à part.

J'enrage.

VALÈRE.

A quoi bon nier ce qu'on sait?

LUCAS.

Pourquoi toutes ces fraimes-là [2]? A quoi est-ce que ça vous sart?

SGANARELLE.

Messieurs, en un mot autant qu'en deux mille, je vous dis que je ne suis point médecin.

---

[1] *Lantiponer*, perdre le temps à des fadaises.
[2] *Fraimes*, pour *frimes*.

ACTE I. SCÈNE VI.

VALÈRE.

Vous n'êtes point médecin ?

SGANARELLE.

Non.

LUCAS.

V' n' êtes pas médecin?

SGANARELLE.

Non, vous dis-je.

VALÈRE.

Puisque vous le voulez, il faut s'y résoudre.

(Ils prennent chacun un bâton, et le frappent.)

SGANARELLE.

Ah! ah! ah! messieurs, je suis tout ce qu'il vous plaira.

VALÈRE.

Pourquoi, monsieur, nous obligez-vous à cette violence ?

LUCAS.

A quoi bon nous bailler la peine de vous battre ?

VALÈRE.

Je vous assure que j'en ai tous les regrets du monde.

LUCAS.

Par ma figué! j'en sis fâché, franchement.

SGANARELLE.

Que diable est ceci, messieurs ? De grâce, est-ce pour rire, ou si tous deux vous extravaguez, de vouloir que je sois médecin ?

VALÈRE.

Quoi ! vous ne vous rendez pas encore, et vous vous défendez d'être médecin?

SGANARELLE.

Diable emporte si je le suis !

LUCAS.

Il n'est pas vrai qu'ous sayez médecin?

SGANARELLE.

Non, la peste m'étouffe ! (Ils recommencent de le battre.) Ah! ah! Hé bien! messieurs, oui, puisque vous le voulez, je suis médecin, je suis médecin ; apothicaire encore, si vous le trouvez bon. J'aime mieux consentir à tout que de me faire assommer.

VALÈRE.

Ah ! voilà qui va bien, monsieur : je suis ravi de vous voir raisonnable.

LUCAS.

Vous me boutez la joie au cœur, quand je vous vois parler comme ça.

VALÈRE.

Je vous demande pardon de toute mon âme.

LUCAS.

Je vous demandons excuse de la libarté que j'avons prise.

SGANARELLE, à part.

Ouais ! serait-ce bien moi qui me tromperais, et serais-je devenu médecin sans m'en être aperçu ?

VALÈRE.

Monsieur, vous ne vous repentirez pas de nous montrer ce que vous êtes ; et vous verrez assurément que vous en serez satisfait.

SGANARELLE.

Mais, messieurs, dites-moi, ne vous trompez-vous point vous-mêmes ? Est-il bien assuré que je sois médecin ?

LUCAS.

Oui, par ma figué !

SGANARELLE.

Tout de bon ?

VALÈRE.

Sans doute.

SGANARELLE.

Diable emporte si je le savais !

VALÈRE.

Comment, vous êtes le plus habile médecin du monde.

SGANARELLE.

Ah ! ah !

LUCAS.

Un médecin qui a gari je ne sais combien de maladies.

SGANARELLE.

Tudieu !

VALÈRE.

Une femme était tenue pour morte il y avait six heures ; elle était prête à ensevelir, lorsque, avec une goutte de quelque chose, vous la fîtes revenir et marcher d'abord par la chambre.

SGANARELLE.

Peste !

LUCAS.

Un petit enfant de douze ans se laissit choir du haut d'un clocher, de quoi il eut la tête, les jambes et les bras cassés ; et vous, avec je ne sais quel onguent, vous fîtes qu'aussitôt il se relevit sur ses pieds et s'en fut jouer à la fossette.

SGANARELLE.

Diantre !

VALÈRE.

Enfin, monsieur, vous aurez contentement avec nous, et vous gagnerez ce que vous voudrez en vous laissant conduire où nous prétendons vous mener.

SGANARELLE.

Je gagnerai ce que je voudrai ?

VALÈRE.

Oui.

SGANARELLE.

Ah ! je suis médecin, sans contredit. Je l'avais oublié ; mais je m'en ressouviens. De quoi est-il question ? Où faut-il se transporter ?

VALÈRE.

Nous vous conduirons. Il est question d'aller voir une fille qui a perdu la parole.

SGANARELLE.

Ma foi, je ne l'ai pas trouvée.

VALÈRE, bas, à Lucas.

Il aime à rire. (A Sganarelle.) Allons, monsieur.

SGANARELLE.

Sans une robe de médecin ?

VALÈRE.

Nous en prendrons une.

SGANARELLE, présentant sa bouteille à Valère.

Tenez cela, vous : voilà où je mets mes juleps. (Puis se tournant vers Lucas en crachant.) Vous, marchez là-dessus, par ordonnance du médecin.

LUCAS.

Palsanguenne ! velà un médecin qui me plaît ; je pense qu'il réussira, car il est bouffon.

FIN DU PREMIER ACTE.

ACTE DEUXIÈME.

Le théâtre représente une chambre de la maison de Géronte.

SCÈNE I.

GÉRONTE, VALÈRE, LUCAS, JACQUELINE.

VALÈRE.

Oui, monsieur, je crois que vous serez satisfait; et nous vous avons amené le plus grand médecin du monde.

LUCAS.

Oh! morguenne! il faut tirer l'échelle après ceti-là, et tous les autres ne sont pas daignes de li déchausser ses souliés.

VALÈRE.

C'est un homme qui a fait des cures merveilleuses.

LUCAS.

Qui a gari des gens qui étiant morts.

VALÈRE.

Il est un peu capricieux, comme je vous ai dit, et, parfois, il a des moments où son esprit s'échappe, et ne paraît pas ce qu'il est.

LUCAS.

Oui, il aime à bouffonner; et l'an dirait parfois, ne v's en déplaise, qu'il a quelque petit coup de hache à la tête.

VALÈRE.

Mais, dans le fond, il est toute science; et bien souvent il dit des choses tout à fait relevées.

LUCAS.

Quand il s'y boute, il parle tout fin drait comme s'il lisait dans un livre.

VALÈRE.

Sa réputation s'est déjà répandue ici, et tout le monde vient à lui.

GÉRONTE.

Je meurs d'envie de le voir; faites-le-moi vite venir.

VALÈRE.

Je le vais querir.

SCÈNE II.

GÉRONTE, JACQUELINE, LUCAS.

JACQUELINE.

Par ma fi, monsieu, ceti-ci fera justement ce qu'ant fait les autres. Je pense que ce sera queusi queumi; et la meilleure médeçaine que l'an pourrait bailler à votre fille, ce serait, selon moi, un biau et bon mari, pour qui alle eût de l'amiquié.

GÉRONTE.

Ouais! nourrice, ma mie, vous vous mêlez de bien des choses.

LUCAS.

Taisez-vous, notre ménagère Jacquelaine; ce n'est pas à vous à bouter là votte nez.

JACQUELINE.

Je vous dis et vous douze que tous ces médecins n'y feront rian que de l'iau claire; que votre fille a besoin d'autre chose que de rhibarbe et de séné, et qu'un mari est un emplâtre qui garit tous les maux des filles.

GÉRONTE.

Est-elle en état maintenant qu'on s'en voulût charger, avec l'infirmité qu'elle a? Et lorsque j'ai été dans le dessein de la marier, ne s'est-elle pas opposée à mes volontés?

JACQUELINE.

Je le crois bian; vous l'y vouliez bailler eun homme qu'alle n'aime point. Que ne preniais-vous ce monsieu Liandre, qui l'y touchait au cœur? alle aurait été fort obéissante; et je m'en vas gager qu'il la prendrait, li, comme alle est, si vous la li vouillais donner.

GÉRONTE.

Ce Léandre n'est pas ce qu'il lui faut; il n'a pas du bien comme l'autre.

JACQUELINE.

Il a eun oncle qui est si riche, dont il est hériquié.

GÉRONTE.

Tous ces biens à venir me semblent autant de chansons. Il n'est rien tel que ce qu'on tient; et l'on court grand risque de s'abuser, lorsque l'on compte sur le bien qu'un autre vous garde. La mort n'a pas toujours les oreilles ouvertes aux vœux et aux prières de messieurs les héritiers; et l'on a le temps d'avoir les dents longues, lorsqu'on attend, pour vivre, le trépas de quelqu'un.

JACQUELINE.

Enfin, j'ai toujours ouï dire qu'en mariage, comme ailleurs, contentement passe richesse. Les pères et les mères ant cette maudite couteume de demander toujours: Qu'a-t-il? et Qu'a-t-elle? et le compère Piarre a marié sa fille Simonette au gros Thomas pour un quarquié de vaigne qu'il avait davantage que le jeune Robin, où alle avait bouté son amiquié; et velà que la pauvre criature en est devenue jaune comme un coing, et n'a point profité tout depuis ce temps-là. C'est un bel exemple pour vous, monsieu. On n'a que son plaisir en ce monde; et j'aimerais mieux bailler à ma fille eun bon mari qui li fût agriable, que toutes les rentes de la Biausse.

GÉRONTE.

Peste! madame la nourrice, comme vous dégoisez! Taisez-vous, je vous prie, vous prenez trop de soin, et vous échauffez votre lait.

LUCAS, frappant à chaque parole sur la poitrine de Géronte.

Morgué! tais-toi! t'es eune impartinente. Monsieu n'a que faire de tes discours, et il sait ce qu'il a à faire. Mêle-toi de donner à teter à ton enfant, sans tant faire la raisonneuse. Monsieu est le père de sa fille; et il est bon et sage pour voir ce qu'il li faut.

GÉRONTE.

Tout doux! Oh! tout doux!

LUCAS, frappant encore.

Monsieu, je veux un peu la mortifier, et li apprendre le respect qu'alle vous doit.

GÉRONTE.

Oui. Mais ces gestes ne sont pas nécessaires.

SCÈNE III.

VALÈRE, SGANARELLE, GÉRONTE, LUCAS, JACQUELINE.

VALÈRE.

Monsieur, préparez-vous. Voici notre médecin qui entre.

GÉRONTE, à Sganarelle.

Monsieur, je suis ravi de vous voir chez moi, et nous avons grand besoin de vous.

SGANARELLE, en robe de médecin, avec un chapeau des plus pointus.

Hippocrate dit... que nous nous couvrions tous deux.

GÉRONTE.

Hippocrate dit cela?

SGANARELLE.

Oui.

GÉRONTE.

Dans quel chapitre, s'il vous plaît?

SGANARELLE.

Dans son chapitre... des chapeaux.

GÉRONTE.

Puisque Hippocrate le dit, il le faut faire.

SGANARELLE.

Monsieur le médecin, ayant appris les merveilleuses choses...

GÉRONTE.

A qui parlez-vous, de grâce?

SGANARELLE.

A vous.

GÉRONTE.

Je ne suis pas médecin.

SGANARELLE.

Vous n'êtes pas médecin?

GÉRONTE.

Non, vraiment.

SGANARELLE.

Tout de bon?

GÉRONTE.

Tout de bon. (Sganarelle prend un bâton, et bat Géronte comme on l'a battu. Ah! ah! ah!

SGANARELLE.

Vous êtes médecin maintenant; je n'ai jamais eu d'autres licences.

GÉRONTE, à Valère.

Quel diable d'homme m'avez-vous là amené?

VALÈRE.

Je vous ai bien dit que c'était un médecin goguenard.

GÉRONTE.

Oui : mais je l'enverrais promener avec ses goguenarderies.

LUCAS.

Ne prenez pas garde à ça, monsieu; ce n'est que pour rire.

GÉRONTE.

Cette raillerie ne me plaît pas.

SGANARELLE.

Monsieur, je vous demande pardon de la liberté que j'ai prise.

GÉRONTE.

Monsieur, je suis votre serviteur.

SGANARELLE.

Je suis fâché...

GÉRONTE.

Cela n'est rien.

SGANARELLE.

Des coups de bâton...

GÉRONTE.

Il n'y a pas de mal.

SGANARELLE.

Que j'ai eu l'honneur de vous donner.

GÉRONTE.

Ne parlons plus de cela. Monsieur, j'ai une fille qui est tombée dans une étrange maladie.

SGANARELLE.

Je suis ravi, monsieur, que votre fille ait besoin de moi; et je souhaiterais de tout mon cœur que vous en eussiez besoin aussi, vous et toute votre famille, pour vous témoigner l'envie que j'ai de vous servir.

GÉRONTE.

Je vous suis obligé de ces sentiments.

SGANARELLE.

Je vous assure que c'est du meilleur de mon âme que je vous parle.

GÉRONTE.

C'est trop d'honneur que vous me faites.

SGANARELLE.

Comment s'appelle votre fille?

GÉRONTE.

Lucinde.

SGANARELLE.

Lucinde! Ah! beau nom à médicamenter! Lucinde!

GÉRONTE.

Je m'en vais voir un peu ce qu'elle fait.

SGANARELLE.

Qui est cette grande femme-là?

GÉRONTE.

C'est la nourrice d'un petit enfant que j'ai.

SCÈNE IV.

SGANARELLE, JACQUELINE, LUCAS.

SGANARELLE, à part.

Peste! le joli meuble que voilà! (Haut.) Ah! nourrice, charmante nourrice, ma médecine est la très-humble esclave de votre nourricerie, et je voudrais bien être le petit poupon fortuné qui tetât le lait (Il lui porte la main sur le sein.) de vos bonnes grâces. Tous mes remèdes, toute ma science, toute ma capacité est à votre service; et...

LUCAS.

Avec votre parmission, monsieu le médecin, laissez là ma femme, je vous prie.

SGANARELLE.

Quoi! est-elle votre femme?

LUCAS.

Oui.

SGANARELLE.

Ah! vraiment je ne savais pas cela, et je m'en réjouis pour l'amour de l'un et de l'autre. (Il fait semblant de vouloir embrasser Lucas, et, se tournant du côté de la nourrice, il l'embrasse.)

LUCAS, tirant Sganarelle, et se remettant entre lui et sa femme.

Tout doucement, s'il vous plaît.

SGANARELLE.

Je vous assure que je suis ravi que vous soyez unis ensemble : je la félicite d'avoir un mari comme vous; (Il fait encore semblant d'embrasser Lucas, et passant dessous ses bras, il se jette au cou de la nourrice.) et je vous félicite, vous, d'avoir une femme si belle, si sage, et si bien faite comme elle est.

LUCAS, le tirant encore.

Hé! testiguê! point tant de compliments, je vous supplie.

SGANARELLE.

Ne voulez-vous pas que je me réjouisse avec vous d'un si bel assemblage?

LUCAS.

Avec moi tant qu'il vous plaira; mais avec ma femme, trêve de sarimonie.

SGANARELLE.

Je prends part également au bonheur de tous deux · et Il continue le même jeu.) si je vous embrasse pour vous témoigner ma joie, je l'embrasse de même pour lui en témoigner aussi.

LUCAS, le tirant pour la troisième fois.

Ah! vartigué, monsieur le médecin, que de lantiponages!

SCÈNE V.

GÉRONTE, SGANARELLE, LUCAS, JACQUELINE.

GÉRONTE.

Monsieur, voici tout à l'heure ma fille qu'on va vous amener.

SGANARELLE.

Je l'attends, monsieur, avec toute la médecine.

GÉRONTE.

Où est-elle?

SGANARELLE, se touchant le front.

Là dedans.

GÉRONTE.

Fort bien.

SGANARELLE, en voulant toucher les tetons de la nourrice.

Mais, comme je m'intéresse à toute votre famille, il faut que j'essaye un peu le lait de votre nourrice, et que je visite son sein. (Il s'approche de Jacqueline.)

LUCAS, le tirant, et lui faisant faire la pirouette.

Nanin, nanin; je n'avons que faire de ça.

SGANARELLE.

C'est l'office du médecin de voir les tetons des nourrices.

LUCAS.

Il gnia office qui quienne, je sis votte sarviteur.

SGANARELLE.

As-tu bien la hardiesse de t'opposer au médecin? Hors de là.

LUCAS.

Je me moque de ça.

SGANARELLE, en le regardant de travers.

Je te donnerai la fièvre.

JACQUELINE, prenant Lucas par le bras, et lui faisant aussi faire la pirouette.

Ote-toi de là aussi; est-ce que je ne sis pas assez grande pour me défendre moi-même, s'il me fait queuque chose qui ne soit pas à faire?

LUCAS.

Je ne veux pas qu'il te tâte, moi.

SGANARELLE.

Fi, le vilain, qui est jaloux de sa femme!

GÉRONTE.

Voici ma fille.

SCÈNE VI.

LUCINDE, GÉRONTE, SGANARELLE, VALÈRE, LUCAS, JACQUELINE.

SGANARELLE.

Est-ce là la malade?

GÉRONTE.

Oui. Je n'ai qu'elle de fille; et j'aurais tous les regrets du monde si elle venait à mourir.

SGANARELLE.

Qu'elle s'en garde bien! Il ne faut pas qu'elle meure sans l'ordonnance du médecin.

GÉRONTE.

Allons, un siége.

SGANARELLE, assis entre Géronte et Lucinde.

Voilà une malade qui n'est pas tant dégoûtante, et je tiens qu'un homme bien sain s'en accommoderait assez.

GÉRONTE.

Vous l'avez fait rire, monsieur.

SGANARELLE.

Tant mieux : lorsque le médecin fait rire le malade, c'est le meilleur signe du monde. (A Lucinde.) Hé bien! de quoi est-il question? Qu'avez-vous? quel est le mal que vous sentez?

LUCINDE répond par signes, en portant la main à sa bouche, à sa tête et sous son menton

Han, hi, hon, han.

SGANARELLE.

Hé! que dites-vous?

LUCINDE continue les mêmes gestes.

Han, hi, hon, han, han, hi, hon.

SGANARELLE.

Quoi?

LUCINDE.

Han, hi, hon.

SGANARELLE, la contrefaisant.

Han, hi, hon, han, ha. Je ne vous entends point. Quel diable de langage est-ce là?

GÉRONTE.

Monsieur, c'est là sa maladie. Elle est devenue muette, sans que jusques ici on en ait pu savoir la cause; et c'est un accident qui a fait reculer son mariage.

SGANARELLE.

Et pourquoi?

GÉRONTE.

Celui qu'elle doit épouser veut attendre sa guérison pour conclure les choses.

SGANARELLE.

Et qui est ce sot-là, qui ne veut pas que sa femme soit muette? Plût à Dieu que la mienne eût cette maladie! je me garderais bien de la vouloir guérir.

GÉRONTE.

Enfin, monsieur, nous vous prions d'employer tous vos soins pour la soulager de son mal.

SGANARELLE.

Ah! ne vous mettez pas en peine. Dites-moi un peu : ce mal l'oppresse-t-il beaucoup?

GÉRONTE.

Oui, monsieur.

SGANARELLE.

Tant mieux. Sent-elle de grandes douleurs?

GÉRONTE.

Fort grandes.

SGANARELLE.

C'est fort bien fait. Va-t-elle où vous savez?

GÉRONTE.

Oui.

SGANARELLE.

Copieusement?

GÉRONTE.

Je n'entends rien à cela.

SGANARELLE.

La matière est-elle louable?

GÉRONTE.

Je ne me connais pas à ces choses.

SGANARELLE, se tournant vers la malade.

Donnez-moi votre bras. (A Géronte.) Voilà un pouls qui marque que votre fille est muette.

GÉRONTE.

Hé! oui, monsieur, c'est là son mal; vous l'avez trouvé tout du premier coup.

SGANARELLE.

Ha! ha!

JACQUELINE.

Voyez comme il a deviné sa maladie!

SGANARELLE.

Nous autres grands médecins, nous connaissons d'abord les choses. Un ignorant aurait été embarrassé, et vous eût été dire : C'est ceci, c'est cela; mais moi, je touche au but du premier coup, et je vous apprends que votre fille est muette.

GÉRONTE.
Oui : mais je voudrais bien que vous me pussiez dire d'où cela vient.

SGANARELLE.
Il n'est rien de plus aisé ; cela vient de ce qu'elle a perdu la parole ?

GÉRONTE.
Fort bien. Mais la cause, s'il vous plaît, qui fait qu'elle a perdu la parole ?

SGANARELLE.
Tous nos meilleurs auteurs vous diront que c'est l'empêchement de l'action de sa langue.

GÉRONTE.
Mais encore, vos sentiments sur cet empêchement de l'action de sa langue ?

SGANARELLE.
Aristote, là-dessus, dit... de fort belles choses.

GÉRONTE.
Je le crois.

SGANARELLE.
Ah ! c'était un grand homme !

GÉRONTE.
Sans doute.

SGANARELLE.
Grand homme tout à fait : (Levant le bras depuis le coude.) un homme qui était plus grand que moi de tout cela. Pour revenir donc à notre raisonnement, je tiens que cet empêchement de l'action de sa langue est causé par de certaines humeurs, qu'entre nous autres savants nous appelons humeurs peccantes ; peccantes, c'est-à-dire... humeurs peccantes, d'autant que les vapeurs formées par les exhalaisons des influences qui s'élèvent dans la région des maladies, venant... pour ainsi dire... à... Entendez-vous le latin ?

GÉRONTE.
En aucune façon.

SGANARELLE, se levant brusquement.

Vous n'entendez point le latin?

GÉRONTE.

Non.

SGANARELLE, en faisant diverses plaisantes postures.

Cabricias arci thuram, catalamus, singulariter, nominativo, hæc musa la muse, *bonus, bona, bonum. Deus sanctus, est-ne oratio latinas? Etiam,* oui. *Quare?* pourquoi? *Quia substantivo et adjectivum concordat in generi, numerum, et casus*[1].

GÉRONTE.

Ah! que n'ai-je étudié!

JACQUELINE.

L'habile homme que velà!

LUCAS.

Oui, ça est si biau que je n'y entends goutte.

SGANARELLE.

Or, ces vapeurs dont je vous parle venant à passer, du côté gauche où est le foie, au côté droit où est le cœur, il se trouve que le poumon, que nous appelons en latin *armyan*, ayant communication avec le cerveau, que nous nommons en grec *nasmus*, par le moyen de la veine cave, que nous appelons en hébreu *cubile*[2], rencontre en son chemin lesdites vapeurs qui remplissent les ventricules de l'omoplate; et parce que lesdites vapeurs... comprenez-bien ce raisonnement, je vous prie; et parce que lesdites vapeurs ont une certaine malignité... écoutez-bien ceci, je vous conjure.

GÉRONTE.

Oui.

---

[1] Sganarelle commence par forger des mots baroques, débite ensuite au hasard quelques mots latins, et termine par une citation défigurée du rudiment de Despautère.

[2] *Armyan* et *nasmus* n'appartiennent à aucune langue. *Cubile*, qu'il donne comme un mot hébreu, est latin et signifie lit, tanière.

SGANARELLE.

Ont une certaine malignité qui est causée... soyez attentif, s'il vous plaît.

GÉRONTE.

Je le suis.

SGANARELLE.

Qui est causée par l'âcreté des humeurs engendrées dans la concavité du diaphragme, il arrive que ces vapeurs... *Ossabandus, nequeis, nequer, potarinum, quipsa milus.* Voilà justement ce qui fait que votre fille est muette.

JACQUELINE.

Ah! que ça est bian dit, notte homme!

LUCAS.

Que n'ai-je la langue aussi bian pendue!

GÉRONTE.

On ne peut pas mieux raisonner, sans doute. Il n'y a qu'une seule chose qui m'a choqué : c'est l'endroit du foie et du cœur. Il me semble que vous les placez autrement qu'ils ne sont; que le cœur est du côté gauche, et le foie du côté droit.

SGANARELLE.

Oui, cela était autrefois ainsi : mais nous avons changé tout cela, et nous faisons maintenant la médecine d'une méthode toute nouvelle.

GÉRONTE.

C'est ce que je ne savais pas, et je vous demande pardon de mon ignorance.

SGANARELLE.

Il n'y a point de mal; et vous n'êtes pas obligé d'être aussi habile que nous.

GÉRONTE.

Assurément. Mais, monsieur, que croyez-vous qu'il faille faire à cette maladie?

SGANARELLE.

Ce que je crois qu'il faille faire?

GÉRONTE.

Oui.

SGANARELLE.

Mon avis est qu'on la remette sur son lit, et qu'on lui fasse prendre pour remède quantité de pain trempé dans du vin.

GÉRONTE.

Pourquoi cela, monsieur.

SGANARELLE.

Parce qu'il y a dans le vin et le pain, mêlés ensemble, une vertu sympathique qui fait parler. Ne voyez-vous pas bien qu'on ne donne autre chose aux perroquets, et qu'ils apprennent à parler en mangeant de cela?

GÉRONTE.

Cela est vrai! Ah! le grand homme! Vite, quantité de pain et de vin.

SGANARELLE.

Je reviendrai voir sur le soir en quel état elle sera.

SCÈNE VII.

GÉRONTE, SGANARELLE, JACQUELINE.

SGANARELLE, à Jacqueline.

Doucement, vous. (A Géronte.) Monsieur, voilà une nourrice à laquelle il faut que je fasse quelques petits remèdes.

JACQUELINE.

Qui? moi? Je me porte le mieux du monde.

SGANARELLE.

Tant pis, nourrice; tant pis. Cette grande santé est à craindre, et il ne sera pas mauvais de vous faire quelque petite saignée amiable, de vous donner quelque petit clystère dulcifiant.

GÉRONTE.

Mais, monsieur, voilà une mode que je ne comprends point. Pourquoi s'aller faire saigner quand on n'a point de maladie?

SGANARELLE.

Il n'importe, la mode en est salutaire; et comme on boit pour la soif à venir, il faut se faire aussi saigner pour la maladie à venir.

JACQUELINE, en s'en allant.

Ma fi, je me moque de ça, et je ne veux point faire de mon corps une boutique d'apothicaire.

SGANARELLE.

Vous êtes rétive aux remèdes, mais nous saurons vous soumettre à la raison.

SCÈNE VIII.

GÉRONTE, SGANARELLE

SGANARELLE.

Je vous donne le bonjour.

GÉRONTE.

Attendez un peu, s'il vous plaît.

SGANARELLE.

Que voulez-vous faire?

GÉRONTE.

Vous donner de l'argent, monsieur.

SGANARELLE, tendant sa main derrière, par-dessous sa robe, tandis que Géronte ouvre sa bourse.

Je n'en prendrai pas, monsieur.

GÉRONTE.

Monsieur...

SGANARELLE.

Point du tout.

GÉRONTE.

Un petit moment.

SGANARELLE.

En aucune façon.

GÉRONTE.

De grâce!

SGANARELLE.

Vous vous moquez.

GÉRONTE.

Voilà qui est fait.

SGANARELLE.

Je n'en ferai rien.

GÉRONTE.

Hé!

SGANARELLE.

Ce n'est pas l'argent qui me fait agir.

GÉRONTE.

Je le crois.

SGANARELLE, après avoir pris l'argent.

Cela est-il de poids?

GÉRONTE.

Oui, monsieur.

SGANARELLE.

Je ne suis pas un médecin mercenaire.

GÉRONTE.

Je le sais bien.

SGANARELLE.

L'intérêt ne me gouverne point.

GÉRONTE.

Je n'ai pas cette pensée.

SGANARELLE, seul, regardant l'argent qu'il a reçu.

Ma foi, cela ne va pas mal; et pourvu que...

SCÈNE IX.

LÉANDRE, SGANARELLE.

LÉANDRE.

Monsieur, il y a longtemps que je vous attends; et je viens implorer votre assistance.

SGANARELLE, lui prenant le poignet.

Voilà un pouls qui est fort mauvais.

LÉANDRE.

Je ne suis point malade, monsieur; et ce n'est pas pour cela que je viens à vous.

SGANARELLE.

Si vous n'êtes pas malade, que diable ne le dites-vous donc?

LÉANDRE.

Non. Pour vous dire la chose en deux mots, je m'appelle Léandre, qui suis amoureux de Lucinde, que vous venez de visiter; et comme, par la mauvaise humeur de son père, toute sorte d'accès m'est fermé auprès d'elle, je me hasarde à vous prier de vouloir servir mon amour, et de me donner lieu d'exécuter un stratagème que j'ai trouvé pour lui pouvoir dire deux mots, d'où dépendent absolument mon bonheur et ma vie.

SGANARELLE, paraissant en colère.

Pour qui me prenez-vous? Comment oser vous adresser à moi pour vous servir dans votre amour, et vouloir ravaler la dignité de médecin à des emplois de cette nature?

LÉANDRE.

Monsieur, ne faites point de bruit.

SGANARELLE, en le faisant reculer.

J'en veux faire, moi. Vous êtes un impertinent.

LÉANDRE.

Hé! monsieur, doucement.

SGANARELLE.

Un malavisé.

LÉANDRE.

De grâce.

SGANARELLE.

Je vous apprendrai que je ne suis point homme à cela, et que c'est une insolence extrême...

LÉANDRE, tirant une bourse.

Monsieur...

SGANARELLE.

De vouloir m'employer... (tenant la bourse.) Je ne parle pas pour vous, car vous êtes honnête homme; et je serais ravi de vous rendre service : mais il y a de certains impertinents au monde qui viennent prendre les gens pour ce qu'ils ne sont pas; et je vous avoue que cela me met en colère.

LÉANDRE.

Je vous demande pardon, monsieur, de la liberté que...

SGANARELLE.

Vous vous moquez. De quoi est-il question?

LÉANDRE.

Vous saurez donc, monsieur, que cette maladie que vous voulez guérir est une feinte maladie. Les médecins ont raisonné là-dessus comme il faut; et ils n'ont pas manqué de dire que cela procédait, qui du cerveau, qui des entrailles, qui de la rate, qui du foie : mais il est certain que l'amour en est la véritable cause, et que Lucinde n'a trouvé cette maladie que pour se délivrer d'un mariage dont elle était importunée. Mais, de crainte qu'on ne nous voie ensemble, rétirons-nous d'ici, et je vous dirai en marchant ce que je souhaite de vous.

SGANARELLE.

Allons, monsieur : vous m'avez donné pour votre amour une tendresse qui n'est pas concevable; et j'y perdrai toute ma médecine, ou la malade crèvera, ou bien elle sera à vous.

FIN DU DEUXIÈME ACTE.

ACTE TROISIÈME.

Le théâtre représente un lieu voisin de la maison de Géronte.

SCÈNE I.

LÉANDRE, SGANARELLE.

LÉANDRE.

Il me semble que je ne suis pas mal ainsi pour un apothicaire; et, comme le père ne m'a guère vu, ce changement d'habit et de perruque est assez capable, je crois, de me déguiser à ses yeux.

SGANARELLE.

Sans doute.

LÉANDRE.

Tout ce que je souhaiterais serait de savoir cinq ou six grands mots de médecine, pour parer mon discours et me donner l'air d'habile homme.

SGANARELLE.

Allez, allez, tout cela n'est pas nécessaire; il suffit de l'habit : et je n'en sais pas plus que vous.

LÉANDRE.

Comment!

SGANARELLE.

Diable emporte si j'entends rien en médecine! Vous êtes honnête homme, et je veux bien me confier à vous comme vous vous confiez à moi.

LÉANDRE.

Quoi! vous n'êtes pas effectivement...

SGANARELLE.

Non, vous dis-je; ils m'ont fait médecin malgré mes dents. Je me m'étais jamais mêlé d'être si savant que cela; et toutes mes études n'ont été que jusqu'en sixième. Je ne sais point sur quoi cette imagination leur est venue; mais quand j'ai vu qu'à toute force ils voulaient que je fusse médecin, je me suis résolu de l'être aux dépens de qui il appartiendra. Cependant vous ne sauriez croire comment l'erreur s'est répandue, et de quelle façon chacun est endiablé à me croire habile homme. On me vient chercher de tous côtés; et, si les choses vont toujours de même, je suis d'avis de m'en tenir toute ma vie à la médecine. Je trouve que c'est le métier le meilleur de tous; car, soit qu'on fasse bien, ou soit qu'on fasse mal, on est toujours payé de même sorte. La méchante besogne ne retombe jamais sur notre dos; et nous taillons comme il nous plaît sur l'étoffe où nous travaillons. Un cordonnier, en faisant des souliers, ne saurait gâter un morceau de cuir qu'il n'en paye les pots cassés; mais ici l'on peut gâter un homme sans qu'il en coûte rien. Les bévues ne sont point pour nous, et c'est toujours la faute de celui qui meurt. Enfin le bon de cette profession est qu'il y a parmi les morts une honnêteté, une discrétion la plus grande du monde; et jamais on n'en voit se plaindre du médecin qui l'a tué.

LÉANDRE.

Il est vrai que les morts sont fort honnêtes gens sur cette matière.

SGANARELLE, voyant des hommes qui viennent à lui.

Voilà des gens qui ont la mine de me venir consulter. (A Léandre.) Allez toujours m'attendre auprès du logis de votre maîtresse.

SCÈNE II.

THIBAUT, PERRIN, SGANARELLE.

THIBAUT.

Monsieu, je venons vous charcher, mon fils Perrin et moi.

SGANARELLE.

Qu'y a-t-il?

THIBAUT.

Sa pauvre mère, qui a nom Parrette, est dans un lit malade il y a six mois.

SGANARELLE, tendant la main comme pour recevoir de l'argent.

Que voulez-vous que j'y fasse?

THIBAUT.

Je voudrions, monsieu, que vous nous baillissiez queuque petite drôlerie pour la garir.

SGANARELLE.

Il faut voir de quoi est-ce qu'elle est malade.

THIBAUT.

Alle est malade d'hypocrisie, monsieu.

SGANARELLE.

D'hypocrisie?

THIBAUT.

Oui, c'est-à-dire qu'alle est enflée partout; et l'an dit que c'est quantité de sériosités qu'alle a dans le corps, et que son foie, son ventre, ou sa rate, comme vous voudrais l'appeler, au glieu de faire du sang, ne fait plus que de l'iau. Alle a, de deux jours l'un, la fièvre quotiguenne, avec des lassitules et des douleurs dans les mufles des jambes. On entend dans sa gorge des fleumes qui sont tout prêts à l'étouffer ; et parfois il lui prend des syncoles et des conversions, que je crayons qu'alle est passée. J'avons dans notte village un apothicaire, révérence parler, qui li a donné je ne sais combien d'histoires ; et il m'en coûte plus d'eune douzaine de bons écus en lavements, ne v's en déplaise, en apostumes qu'on li a fait prendre, en infections de jacinthe, et en portions cordales. Mais tout ça, comme dit l'autre, n'a été que de l'onguent miton-mitaine. Il velait li bailler d'eune certaine drogue que l'on appelle du vin amétile ; mais j'ai-z-eu peur franchement que ça l'envoyît à *patres* ; et l'an dit que ces gros médecins tuont je ne sais combien de monde avec cette invention-là.

SGANARELLE, tendant toujours la main, et la branlant comme pour signe qu'il demande de l'argent.

Venons au fait, mon ami, venons au fait.

THIBAUT.

Le fait est, monsieu, que je venons vous prier de nous dire ce qu'il faut que je fassions.

SGANARELLE.

Je ne vous entends point du tout.

PERRIN.

Monsieu, ma mère est malade ; et velà deux écus que je vous apportons pour nous bailler queuque remède.

SGANARELLE.

Ah ! je vous entends, vous. Voilà un garçon qui parle clairement, et qui s'explique comme il faut. Vous dites que votre mère est malade d'hydropisie, qu'elle est enflée par tout le corps, qu'elle a la fièvre, avec des douleurs dans les jambes, et qu'il lui prend parfois des syncopes et des convulsions, c'est-à-dire des évanouissements ?

PERRIN.

Hé ! oui, monsieu, c'est justement ça.

SGANARELLE.

J'ai compris d'abord vos paroles. Vous avez un père qui ne sait ce qu'il dit. Maintenant vous me demandez un remède?

PERRIN.

Oui, monsieu.

SGANARELLE.

Un remède pour la guérir?

PERRIN.

C'est comme je l'entendons.

SGANARELLE.

Tenez, voilà un morceau de formage qu'il faut que vous lui fassiez prendre.

PERRIN.

Du fromage, monsieu?

SGANARELLE.

Oui, c'est un formage préparé [1], où il entre de l'or, du corail et des perles, et quantité d'autres choses précieuses.

PERRIN.

Monsieu, je vous sommes bien obligés; et j'allons li faire prendre ça tout à l'heure.

SGANARELLE.

Allez. Si elle meurt, ne manquez pas de la faire enterrer du mieux que vous pourrez.

---

[1] Sganarelle dit deux fois *formage;* et le paysan Perrin dit *fromage;* à cette époque *formage* était le mot usuel; les gens du peuple disaient par corruption fromage; peu à peu ce dernier mot a prévalu.

SCÈNE III.

Le théâtre représente, comme au second acte, une chambre de la maison de Géronte.

JACQUELINE, SGANARELLE, LUCAS, dans le fond du théâtre.

SGANARELLE.

Voici la belle nourrice. Ah! nourrice de mon cœur, je suis ravi de cette rencontre, et votre vue est la rhubarbe, la casse et le séné qui purgent toute la mélancolie de mon âme.

JACQUELINE.

Par ma figué, monsieu le médecin, ça est trop bian dit pour moi, et je n'entends rian à tout votte latin.

SGANARELLE.

Devenez malade, nourrice, je vous prie; devenez malade, pour l'amour de moi. J'aurais toutes les joies du monde de vous guérir.

JACQUELINE

Je sis votte sarvante; j'aime bian mieux qu'an ne me garisse pas.

SGANARELLE.

Que je vous plains, belle nourrice, d'avoir un mari jaloux et fâcheux comme celui que vous avez!

JACQUELINE.

Que velez-vous, monsieu? C'est pour la pénitence de mes fautes; et là où la chèvre est liée, il faut bian qu'alle y broute.

SGANARELLE.

Comment! un rustre comme cela! un homme qui vous observe toujours, et ne veut pas que personne vous parle!

JACQUELINE.

Hélas! vous n'avez rian vu encore; et ce n'est qu'un petit échantillon de sa mauvaise humeur.

SGANARELLE.

Est-il possible? et qu'un homme ait l'âme assez basse pour maltraiter une personne comme vous? Ah! que j'en sais, belle nourrice, et qui ne sont pas loin d'ici, qui se tiendraient heureux de baiser seulement les petits bouts de vos petons! Pourquoi faut-il qu'une personne si bien faite soit tombée en de telles mains! et qu'un franc animal, un brutal, un stupide, un sot... pardonnez-moi, nourrice, si je parle ainsi de votre mari.

JACQUELINE.

Hé! monsieu, je sais bian qu'il mérite tous ces noms-là.

SGANARELLE.

Oui, sans doute, nourrice, il les mérite; et il mériterait encore que vous lui missiez quelque chose sur la tête, pour le punir des soupçons qu'il a.

JACQUELINE.

Il est bian vrai que si je n'avais devant les yeux que son intérêt, il pourrait m'obliger à queuque étrange chose.

SGANARELLE.

Ma foi, vous ne feriez pas mal de vous venger de lui, avec quelqu'un. C'est un homme, je vous le dis, qui mérite bien cela; et, si j'étais assez heureux, belle nourrice, pour être choisi pour...

(En cet endroit tous deux apercevant Lucas qui était derrière eux et entendait leur dialogue, chacun se retire de son côté, mais le médecin d'une manière fort plaisante.)

SCÈNE IV.

GÉRONTE, LUCAS.

GÉRONTE.

Holà! Lucas, n'as-tu point vu ici notre médecin?

LUCAS.

Et oui, de par tous les diantres, je l'ai vu, et ma femme aussi.

GÉRONTE.

Où est-ce donc qu'il peut être?

LUCAS.

Je ne sais; mais je voudrais qu'il fût à tous les guebles!

GÉRONTE.

Va-t'en voir un peu ce que fait ma fille.

SCÈNE V.

SGANARELLE, LÉANDRE, GÉRONTE.

GÉRONTE.

Ah! monsieur, je demandais où vous étiez.

SGANARELLE.

Je m'étais amusé dans votre cour à expulser le superflu de la boisson. Comment se porte la malade?

GÉRONTE.

Un peu plus mal depuis votre remède.

SGANARELLE.

Tant mieux; c'est signe qu'il opère.

GÉRONTE.

Oui : mais en opérant je crains qu'il ne l'étouffe.

SGANARELLE.

Ne vous mettez pas en peine; j'ai des remèdes qui se moquent de tout, et je l'attends à l'agonie.

GÉRONTE, montrant Léandre.

Qui est cet homme-là que vous amenez?

SGANARELLE, faisant des signes avec la main pour montrer que c'est un apothicaire.

C'est...

GÉRONTE.

Quoi?

SGANARELLE.

Celui...

GÉRONTE.

Hé!

SGANARELLE.

Qui...

GÉRONTE.

Je vous entends.

SGANARELLE.

Votre fille en aura besoin.

SCÈNE VI.

LUCINDE, GÉRONTE, LÉANDRE, JACQUELINE, SGANARELLE.

JACQUELINE.

Monsieu, velà votre fille qui veut un peu marcher.

SGANARELLE.

Cela lui fera du bien. Allez-vous-en, monsieur l'apothicaire, tâter un peu son pouls, afin que je raisonne tantôt avec vous de sa maladie. (En cet endroit, il tire Géronte à un bout du théâtre, et, lui passant un bras sur les épaules, lui rabat la main sous le menton, avec laquelle il le fait retourner vers lui lorsqu'il veut regarder ce que sa fille et l'apothicaire font ensemble, lui tenant, cependant, le discours suivant pour l'amuser.)

Monsieur, c'est une grande et subtile question entre les docteurs, de savoir si les femmes sont plus faciles à guérir que les hommes. Je vous prie d'écouter ceci, s'il vous plaît. Les uns disent que non, les autres disent que oui : et moi je dis que oui et non; d'autant que l'incongruité des humeurs opaques, qui se rencontrent au tempérament naturel des femmes, étant cause que la partie brutale veut toujours prendre empire sur la sensitive, on voit que l'inégalité de leurs opinions dépend du mouvement oblique du cercle de la lune; et comme le soleil, qui darde ses rayons sur la concavité de la terre, trouve...

LUCINDE, à Léandre.

Non, je ne suis point du tout capable de changer de sentiments.

GÉRONTE.

Voilà ma fille qui parle! ô grande vertu du remède! ô admirable médecin! Que je vous suis obligé, monsieur, de cette guérison merveilleuse! et que puis-je faire pour vous après un tel service?

SGANARELLE, se promenant sur le théâtre, et s'essuyant le front.

Voilà une maladie qui m'a bien donné de la peine!

LUCINDE.

Oui, mon père, j'ai recouvré la parole; mais je l'ai recouvrée pour vous dire que je n'aurai jamais d'autre époux que Léandre, et que c'est inutilement que vous voulez me donner Horace.

GÉRONTE.

Mais...

LUCINDE.

Rien n'est capable d'ébranler la résolution que j'ai prise.

GÉRONTE.

Quoi!

LUCINDE.

Vous m'opposerez en vain de belles raisons.

GÉRONTE.

Si...

LUCINDE.

Tous vos discours ne serviront de rien.

GÉRONTE.

Je...

LUCINDE.

C'est une chose où je suis déterminée.

GÉRONTE.

Mais...

LUCINDE.

Il n'est puissance paternelle qui me puisse obliger à me marier malgré moi.

GÉRONTE.

J'ai...

LUCINDE.

Vous avez beau faire tous vos efforts.

GÉRONTE.

Il...

LUCINDE.

Mon cœur ne saurait se soumettre à cette tyrannie.

GÉRONTE.

La...

LUCINDE.

Et je me jetterai plutôt dans un couvent que d'épouser un homme que je n'aime point.

GÉRONTE.

Mais...

LUCINDE, parlant d'un ton de voix à étourdir.

Non. En aucune façon. Point d'affaires. Vous perdez le temps. Je n'en ferai rien. Cela est résolu.

GÉRONTE.

Ah! quelle impétuosité de paroles! Il n'y a pas moyen

d'y résister. (A Sganarelle.) Monsieur, je vous prie de la faire redevenir muette.

SGANARELLE.

C'est une chose qui m'est impossible. Tout ce que je puis faire pour votre service est de vous rendre sourd, si vous voulez.

GÉRONTE.

Je vous remercie. (A Lucinde.) Penses-tu donc...

LUCINDE.

Non, toutes vos raisons ne gagneront rien sur mon âme.

GÉRONTE.

Tu épouseras Horace dès ce soir.

LUCINDE.

J'épouserai plutôt la mort.

SGANARELLE, à Géronte.

Mon Dieu! arrêtez-vous, laissez-moi médicamenter cette affaire ; c'est une maladie qui la tient, et je sais le remède qu'il y faut apporter.

GÉRONTE.

Serait-il possible, monsieur, que vous pussiez aussi guérir cette maladie d'esprit?

SGANARELLE.

Oui; laissez-moi faire, j'ai des remèdes pour tout; et notre apothicaire nous servira pour cette cure. (Il appelle l'apothicaire et lui parle.) Un mot. Vous voyez que l'ardeur qu'elle a pour ce Léandre est tout à fait contraire aux volontés du père; qu'il n'y a point de temps à perdre; que les humeurs sont fort aigries; et qu'il est nécessaire de trouver promptement un remède à ce mal, qui pourrait empirer par le retardement. Pour moi, je n'y en vois qu'un seul qui est une prise de fuite purgative, que vous mêlerez comme il faut avec deux dragmes de matrimonium en pilules. Peut-être fera-t-elle quelque difficulté à prendre ce remède : mais comme vous êtes habile homme dans votre métier, c'est à vous de l'y résoudre, et de lui faire avaler la chose du mieux que vous pourrez. Allez-vous-en lui faire faire un petit tour de jardin, afin de préparer les humeurs, tandis que j'entretiendrai ici son père; mais surtout ne perdez point de temps. Au remède, vite! au remède spécifique!

SCÈNE VII.

GÉRONTE, SGANARELLE.

GÉRONTE.

Quelles drogues, monsieur, sont celles que vous venez de dire? Il me semble que je ne les ai jamais ouï nommer.

SGANARELLE.

Ce sont drogues dont on se sert dans les nécessités urgentes.

GÉRONTE.

Avez-vous jamais vu une insolence pareille à la sienne?

SGANARELLE.

Les filles sont quelquefois un peu têtues.

GÉRONTE.

Vous ne sauriez croire comme elle est affolée de ce Léandre.

SGANARELLE.

La chaleur du sang fait cela dans les jeunes esprits.

GÉRONTE.

Pour moi, dès que j'ai eu découvert la violence de cet amour, j'ai su tenir toujours ma fille renfermée.

SGANARELLE.

Vous avez fait sagement.

GÉRONTE.

Et j'ai bien empêché qu'ils n'aient eu communication ensemble.

SGANARELLE.

Fort bien.

GÉRONTE.

Il serait arrivé quelque folie, si j'avais souffert qu'ils se fussent vus.

SGANARELLE.

Sans doute.

GÉRONTE.

Et je crois qu'elle aurait été fille à s'en aller avec lui.

SGANARELLE.

C'est prudemment raisonné.

GÉRONTE.

On m'avertit qu'il fait tous ses efforts pour lui parler.

SGANARELLE.

Quel drôle !

GÉRONTE.

Mais il perdra son temps.

SGANARELLE.

Ah ! ah !

GÉRONTE.

Et j'empêcherai bien qu'il ne la voie.

SGANARELLE.

Il n'a pas affaire à un sot, et vous savez des rubriques qu'il ne sait pas. Plus fin que vous n'est pas bête.

SCÈNE VIII.

LUCAS, GÉRONTE, SGANARELLE.

LUCAS.

Ah ! palsanguenne, monsieu, vaici bian du tintamarre ; votte fille s'en est enfuie avec son Liandre. C'était lui qui était l'apothicaire ; et velà monsieu le médecin qui a fait cette belle opération-là.

GÉRONTE.

Comment! m'assassiner de la façon! Allons, un commissaire, et qu'on empêche qu'il ne sorte. Ah! traître, je vous ferai punir par la justice.

LUCAS.

Ah! par ma fi, monsieu le médecin, vous serez pendu : ne bougez de là seulement.

SCÈNE IX.

MARTINE, SGANARELLE, LUCAS.

MARTINE, à Lucas.

Ah! mon Dieu! que j'ai eu de peine à trouver ce logis! Dites-moi un peu des nouvelles du médecin que je vous ai donné.

LUCAS.

Le velà qui va être pendu.

MARTINE.

Quoi! mon mari pendu! Hélas! et qu'a-t-il fait pour cela?

LUCAS.

Il a fait enlever la fille de notte maître.

MARTINE.

Hélas! mon cher mari, est-il bien vrai qu'on te va pendre?

SGANARELLE.

Tu vois. Ah!

MARTINE.

Faut-il que tu te laisses mourir en présence de tant de gens?

SGANARELLE.

Que veux-tu que j'y fasse?

MARTINE.

Encore, si tu avais achevé de couper notre bois, je prendrais quelque consolation.

SGANARELLE.

Retire-toi de là, tu me fends le cœur.

MARTINE.

Non, je veux demeurer pour t'encourager à la mort; et je ne te quitterai point que je ne t'aie vu pendu.

SGANARELLE.

Ah!

SCÈNE X.

GÉRONTE, SGANARELLE, MARTINE.

GÉRONTE, à Sganarelle.

Le commissaire viendra bientôt, et l'on s'en va vous mettre en lieu où l'on me répondra de vous.

SGANARELLE, à genoux, le chapeau à la main.

Hélas! cela ne se peut-il point changer en quelques coups de bâton?

GÉRONTE.

Non, non; la justice en ordonnera. Mais que vois-je?

SCÈNE XI.

GÉRONTE, LÉANDRE, LUCINDE, SGANARELLE, LUCAS, MARTINE.

LÉANDRE.

Monsieur, je viens faire paraître Léandre à vos yeux, et remettre Lucinde en votre pouvoir. Nous avons eu dessein de prendre la fuite nous deux, et de nous aller marier ensemble;

mais cette entreprise a fait place à un procédé plus honnête. Je ne prétends point vous voler votre fille, et ce n'est que de votre main que je veux la recevoir. Ce que je vous dirai, monsieur, c'est que je viens tout à l'heure de recevoir des lettres par où j'apprends que mon oncle est mort, et que je suis héritier de tous ses biens.

GÉRONTE.

Monsieur, votre vertu m'est tout à fait considérable, et je vous donne ma fille avec la plus grande joie du monde.

SGANARELLE, à part.

La médecine l'a échappé belle!

MARTINE.

Puisque tu ne seras point pendu, rends-moi grâce d'être médecin, car c'est moi qui t'ai procuré cet honneur.

SGANARELLE.

Oui, c'est toi qui m'as procuré je ne sais combien de coups de bâton.

LÉANDRE, à Sganarelle.

L'effet en est trop beau pour en garder du ressentiment.

SGANARELLE.

Soit. (A Martine.) Je te pardonne ces coups de bâton en faveur de la dignité où tu m'as élevé; mais prépare-toi désormais à vivre dans un grand respect avec un homme de ma conséquence, et songe que la colère d'un médecin est plus à craindre qu'on ne peut croire.

FIN DU MÉDECIN MALGRÉ LUI.

MÉLICERTE.

COMÉDIE PASTORALE HÉROÏQUE.

2 décembre 1666.

PERSONNAGES.

MÉLICERTE, bergère.

DAPHNÉ, bergère.

ÉROXÈNE, bergère.

MYRTIL, amant de Mélicerte.

ACANTHE, amant de Daphné.

TYRÈNE, amant d'Éroxène.

LYCARSIS, pâtre, cru père de Myrtil.

CORINNE, confidente de Mélicerte.

NICANDRE, berger.

MOPSE, berger, cru oncle de Mélicerte.

Noms des acteurs qui ont joué d'original dans *Mélicerte*:

MÉLICERTE.	Mlle Duparc.
DAPHNÉ.	Mlle Debrie.
ÉROXÈNE.	Mlle Molière.
MYRTIL.	Baron.
ACANTHE.	La Grange.
TYRÈNE.	Du Croisy.
LYCARSIS.	Molière.
CORINNE.	Madel. Béjart.

La scène est en Thessalie, dans la vallée de Tempé.

MÉLICERTE[1].

ACTE PREMIER.

SCÈNE I.

DAPHNÉ, ÉROXÈNE, ACANTHE, TYRÈNE.

ACANTHE.

Ah! charmante Daphné!

TYRÈNE.

Trop aimable Éroxène.

DAPHNÉ.

Acanthe, laisse-moi.

ÉROXÈNE.

Ne me suis point, Tyrène.

ACANTHE, à Daphné.

Pourquoi me chasses-tu?

TYRÈNE, à Eroxène.

Pourquoi fuis-tu mes pas?

DAPHNÉ, à Acanthe.

Tu me plais loin de moi.

---

[1] Le sujet de cette pastorale est tiré du roman de *Cyrus*. Elle fit partie des réjouissances du *Ballet des Muses*, composé par Benserade, et dans lequel Louis XIV exécuta des danses, lors de la fête donnée à Saint-Germain-en-Laye, le 2 décembre 1666.

ÉROXÈNE, à Tyrène.

Je m'aime où tu n'es pas.

ACANTHE.

Ne cesseras-tu point cette rigueur mortelle?

TYRÈNE.

Ne cesseras-tu point de m'être si cruelle?

DAPHNÉ.

Ne cesseras-tu point tes inutiles vœux?

ÉROXÈNE.

Ne cesseras-tu point de m'être si fâcheux!

ACANTHE.

Si tu n'en prends pitié, je succombe à ma peine.

TYRÈNE.

Si tu ne me secours, ma mort est trop certaine.

DAPHNÉ.

Si tu ne veux partir, je vais quitter ce lieu.

ÉROXÈNE.

Si tu veux demeurer, je te vais dire adieu.

ACANTHE.

Hé bien! en m'éloignant je te vais satisfaire.

TYRÈNE.

Mon départ va t'ôter ce qui peut te déplaire.

ACANTHE.

Généreuse Éroxène, en faveur de mes feux,
Daigne au moins, par pitié, lui dire un mot ou deux.

TYRÈNE.

Obligeante Daphné, parle à cette inhumaine,
Et sache d'où pour moi procède tant de haine.

SCÈNE II.

DAPHNÉ, ÉROXÈNE.

ÉROXÈNE.

Acanthe a du mérite, et t'aime tendrement :
D'où vient que tu lui fais un si dur traitement?
DAPHNÉ.
Tyrène vaut beaucoup, et languit pour tes charmes :
D'où vient que sans pitié tu vois couler ses larmes?
ÉROXÈNE.
Puisque j'ai fait ici la demande avant toi,
La raison te condamne à répondre avant moi.
DAPHNÉ.
Pour tous les soins d'Acanthe on me voit inflexible,
Parce qu'à d'autres vœux je me trouve sensible.
ÉROXÈNE.
Je ne fais pour Tyrène éclater que rigueur,
Parce qu'un autre choix est maître de mon cœur.
DAPHNÉ.
Puis-je savoir de toi ce choix qu'on te voit taire?
ÉROXÈNE.
Oui, si tu veux du tien m'apprendre le mystère.
DAPHNÉ.
Sans te nommer celui qu'Amour m'a fait choisir,
Je puis facilement contenter ton désir;
Et de la main d'Atis, ce peintre inimitable,
J'en garde dans ma poche un portrait admirable
Qui jusqu'au moindre trait lui ressemble si fort,
Qu'il est sûr que tes yeux le connaîtront d'abord.
ÉROXÈNE.
Je puis te contenter par une même voie,

Et payer ton secret en pareille monnoie.
J'ai de la main aussi de ce peintre fameux
Un aimable portrait de l'objet de mes vœux,
Si plein de tous ses traits et de sa grâce extrême,
Que tu pourras d'abord te le nommer toi-même.

DAPHNÉ.

La boîte que le peintre a fait faire pour moi
Est tout à fait semblable à celle que je voi.

ÉROXÈNE.

Il est vrai, l'une à l'autre entièrement ressemble,
Et certe il faut qu'Atis les ait fait faire ensemble.

DAPHNÉ.

Faisons en même temps, par un peu de couleurs,
Confidence à nos yeux du secret de nos cœurs.

ÉROXÈNE.

Voyons à qui plus vite entendra ce langage,
Et qui parle le mieux, de l'un ou l'autre ouvrage.

DAPHNÉ.

La méprise est plaisante, et tu te brouilles bien :
Au lieu de ton portrait, tu m'as rendu le mien.

ÉROXÈNE.

Il est vrai, je ne sais comme j'ai fait la chose.

DAPHNÉ.

Donne. De cette erreur ta rêverie est cause.

ÉROXÈNE.

Que veux dire ceci? Nous nous jouons, je croi :
Tu fais de ces portraits même chose que moi.

DAPHNÉ.

Certes, c'est pour en rire, et tu peux me le rendre.

ÉROXÈNE, mettant les deux portraits l'un à côté de l'autre.

Voici le vrai moyen de ne se point méprendre.

DAPHNÉ.

De mes sens prévenus est-ce une illusion?

ÉROXÈNE.

Mon âme sur mes yeux fait-elle impression?

####### DAPHNÉ.
Myrtil à mes regards s'offre dans cet ouvrage.
####### ÉROXÈNE.
De Myrtil dans ces traits je rencontre l'image.
####### DAPHNÉ.
C'est le jeune Myrtil qui fait naître mes feux.
####### ÉROXÈNE.
C'est au jeune Myrtil que tendent tous mes vœux.
####### DAPHNÉ.
Je venais aujourd'hui te prier de lui dire
Les soins que pour son sort son mérite m'inspire.
####### ÉROXÈNE.
Je venais te chercher pour servir mon ardeur,
Dans le dessein que j'ai de m'assurer son cœur.
####### DAPHNÉ.
Cette ardeur qu'il t'inspire est-elle si puissante?
####### ÉROXÈNE.
L'aimes-tu d'une amour qui soit si violente?
####### DAPHNÉ.
Il n'est point de froideur qu'il ne puisse enflammer,
Et sa grâce naissante a de quoi tout charmer.
####### ÉROXÈNE.
Il n'est nymphe en l'aimant qui ne se tînt heureuse;
Et Diane, sans honte, en serait amoureuse.
####### DAPHNÉ.
Rien que son air charmant ne me touche aujourd'hui,
Et si j'avais cent cœurs, ils seraient tous pour lui.
####### ÉROXÈNE.
Il efface à mes yeux tout ce qu'on voit paraître;
Et si j'avais un sceptre, il en serait le maître.
####### DAPHNÉ.
Ce serait donc en vain qu'à chacune, en ce jour,
On nous voudrait du sein arracher cet amour :
Nos âmes dans leurs vœux sont trop bien affermies.
Ne tâchons, s'il se peut, qu'à demeurer amies;

Et, puisqu'en même temps, pour le même sujet,
Nous avons toutes deux formé même projet,
Mettons dans ce débat la franchise en usage,
Ne prenons l'une et l'autre aucun lâche avantage,
Et courons nous ouvrir ensemble à Lycarsis
Des tendres sentiments où nous jette son fils.

ÉROXÈNE.

J'ai peine à concevoir, tant la surprise est forte,
Comme un tel fils est né d'un père de la sorte;
Et sa taille, son air, sa parole, et ses yeux,
Feraient croire qu'il est issu du sang des dieux.
Mais enfin j'y souscris, courons trouver ce père,
Allons lui de nos cœurs découvrir le mystère;
Et consentons qu'après, Myrtil entre nous deux
Décide par son choix ce combat de nos vœux.

DAPHNÉ.

Soit. Je vois Lycarsis avec Mopse et Nicandre.
Ils pourront le quitter, cachons-nous pour attendre.

SCÈNE III.

LYCARSIS, MOPSE, NICANDRE

NICANDRE, à Lycarsis.

Dis-nous donc ta nouvelle.

LYCARSIS.

Ah! que vous me pressez!
Cela ne se dit pas comme vous le pensez.

MOPSE.

Que de sottes façons, et que de badinage!
Ménalque pour chanter n'en fait pas davantage.

LYCARSIS.

Parmi les curieux des affaires d'État,

Une nouvelle à dire est d'un puissant éclat.
Je me veux mettre un peu sur l'homme d'importance,
Et jouir quelque temps de votre impatience.

NICANDRE.

Veux-tu par tes délais nous fatiguer tous deux?

MOPSE.

Prends-tu quelque plaisir à te rendre fâcheux?

NICANDRE.

De grâce, parle, et mets ces mines en arrière.

LYCARSIS.

Priez-moi donc tous deux de la bonne manière,
Et me dites chacun quel don vous me ferez
Pour obtenir de moi ce que vous désirez.

MOPSE.

La peste soit du fat! Laissons-le là, Nicandre,
Il brûle de parler bien plus que nous d'entendre.
Sa nouvelle lui pèse, il veut s'en décharger :
Et ne l'écouter pas est le faire enrager.

LYCARSIS.

Hé!

NICANDRE.

Te voilà puni de tes façons de faire.

LYCARSIS.

Je m'en vais vous le dire, écoutez.

MOPSE.

Point d'affaire.

LYCARSIS.

Quoi! vous ne voulez pas m'entendre?

NICANDRE.

Non.

LYCARSIS.

Hé bien!
Je ne dirai donc mot, et vous ne saurez rien.

MOPSE.

Soit.

LYCARSIS.

Vous ne saurez pas qu'avec magnificence
Le roi vient honorer Tempé de sa présence ;
Qu'il entra dans Larisse hier sur le haut du jour,
Qu'à l'aise je l'y vis avec toute sa cour ;
Que ces bois vont jouir aujourd'hui de sa vue,
Et qu'on raisonne fort touchant cette venue.

NICANDRE.

Nous n'avons pas envie aussi de rien savoir.

LYCARSIS.

Je vis cent choses là, ravissantes à voir :
Ce ne sont que seigneurs, qui, des pieds à la tête,
Sont brillants et parés comme au jour d'une fête ;
Ils surprennent la vue ; et nos prés au printemps,
Avec toutes leurs fleurs sont bien moins éclatants.
Pour le prince, entre tous sans peine on le remarque,
Et d'une stade[1] loin il sent son grand monarque :
Dans toute sa personne il a je ne sais quoi
Qui d'abord fait juger que c'est un maître roi.
Il le fait d'une grâce à nulle autre seconde ;
Et cela, sans mentir, lui sied le mieux du monde.
On ne croirait jamais comme de toutes parts
Toute sa cour s'empresse à chercher ses regards :
Ce sont autour de lui confusions plaisantes :
Et l'on dirait d'un tas de mouches reluisantes
Qui suivent en tous lieux un doux rayon de miel.
Enfin l'on ne voit rien de si beau sous le ciel ;
Et la fête de Pan, parmi nous si chérie,
Auprès de ce spectacle est une gueuserie.
Mais, puisque sur le fier vous vous tenez si bien,
Je garde ma nouvelle, et ne veux dire rien.

---

[1] De tout temps le mot *stade* a été masculin. Molière, par licence, l'a fait féminin.

MOPSE.
Et nous ne te voulons aucunement entendre.
LYCARSIS.
Allez vous promener.
MOPSE.
Va-t'en te faire pendre.

SCÈNE IV.

ÉROXÈNE, DAPHNÉ, LYCARSIS.

LYCARSIS, se croyant seul.
C'est de cette façon que l'on punit les gens,
Quand ils font les benêts et les impertinents.
DAPHNÉ.
Le ciel tienne, pasteur, vos brebis toujours saines!
ÉROXÈNE.
Cérès tienne de grains vos granges toujours pleines!
LYCARSIS.
Et le grand Pan vous donne à chacune un époux
Qui vous aime beaucoup et soit digne de vous!
DAPHNÉ.
Ah! Lycarsis, nos vœux à même but aspirent.
ÉROXÈNE.
C'est pour le même objet que nos deux cœurs soupirent.
DAPHNÉ.
Et l'Amour, cet enfant qui cause nos langueurs,
A pris chez vous le trait dont il blesse nos cœurs.
ÉROXÈNE.
Et nous venons ici chercher votre alliance,
Et voir qui de nous deux aura la préférence.
LYCARSIS.
Nymphes...

DAPHNÉ.
Pour ce bien seul nous poussons des soupirs.

LYCARSIS.
Je suis...

ÉROXÈNE.
A ce bonheur tendent tous nos désirs.

DAPHNÉ.
C'est un peu librement exprimer sa pensée.

LYCARSIS.
Pourquoi?

ÉROXÈNE.
La bienséance y semble un peu blessée.

LYCARSIS.
Ah! point.

DAPHNÉ.
Mais, quand le cœur brûle d'un noble feu,
On peut, sans nulle honte, en faire un libre aveu.

LYCARSIS.
Je...

ÉROXÈNE.
Cette liberté nous peut être permise,
Et du choix de nos cœurs la beauté l'autorise.

LYCARSIS.
C'est blesser ma pudeur que me flatter ainsi.

ÉROXÈNE.
Non, non, n'affectez point de modestie ici.

DAPHNÉ.
Enfin, tout notre bien est en votre puissance.

ÉROXÈNE.
C'est de vous que dépend notre unique espérance.

DAPHNÉ.
Trouverons-nous en vous quelques difficultés?

LYCARSIS.
Ah!

ACTE I. SCÈNE IV.

ÉROXÈNE.

Nos vœux, dites-moi, seront-ils rejetés?

LYCARSIS.

Non, j'ai reçu du ciel une âme peu cruelle :
Je tiens de feu ma femme; et je me sens, comme elle,
Pour les désirs d'autrui beaucoup d'humanité,
Et je ne suis point homme à garder de fierté.

DAPHNÉ.

Accordez donc Myrtil à notre amoureux zèle.

ÉROXÈNE.

Et souffrez que son choix règle notre querelle.

LYCARSIS.

Myrtil !

DAPHNÉ.

Oui, c'est Myrtil que de vous nous voulons.

ÉROXÈNE.

De qui pensez-vous donc qu'ici nous vous parlons?

LYCARSIS.

Je ne sais; mais Myrtil n'est guère dans un âge
Qui soit propre à ranger au joug du mariage.

DAPHNÉ.

Son mérite naissant peut frapper d'autres yeux;
Et l'on veut s'engager un bien si précieux,
Prévenir d'autres cœurs, et braver la fortune
Sous les fermes liens d'une chaîne commune.

ÉROXÈNE.

Comme par son esprit et ses autres brillants
Il rompt l'ordre commun, et devance le temps,
Notre flamme pour lui veut en faire de même,
Et régler tous ses vœux sur son mérite extrême.

LYCARSIS.

Il est vrai qu'à son âge il surprend quelquefois;
Et cet Athénien qui fut chez moi vingt mois,
Qui, le trouvant joli, se mit en fantaisie
De lui remplir l'esprit de sa philosophie,

Sur de certains discours l'a rendu si profond,
Que, tout grand que je suis, souvent il me confond.
Mais, avec tout cela, ce n'est encor qu'enfance,
Et son fait est mêlé de beaucoup d'innocence.

DAPHNÉ.

Il n'est point tant enfant, qu'à le voir chaque jour
Je ne le croie atteint déjà d'un peu d'amour;
Et plus d'une aventure à mes yeux s'est offerte
Où j'ai connu qu'il suit la jeune Mélicerte.

ÉROXÈNE.

Ils pourraient bien s'aimer; et je vois...

LYCARSIS.

Franc abus.
Pour elle passe encore, elle a deux ans de plus;
Et deux ans, dans son sexe, est une grande avance.
Mais pour lui, le jeu seul l'occupe tout, je pense,
Et les petits désirs de se voir ajusté
Ainsi que les bergers de haute qualité.

DAPHNÉ.

Enfin nous désirons par le nœud d'hyménée
Attacher sa fortune à notre destinée.

ÉROXÈNE.

Nous voulons, l'une et l'autre, avec pareille ardeur,
Nous assurer de loin l'empire de son cœur.

LYCARSIS.

Je m'en tiens honoré plus qu'on ne saurait croire.
Je suis un pauvre pâtre; et ce m'est trop de gloire
Que deux nymphes d'un rang le plus haut du pays
Disputent à se faire un époux de mon fils.
Puisqu'il vous plaît qu'ainsi la chose s'exécute,
Je consens que son choix règle votre dispute;
Et celle qu'à l'écart laissera cet arrêt
Pourra, pour son recours, m'épouser, s'il lui plaît.
C'est toujours même sang, et presque même chose.

Mais le voici. Souffrez qu'un peu je le dispose.
Il tient quelque moineau qu'il a pris fraîchement :
Et voilà ses amours et son attachement.

SCÈNE V.

ÉROXÈNE, DAPHNÉ et LYCARSIS, dans le fond du théâtre MYRTIL.

MYRTIL, se croyant seul, et tenant un moineau dans une cage.

Innocente petite bête,
Qui contre ce qui vous arrête
Vous débattez tant à mes yeux,
De votre liberté ne plaignez point la perte :
Votre destin est glorieux,
Je vous ai pris pour Mélicerte.

Elle vous baisera, vous prenant dans sa main ;
Et de vous mettre en son sein
Elle vous fera la grâce.
Est-il un sort au monde et plus doux et plus beau ?
Et qui des rois, hélas ! heureux petit moineau,
Ne voudrait être en votre place ?

LYCARSIS.

Myrtil, Myrtil, un mot. Laissons là ces joyaux ;
Il s'agit d'autre chose ici que de moineaux.
Ces deux nymphes, Myrtil, à la fois te prétendent,
Et, tout jeune, déjà pour époux te demandent.
Je dois, par un hymen, t'engager à leurs vœux,
Et c'est toi que l'on veut qui choisisses des deux.

MYRTIL.

Ces nymphes ?

LYCARSIS.

Oui. Des deux tu peux en choisir une.
Vois quel est ton bonheur, et bénis la fortune.

MYRTIL.

Ce choix qui m'est offert peut-il m'être un bonheur,
S'il n'est aucunement souhaité de mon cœur?

LYCARSIS.

Enfin, qu'on le reçoive; et que, sans se confondre,
A l'honneur qu'elles font on songe à bien répondre.

ÉROXÈNE.

Malgré cette fierté qui règne parmi nous,
Deux nymphes, ô Myrtil! viennent s'offrir à vous;
Et de vos qualités les merveilles écloses
Font que nous renversons ici l'ordre des choses.

DAPHNÉ.

Nous vous laissons, Myrtil, pour l'avis le meilleur,
Consulter, sur ce choix, vos yeux et votre cœur;
Et nous n'en voulons point prévenir les suffrages
Par un récit paré de tous nos avantages.

MYRTIL.

C'est me faire un honneur dont l'éclat me surprend;
Mais cet honneur, pour moi, je l'avoue, est trop grand.
A vos rares bontés il faut que je m'oppose;
Pour mériter ce sort je suis trop peu de chose;
Et je serais fâché, quels qu'en soient les appas,
Qu'on vous blâmât pour moi de faire un choix trop bas.

ÉROXÈNE.

Contentez nos désirs, quoi qu'on en puisse croire,
Et ne vous chargez point du soin de notre gloire.

DAPHNÉ.

Non, ne descendez point dans ces humilités,
Et laissez-nous juger ce que vous méritez.

MYRTIL.

Le choix qui m'est offert s'oppose à votre attente,
Et peut seul empêcher que mon cœur vous contente.

Le moyen de choisir de deux grandes beautés,
Égales en naissance et rares qualités?
Rejeter l'une ou l'autre est un crime effroyable,
Et n'en choisir aucune est bien plus raisonnable.
ÉROXÈNE.
Mais en faisant refus de répondre à nos vœux,
Au lieu d'une, Myrtil, vous en outragez deux.
DAPHNÉ.
Puisque nous consentons à l'arrêt qu'on peut rendre,
Ces raisons ne font rien à vouloir s'en défendre.
MYRTIL.
Hé bien! si ces raisons ne vous satisfont pas,
Celle-ci le fera : j'aime d'autres appas;
Et je sens bien qu'un cœur qu'un bel objet engage
Est insensible et sourd à tout autre avantage.
LYCARSIS.
Comment donc! Qu'est ceci? Qui l'eût pu présumer?
Et savez-vous, morveux, ce que c'est que d'aimer?
MYRTIL.
Sans savoir ce que c'est, mon cœur a su le faire.
LYCARSIS.
Mais cet amour me choque, et n'est pas nécessaire.
MYRTIL.
Vous ne deviez donc pas, si cela vous déplaît,
Me faire un cœur sensible et tendre comme il est.
LYCARSIS.
Mais ce cœur que j'ai fait me doit obéissance.
MYRTIL.
Oui, lorsque d'obéir il est en sa puissance.
LYCARSIS.
Mais enfin, sans mon ordre, il ne doit point aimer.
MYRTIL.
Que n'empêchiez-vous donc que l'on pût le charmer?
LYCARSIS.
Hé bien! je vous défends que cela continue.

MYRTIL.
La défense, j'ai peur, sera trop tard venue.
LYCARSIS.
Quoi! les pères n'ont pas des droits supérieurs?
MYRTIL.
Les dieux, qui sont bien plus, ne forcent point les cœurs.
LYCARSIS.
Les dieux... Paix, petit sot. Cette philosophie
Me...
DAPHNÉ.
Ne vous mettez point en courroux, je vous prie.
LYCARSIS.
Non : je veux qu'il se donne à l'une pour époux,
Ou je vais lui donner le fouet tout devant vous.
Ah! ah! je vous ferai sentir que je suis père.
DAPHNÉ.
Traitons, de grâce, ici les choses sans colère.
ÉROXÈNE.
Peut-on savoir de vous cet objet si charmant
Dont la beauté, Myrtil, vous a fait son amant?
MYRTIL.
Mélicerte, madame. Elle en peut faire d'autres.
ÉROXÈNE.
Vous comparez, Myrtil, ses qualités aux nôtres?
DAPHNÉ.
Le choix d'elle et de nous est assez inégal.
MYRTIL.
Nymphes, au nom des dieux, n'en dites point de mal;
Daignez considérer, de grâce, que je l'aime,
Et ne me jetez point dans un désordre extrême.
Si j'outrage, en l'aimant, vos célestes attraits,
Elle n'a point de part au crime que je fais;
C'est de moi, s'il vous plaît, que vient toute l'offense.
Il est vrai, d'elle à vous je sais la différence;
Mais par sa destinée on se trouve enchaîné;

Et je sens bien enfin que le ciel m'a donné
Pour vous tout le respect, nymphes, imaginable,
Pour elle tout l'amour dont une âme est capable.
Je vois, à la rougeur qui vient de vous saisir,
Que ce que je vous dis ne vous fait pas plaisir.
Si vous parlez, mon cœur appréhende d'entendre
Ce qui peut le blesser par l'endroit le plus tendre;
Et, pour me dérober à de semblables coups,
Nymphes, j'aime bien mieux prendre congé de vous.

LYCARSIS.

Myrtil, holà! Myrtil! Veux-tu revenir, traître!
Il fuit; mais on verra qui de nous est le maître.
Ne vous effrayez point de tous ces vains transports;
Vous l'aurez pour époux, j'en réponds corps pour corps.

FIN DU PREMIER ACTE.

ACTE DEUXIÈME.

SCÈNE I.

MÉLICERTE, CORINNE.

MÉLICERTE.

Ah! Corinne, tu viens de l'apprendre ,de Stelle,
Et c'est de Lycarsis qu'elle tient la nouvelle?

CORINNE.

Oui.

MÉLICERTE.

Que les qualités dont Myrtil est orné
Ont su toucher d'amour Éroxène et Daphné?

CORINNE.

Oui.

MÉLICERTE.

Que pour l'obtenir leur ardeur est si grande,
Qu'ensemble elles en ont déjà fait la demande?
Et que, dans ce débat, elles ont fait dessein
De passer, dès cette heure, à recevoir sa main?
Ah! que tes mots ont peine à sortir de ta bouche!
Et que c'est faiblement que mon souci te touche!

CORINNE.

Mais quoi! que voulez-vous? C'est là la vérité,
Et vous redites tout comme je l'ai conté.

MÉLICERTE.

Mais comment Lycarsis reçoit-il cette affaire ?

CORINNE.

Comme un honneur, je crois, qui doit beaucoup lui plaire.

MÉLICERTE.

Et ne vois-tu pas bien, toi qui sais mon ardeur,
Qu'avec ces mots, hélas! tu me perces le cœur ?

CORINNE.

Comment?

MÉLICERTE.

Me mettre aux yeux que le sort implacable,
Auprès d'elles, me rend trop peu considérable,
Et qu'à moi, par leur rang, on les va préférer,
N'est-ce pas une idée à me désespérer?

CORINNE.

Mais quoi! je vous réponds, et dis ce que je pense.

MÉLICERTE.

Ah! tu me fais mourir par ton indifférence.
Mais, dis, quels sentiments Myrtil a-t-il fait voir?

CORINNE.

Je ne sais.

MÉLICERTE.

Et c'est là ce qu'il fallait savoir,
Cruelle!

CORINNE.

En vérité, je ne sais comment faire ;
Et, de tous les côtés, je trouve à vous déplaire.

MÉLICERTE.

C'est que tu n'entres point dans tous les mouvements
D'un cœur, hélas! rempli de tendres sentiments.
Va-t'en : laisse-moi seule, en cette solitude,
Passer quelques moments de mon inquiétude.

SCÈNE II.

MÉLICERTE, seule.

Vous le voyez, mon cœur, ce que c'est que d'aimer ;
Et Bélise avait su trop bien m'en informer.
Cette charmante mère, avant sa destinée,
Me disait une fois, sur le bord du Pénée :
« Ma fille, songe à toi, l'amour aux jeunes cœurs
Se présente toujours entouré de douceurs.
D'abord il n'offre aux yeux que choses agréables,
Mais il traîne après lui des troubles effroyables ;
Et, si tu veux passer tes jours dans quelque paix,
Toujours, comme d'un mal, défends-toi de ses traits. »
De ces leçons, mon cœur, je m'étais souvenue :
Et quand Myrtil venait à s'offrir à ma vue,
Qu'il jouait avec moi, qu'il me rendait des soins,
Je vous disais toujours de vous y plaire moins.
Vous ne me crûtes point, et votre complaisance
Se vit bientôt changée en trop de bienveillance.
Dans ce naissant amour qui flattait vos désirs,
Vous ne vous figuriez que joie et que plaisirs :
Cependant vous voyez la cruelle disgrâce
Dont en ce triste jour le destin vous menace,
Et la peine mortelle où vous voilà réduit.
Ah ! mon cœur ! ah ! mon cœur ! je vous l'avais bien dit.
Mais tenons, s'il se peut, notre douleur couverte.
Voici...

SCÈNE III.

MYRTIL, MÉLICERTE.

MYRTIL.

J'ai fait tantôt, charmante Mélicerte,
Un petit prisonnier que je garde pour vous,
Et dont peut-être un jour je deviendrai jaloux.
C'est un jeune moineau, qu'avec un soin extrême
Je veux, pour vous l'offrir, apprivoiser moi-même.
Le présent n'est pas grand; mais les divinités
Ne jettent leurs regards que sur les volontés.
C'est le cœur qui fait tout, et jamais la richesse
Des présents que... Mais, ciel! d'où vient cette tristesse?
Qu'avez-vous Mélicerte, et quel sombre chagrin
Se voit dans vos beaux yeux répandu ce matin?
Vous ne répondez point, et ce morne silence
Rebouble encore ma peine et mon impatience.
Parlez. De quel ennui ressentez-vous les coups?
Qu'est-ce donc?

MÉLICERTE.
Ce n'est rien.
MYRTIL.
Ce n'est rien, dites-vous?
Et je vois cependant vos yeux couverts de larmes.
Cela s'accorde-t-il, beauté pleine de charmes?
Ah! ne me faites point un secret dont je meurs,
Et m'expliquez, hélas! ce que disent ces pleurs.
MÉLICERTE.
Rien ne me servirait de vous le faire entendre.
MYRTIL.
Devez-vous rien avoir que je ne doive apprendre?

Et ne blessez-vous pas notre amour aujourd'hui,
De vouloir me voler ma part de votre ennui?
Ah! ne le cachez point à l'ardeur qui m'inspire.

MÉLICERTE.

Hé bien! Myrtil, hé bien! il faut donc vous le dire.
J'ai su que, par un choix plein de gloire pour vous,
Éroxène et Daphné vous veulent pour époux;
Et je vous avouerai que j'ai cette faiblesse,
De n'avoir pu, Myrtil, le savoir sans tristesse,
Sans accuser du sort la rigoureuse loi,
Qui les rend, dans leurs vœux, préférables à moi.

MYRTIL.

Et vous pouvez l'avoir, cette injuste tristesse!
Vous pouvez soupçonner mon amour de faiblesse,
Et croire qu'engagé par des charmes si doux,
Je puisse être jamais à quelque autre qu'à vous!
Que je puisse accepter une autre main offerte!
Hé! que vous ai-je fait, cruelle Mélicerte,
Pour traiter ma tendresse avec tant de rigueur,
Et faire un jugement si mauvais de mon cœur?
Quoi! faut-il que de lui vous ayez quelque crainte?
Je suis bien malheureux de souffrir cette atteinte:
Et que me sert d'aimer comme je fais, hélas!
Si vous êtes si prête à ne le croire pas?

MÉLICERTE.

Je pourrais moins, Myrtil, redouter ces rivales,
Si les choses étaient de part et d'autre égales;
Et, dans un rang pareil, j'oserais espérer
Que peut-être l'amour me ferait préférer;
Mais l'inégalité de bien et de naissance
Qui peut, d'elles à moi, faire la différence...

MYRTIL.

Ah! leur rang de mon cœur ne viendra point à bout,
Et vos divins appas vous tiennent lieu de tout.

Je vous aime : il suffit, et, dans votre personne,
Je vois rang, biens, trésors, États, sceptre, couronne;
Et des rois les plus grands m'offrît-on le pouvoir,
Je n'y changerais pas le bien de vous avoir.
C'est une vérité toute sincère et pure ;
Et pouvoir en douter est me faire une injure.

MÉLICERTE.

Hé bien ! je crois, Myrtil, puisque vous le voulez,
Que vos vœux, par leur rang, ne sont point ébranlés ;
Et que, bien qu'elles soient nobles, riches et belles,
Votre cœur m'aime assez pour me mieux aimer qu'elles.
Mais ce n'est pas l'amour dont vous suivez la voix :
Votre père, Myrtil, réglera votre choix ;
Et de même qu'à vous, je ne lui suis pas chère,
Pour préférer à tout une simple bergère.

MYRTIL.

Non, chère Mélicerte, il n'est père ni dieux
Qui me puissent forcer à quitter vos beaux yeux;
Et toujours de mes vœux reine comme vous êtes...

MÉLICERTE.

Ah ! Myrtil, prenez garde à ce qu'ici vous faites :
N'allez point présenter un espoir à mon cœur,
Qu'il recevrait peut-être avec trop de douceur,
Et qui, tombant après comme un éclair qui passe,
Me rendrait plus cruel le coup de ma disgrâce.

MYRTIL.

Quoi ! faut-il des serments appeler le secours,
Lorsque l'on vous promet de vous aimer toujours?
Que vous vous faites tort par de telles alarmes,
Et connaissez bien peu le pouvoir de vos charmes !
Hé bien ! puisqu'il le faut, je jure par les dieux,
Et, si ce n'est assez, je jure par vos yeux,
Qu'on me tuera plutôt que je vous abandonne.
Recevez-en ici la foi que je vous donne,

Et souffrez que ma bouche. avec ravissement,
Sur cette belle main en signe le serment.

MÉLICERTE.

Ah! Myrtil, levez-vous, de peur qu'on ne nous voie.

MYRTIL.

Est-il rien?... Mais, ô ciel! on vient troubler ma joie!

SCÈNE IV.

LYCARSIS, MYRTIL, MÉLICERTE.

LYCARSIS.

Ne vous contraignez pas pour moi.

MÉLICERTE, à part.

Quel sort fâcheux!

LYCARSIS.

Cela ne va pas mal : continuez tous deux.
Peste! mon petit-fils, que vous avez l'air tendre,
Et qu'en maître déjà vous savez vous y prendre !
Vous a-t-il, ce savant qu'Athènes exila,
Dans sa philosophie appris ces choses-là ?
Et vous, qui lui donnez de si douce manière
Votre main à baiser, la gentille bergère,
L'honneur vous apprend-il ces mignardes douceurs
Par qui vous débauchez ainsi les jeunes cœurs?

MYRTIL.

Ah! quittez de ces mots l'outrageante bassesse,
Et ne m'accablez point d'un discours qui la blesse.

LYCARSIS.

Je veux lui parler, moi. Toutes ces amitiés...

MYRTIL.

Je ne souffrirai point que vous la maltraitiez.
A du respect pour vous la naissance m'engage :

Mais je saurai, sur moi, vous punir de l'outrage.
Oui, j'atteste le ciel que si, contre mes vœux,
Vous lui dites encor le moindre mot fâcheux,
Je vais avec ce fer, qui m'en fera justice,
Au milieu de mon sein vous chercher un supplice;
Et, par mon sang versé, lui marquer promptement
L'éclatant désaveu de votre emportement.

MÉLICERTE.

Non, non, ne croyez pas qu'avec art je l'enflamme,
Et que mon dessein soit de séduire son âme.
S'il s'attache à me voir, et me veut quelque bien,
C'est de son mouvement : je ne l'y force en rien.
Ce n'est pas que mon cœur veuille ici se défendre
De répondre à ses vœux d'une ardeur assez tendre;
Je l'aime, je l'avoue, autant qu'on puisse aimer :
Mais cet amour n'a rien qui vous doive alarmer;
Et, pour vous arracher toute injuste créance,
Je vous promets ici d'éviter sa présence,
De faire place au choix où vous vous résoudrez,
Et ne souffrir ses vœux que quand vous le voudrez.

SCÈNE V.

LYCARSIS, MYRTIL.

MYRTIL.

Hé bien ! vous triomphez avec cette retraite,
Et, dans ces mots, votre âme a ce qu'elle souhaite :
Mais apprenez qu'en vain vous vous réjouissez,
Que vous serez trompé dans ce que vous pensez :
Et qu'avec tous vos soins, toute votre puissance,
Vous ne gagnerez rien sur ma persévérance.

LYCARSIS.

Comment! à quel orgueil, fripon, vous vois-je aller?
Est-ce de la façon que l'on me doit parler?

MYRTIL.

Oui, j'ai tort, il est vrai : mon transport n'est pas sage;
Pour rentrer au devoir, je change de langage;
Et je vous prie ici, mon père, au nom des dieux,
Et par tout ce qui peut vous être précieux,
De ne vous point servir, dans cette conjoncture,
Des fiers droits que sur moi vous donne la nature.
Ne m'empoisonnez point vos bienfaits les plus doux.
Le jour est un présent que j'ai reçu de vous :
Mais de quoi vous serai-je aujourd'hui redevable,
Si vous me l'allez rendre, hélas! insupportable?
Il est, sans Mélicerte, un supplice à mes yeux;
Sans ses divins appas rien ne m'est précieux;
Ils font tout mon bonheur et toute mon envie;
Et, si vous me l'ôtez, vous m'arrachez la vie.

LYCARSIS, à part.

Aux douleurs de son âme il me fait prendre part.
Qui l'aurait jamais cru de ce petit pendard?
Quel amour! quels transports! quels discours pour son âge!
J'en suis confus, et sens que cet amour m'engage.

MYRTIL, se jetant aux genoux de Lycarsis.

Voyez, me voulez-vous ordonner de mourir?
Vous n'avez qu'à parler, je suis prêt d'obéir.

LYCARSIS, à part.

Je n'y puis plus tenir : il m'arrache des larmes,
Et ses tendres propos me font rendre les armes.

MYRTIL.

Que si, dans votre cœur, un reste d'amitié
Vous peut de mon destin donner quelque pitié,
Accordez Mélicerte à mon ardente envie,
Et vous ferez bien plus que me donner la vie.

LYCARSIS.

Lève-toi.

MYRTIL.

Serez-vous sensible à mes soupirs ?

LYCARSIS.

Oui.

MYRTIL.

J'obtiendrai de vous l'objet de mes désirs ?

LYCARSIS.

Oui.

MYRTIL.

Vous ferez pour moi que son oncle l'oblige
A me donner sa main ?

LYCARSIS.

Oui. Lève-toi, te dis-je.

MYRTIL.

O père, le meilleur qui jamais ait été,
Que je baise vos mains après tant de bonté !

LYCARSIS.

Ah ! que pour ses enfants un père a de faiblesse !
Peut-on rien refuser à leurs mots de tendresse ?
Et ne se sent-on pas certains mouvements doux,
Quand on vient à songer que cela sort de vous ?

MYRTIL.

Me tiendrez-vous au moins la parole avancée ?
Ne changerez-vous point, dites-moi, de pensée ?

LYCARSIS.

Non.

MYRTIL.

Me permettez-vous de vous désobéir,
Si de ces sentiments on vous fait revenir ?
Prononcez le mot.

LYCARSIS.

Oui. Ah ! nature ! nature !
Je m'en vais trouver Mopse, et lui faire ouverture

De l'amour que sa nièce et toi vous vous portez.
MYRTIL.
Ah! que ne dois-je point à vos rares bontés!
(Seul.)
Quelle heureuse nouvelle à dire à Mélicerte!
Je n'accepterais pas une couronne offerte,
Pour le plaisir que j'ai de courir lui porter
Ce merveilleux succès qui la doit contenter.

SCÈNE VI.

ACANTHE, TYRÈNE, MYRTIL.

ACANTHE.
Ah! Myrtil, vous avez du ciel reçu des charmes
Qui nous ont préparé des matières de larmes;
Et leur naissant éclat, fatal à nos ardeurs,
De ce que nous aimons nous enlève les cœurs.
TYRÈNE.
Peut-on savoir, Myrtil, vers qui, de ces deux belles,
Vous tournerez ce choix dont courent les nouvelles?
Et sur qui doit de nous tomber ce coup affreux,
Dont se voit foudroyé tout l'espoir de nos vœux?
ACANTHE.
Ne faites point languir deux amants davantage,
Et nous dites quel sort votre cœur nous partage.
TYRÈNE.
Il vaut mieux, quand on craint ces malheurs éclatants,
En mourir tout d'un coup que traîner si longtemps.
MYRTIL.
Rendez, nobles bergers, le calme à votre flamme,
La belle Mélicerte a captivé mon âme.
Auprès de cet objet mon sort est assez doux,

Pour ne pas consentir à rien prendre sur vous;
Et si vos vœux enfin n'ont que les miens à craindre,
Vous n'aurez, l'un ni l'autre, aucun lieu de vous plaindre.

ACANTHE.

Ah ! Myrtil, se peut-il que deux tristes amants...?

TYRÈNE.

Est-il vrai que le ciel, sensible à nos tourments...?

MYRTIL.

Oui, content de mes fers comme d'une victoire,
Je me suis excusé de ce choix plein de gloire :
J'ai de mon père encor changé les volontés,
Et l'ai fait consentir à mes félicités.

ACANTHE, à Tyrène.

Ah ! que cette aventure est un charmant miracle,
Et qu'à notre poursuite elle ôte un grand obstacle !

TYRÈNE, à Acanthe.

Elle peut renvoyer ces nymphes à nos vœux,
Et nous donner moyen d'être contents tous deux.

SCÈNE VII.

NICANDRE, MYRTIL, ACANTHE, TYRÈNE.

NICANDRE.

Savez-vous en quel lieu Mélicerte est cachée?

MYRTIL.

Comment?

NICANDRE.

En diligence elle est partout cherchée.

MYRTIL.

Et pourquoi?

NICANDRE.

Nous allons perdre cette beauté.

C'est pour elle qu'ici le roi s'est transporté ;
Avec un grand seigneur on dit qu'il la marie.

MYRTIL.

O ciel ! Expliquez-moi ce discours, je vous prie.

NICANDRE.

Ce sont des incidents grands et mystérieux.
Oui, le roi vient chercher Mélicerte en ces lieux ;
Et l'on dit qu'autrefois feu Bélise sa mère,
Dont tout Tempé croyait que Mopse était le frère...
Mais je me suis chargé de la chercher partout :
Vous saurez tout cela tantôt de bout en bout.

MYRTIL.

Ah ! dieux ! quelle rigueur ! Hé ! Nicandre, Nicandre !

ACANTHE.

Suivons aussi ses pas, afin de tout apprendre.

FIN DU DEUXIÈME ACTE[1].

[1] Cette comédie n'a point été achevée ; il n'y avait que ces deux actes de faits lorsque le roi la demanda. Sa Majesté en ayant été satisfaite pour la fête où elle fut représentée, le sieur de Molière ne l'a point finie.
(Note des éditeurs de 1682.)

PASTORALE COMIQUE

INTRODUITE PAR MOLIÈRE DANS LE BALLET DES MUSES

le 5 janvier 1667.

PERSONNAGES.

IRIS, jeune bergère.
LYCAS, riche pasteur.
PHILÈNE, riche pasteur.
CORIDON, jeune berger.
BERGER ENJOUÉ.
UN PATRE.

Noms des acteurs qui ont joué d'original dans la *Pastorale comique*.

IRIS.	Mlle Debrie.
LYCAS.	Molière.
PHILÈNE.	Destival.
CORIDON.	La Grange.
BERGER ENJOUÉ.	Blondel.
UN PATRE.	Châteauneuf.

On assigne à la *Pastorale comique* le même lieu qu'à *Mélicerte*, c'est-à-dire un hameau de la vallée de Tempé, en Thessalie.

PASTORALE COMIQUE.

FRAGMENT[1].

La première scène est entre Lycas, riche pasteur, et Coridon, son confident.
La seconde scène est une cérémonie magique de chantres et danseurs.
LES DEUX MAGICIENS DANSANTS sont : Les sieurs la Pierre et Favier.
LES TROIS MAGICIENS ASSISTANTS ET CHANTANTS sont : Messieurs le Gros, Don et Gaye.

(Ils chantent.)

Déesse des appas,
Ne nous refuse pas
La grâce qu'implorent nos bouches ;
Nous t'en prions par tes rubans,
Par tes boucles de diamants,
Ton rouge, ta poudre, tes mouches,
Ton masque, ta coiffe et tes gants.

O toi ! qui peux rendre agréables
Les visages les plus mal faits,
Répands, Vénus, de tes attraits
Deux ou trois doses charitables
Sur ce museau tondu tout frais !

Déesse des appas,
Ne nous refuse pas

---

[1] Molière, avant de mourir, avait brûlé cette pastorale ; on n'en a conservé que les paroles chantées, qui ont été recueillies dans la partition de Lulli, auteur de la musique.

La grâce qu'implorent nos bouches;
Nous t'en prions par tes rubans,
Par tes boucles de diamants,
Ton rouge, ta poudre, tes mouches,
Ton masque, ta coiffe et tes gants.

  Ah! qu'il est beau,
  Le jouvenceau!
Ah! qu'il est beau! ah! qu'il est beau!
Qu'il va faire mourir de belles!
Auprès de lui, les plus cruelles
Ne pourront tenir dans leur peau.
  Ah! qu'il est beau,
  Le jouvenceau!
Ah! qu'il est beau! ah! qu'il est beau!
 Ho, ho, ho, ho, ho, ho.

  Qu'il est joli,
  Gentil, poli!
Qu'il est joli! qu'il est joli!
Est-il des yeux qu'il ne ravisse
Il passe en beauté feu Narcisse,
Qui fut un blondin accompli.
  Qu'il est joli,
  Gentil, poli!
Qu'il est joli! qu'il est joli!
 Hi, hi, hi, hi, hi, hi.

Les six magiciens assistants et dansants sont : Les sieurs Chicanneau, Bonard, Noblet le cadet, Arnald, Mayeu et Foignard.

La troisième scène est entre Lycas et Philène, riches pasteurs.

PHILÈNE chante.

Paissez, chères brebis, les herbettes naissantes;
Ces prés et ces ruisseaux ont de quoi vous charmer;
Mais si vous désirez vivre toujours contentes,

Petites innocentes,
Gardez-vous bien d'aimer.

<small>Lycas, voulant faire des vers, nomme le nom d'Iris, sa maîtresse, en présence de Philène, son rival, dont Philène en colère chante :</small>

PHILÈNE.

Est-ce toi que j'entends, téméraire, est-ce toi
Qui nommes la beauté qui me tient sous sa loi?

LYCAS répond :

Oui, c'est moi ; oui, c'est moi.

PHILÈNE.

Oses-tu bien en aucune façon
Proférer ce beau nom?

LYCAS.

Hé ! pourquoi non? hé ! pourquoi non ?

PHILÈNE.

Iris charme mon âme ;
Et qui pour elle aura
Le moindre brin de flamme,
Il s'en repentira.

LYCAS.

Je me moque de cela,
Je me moque de cela.

PHILÈNE.

Je t'étranglerai, mangerai,
Si tu nommes jamais ma belle :
Ce que je dis, je le ferai,
Je t'étranglerai, mangerai,
Il suffit que j'en ai juré :
Quand les dieux prendraient ta querelle,
Je t'étranglerai, mangerai,
Si tu nommes jamais ma belle,

LYCAS.

Bagatelle, bagatelle.

La quatrième scène est entre Lycas et Iris, jeune bergère dont Lycas est amoureux.

La cinquième scène est entre Lycas et un pâtre qui apporte un cartel de la part de Philène, son rival.

La sixième scène est entre Lycas et Coridon.

La septième scène est entre Lycas et Philène.

PHILÈNE, venant pour se battre, chante :

Arrête, malheureux,
Tourne, tourne visage,
Et voyons qui des deux
Obtiendra l'avantage.

(Lycas parle, et Philène reprend.)

C'est par trop discourir,
Allons, il faut mourir.

La huitième scène est de huit paysans, qui, venant pour séparer Philène et Lycas, prennent querelle et dansent en se battant.

LES HUIT PAYSANS sont : Les sieurs Dolivet, Paysan, Desonets, du Pron, la Pierre, Mercier, Pesan et le Roy.

La neuvième scène est entre Coridon, jeune berger, et les huit paysans, qui, par les persuasions de Coridon, se réconcilient, et, après s'être réconciliés, dansent.

La dixième scène est entre Philène, Lycas et Coridon.

La onzième scène est entre Iris, bergère, et Coridon, berger.

La douzième scène est entre Iris, bergère, Philène, Lycas et Coridon.

PHILÈNE chante :

N'attendez pas qu'ici je me vante moi-même;
Pour le choix que vous balancez,
Vous avez des yeux, je vous aime,
C'est vous en dire assez.

La treizième scène est entre Philène et Lycas, qui, rebutés par la belle Iris, chantent ensemble leur désespoir.

PHILÈNE.

Hélas! peut-on sentir de plus vive douleur?
Nous préférer un servile pasteur!
O ciel!

LYCAS.

O sort!

PHILÈNE.

Quelle rigueur!

LYCAS.

Quel coup!

PHILÈNE.

Quoi! tant de pleurs,

LYCAS.

Tant de persévérance,

PHILÈNE.

Tant de langueur,

LYCAS.

Tant de souffrance,

PHILÈNE.

Tant de vœux,

LYCAS.

Tant de soins,

PHILÈNE.

Tant d'ardeur,

LYCAS.

Tant d'amour,

PHILÈNE.

Avec tant de mépris sont traités en ce jour!
Ah! cruelle!

LYCAS.

Cœur dur!

PHILÈNE.

Tigresse!

LYCAS.

Inexorable!

PHILÈNE.

Inhumaine!

LYCAS.

Inflexible!

PHILÈNE.

Ingrate!

LYCAS.

Impitoyable!

PHILÈNE.

Tu veux donc nous faire mourir?
Il te faut contenter.

LYCAS.

Il te faut obéir.

PHILÈNE.

Mourons, Lycas.

LYCAS.

Mourons, Philène.

PHILÈNE.

Avec ce fer finissons notre peine.

LYCAS.

Pousse!

PHILÈNE.

Ferme!

LYCAS.

Courage!

PHILÈNE.

Allons, va le premier.

LYCAS.

Non, je veux marcher le dernier.

PHILÈNE.

Puisqu'un même malheur aujourd'hui nous assemble,
Allons, partons ensemble.

La quatorzième scène est d'un jeune berger enjoué, qui, venant consoler Philène et Lycas, chante :

Ah! quelle folie
De quitter la vie
Pour une beauté
Dont on est rebuté!
On peut pour un objet aimable,
Dont le cœur nous est favorable,

Vouloir perdre la clarté :
Mais quitter la vie
Pour une beauté
Dont on est rebuté,
Ah ! quelle folie !

La quinzième et dernière scène est d'une Égyptienne, suivie d'une douzaine de gens, qui, ne cherchant que la joie, dansent avec elle aux chansons qu'elle chante agréablement. En voici les paroles :

PREMIER AIR.

D'un pauvre cœur
Soulagez le martyre,
D'un pauvre cœur
Soulagez la douleur.
J'ai beau vous dire
Ma vive ardeur,
Je vous vois rire
De ma langueur.
Ah ! cruelle, j'expire
Sous tant de rigueur.
D'un pauvre cœur
Soulagez le martyre,
D'un pauvre cœur
Soulagez la douleur.

SECOND AIR.

Croyez-moi, hâtons-nous, ma Sylvie,
Usons bien des moments précieux ;
Contentons ici notre envie,
De nos ans le feu nous y convie ;
Nous ne saurions, vous et moi, faire mieux.

Quand l'hiver a glacé nos guérets,
Le printemps vient reprendre sa place,

Et ramène à nos champs leurs attraits ;
Mais, hélas ! quand l'âge nous glace,
Nos beaux jours ne reviennent jamais.

Ne cherchons tous les jours qu'à nous plaire,
Soyons-y l'un et l'autre empressés ;
Du plaisir faisons notre affaire,
Des chagrins songeons à nous défaire.
Il vient un temps où l'on en prend assez.

Quand l'hiver a glacé nos guérets,
Le printemps vient reprendre sa place,
Et ramène à nos champs leurs attraits ;
Mais, hélas ! quand l'âge nous glace,
Nos beaux jours ne reviennent jamais.

L'ÉGYPTIENNE QUI DANSE ET CHANTE est : Noblet l'aîné.

LES DOUZE DANSANTS sont :

Quatre jouant de la guitare : Monsieur de Lulli, Messieurs Beauchamp, Chicanneau et Vagnart.

Quatre jouant des castagnettes : Les sieurs Favier, Bonard, Saint-André et Arnald.

Quatre jouant des gnacares[1] : Messieurs la Marre, Des-Airs second, du Feu et Pesan.

FIN DE LA PASTORALE COMIQUE.

---

[1] *Gnacares* ou *nacaires*, instruments de musique fort anciens, sorte de timbales.

LE SICILIEN

ou

L'AMOUR PEINTRE.

COMÉDIE EN UN ACTE.

Février 1667.

PERSONNAGES.

DON PÈDRE, Sicilien, amant d'Isidore.
ADRASTE, gentilhomme français, amant d'Isidore.
ISIDORE, Grecque, esclave de don Pèdre.
ZAÏDE, jeune esclave.
HALI, valet d'Adraste.
LE SÉNATEUR.
LES MUSICIENS.
TROUPE D'ESCLAVES.
TROUPE DE MAURES.
DEUX LAQUAIS.

Noms des acteurs qui ont joué d'original dans *le Sicilien*.

DON PÈDRE.	Molière.
ADRASTE.	La Grange.
ISIDORE.	Mlle Debrie.
ZAÏDE.	Mlle Molière.
HALI.	La Thorillière.
LE SÉNATEUR.	Du Croisy.

LE SICILIEN

ou

L'AMOUR PEINTRE[1].

SCÈNE I[2].

HALI, MUSICIENS.

HALI, aux musiciens.

Chut. N'avancez pas davantage, et demeurez dans cet endroit, jusqu'à ce que je vous appelle.

SCÈNE II.

HALI, seul.

Il fait noir comme dans un four : le ciel s'est habillé ce soir en Scaramouche[3], et je ne vois pas une étoile qui montre le bout de son nez. Sotte condition que celle d'un esclave, de ne vivre jamais pour soi, et d'être toujours tout

---

[1] Molière, dans la seconde exécution du *Ballet des Muses*, le 5 janvier 1667, substitua cet acte aux pièces de *Mélicerte* et de la *Pastorale comique*. *Le Sicilien* fut représenté le 10 juin suivant sur le théâtre du Palais-Royal.

[2] L'action commence dans la rue, devant la maison de don Pèdre.

[3] *Scaramouche* était un personnage bouffon de l'ancien théâtre italien, qui était habillé de noir de la tête aux pieds, et dont le masque même était rayé de noir au front, aux joues et au menton.

entier aux passions d'un maître, de n'être réglé que par ses humeurs, et de se voir réduit à faire ses propres affaires de tous les soucis qu'il peut prendre! Le mien me fait ici épouser ses inquiétudes; et, parce qu'il est amoureux, il faut que nuit et jour je n'aie aucun repos. Mais voici des flambeaux, et, sans doute, c'est lui.

SCÈNE III.

ADRASTE, DEUX LAQUAIS, portant chacun un flambeau. HALI.

ADRASTE.

Est-ce toi, Hali?

HALI.

Et qui pourrait-ce être que moi? A ces heures de nuit, hors vous et moi, monsieur, je ne crois pas que personne s'avise de courir maintenant les rues.

ADRASTE.

Aussi ne crois-je pas qu'on puisse voir personne qui sente dans son cœur la peine que je sens. Car, enfin, ce n'est rien d'avoir à combattre l'indifférence ou les rigueurs d'une beauté qu'on aime, on a toujours au moins le plaisir de la plainte et la liberté des soupirs; mais ne pouvoir trouver aucune occasion de parler à ce qu'on adore, ne pouvoir savoir d'une belle si l'amour qu'inspirent ses yeux est pour lui plaire ou lui déplaire, c'est la plus fâcheuse, à mon gré, de toutes les inquiétudes; et c'est où me réduit l'incommode jaloux qui veille, avec tant de souci, sur ma charmante Grecque, et ne fait pas un pas sans la traîner à ses côtés.

HALI.

Mais il est, en amour, plusieurs façons de se parler; et

il me semble, à moi, que vos yeux et les siens, depuis près de deux mois, se sont dit bien des choses.

ADRASTE.

Il est vrai qu'elle et moi souvent nous nous sommes parlé des yeux ; mais comment reconnaître que, chacun de notre côté, nous ayons, comme il faut, expliqué ce langage ? Et que sais-je, après tout, si elle entend bien tout ce que mes regards lui disent, et si les siens me disent ce que je crois parfois entendre ?

HALI.

Il faut chercher quelque moyen de se parler d'autre manière.

ADRASTE.

As-tu là tes musiciens ?

HALI.

Oui.

ADRASTE.

Fais-les approcher. (Seul). Je veux jusques au jour les faire ici chanter, et voir si leur musique n'obligera point cette belle à paraître à quelque fenêtre.

SCÈNE IV.

ADRASTE, HALI, MUSICIENS.

HALI.

Les voici. Que chanteront-ils ?

ADRASTE.

Ce qu'ils jugeront de meilleur.

HALI.

Il faut qu'ils chantent un trio qu'ils me chantèrent l'autre jour.

ADRASTE.

Non. Ce n'est pas ce qu'il me faut.

HALI.

Ah! monsieur, c'est du beau bécarre.

ADRASTE.

Que diantre veux-tu dire avec ton beau bécarre?

HALI.

Monsieur, je tiens pour le bécarre. Vous savez que je m'y connais. Le bécarre me charme; hors du bécarre, point de salut en harmonie. Écoutez un peu ce trio.

ADRASTE.

Non. Je veux quelque chose de tendre et de passionné, quelque chose qui m'entretienne dans une douce rêverie.

HALI.

Je vois bien que vous êtes pour le bémol; mais il y a moyen de nous contenter l'un et l'autre. Il faut qu'ils vous chantent une certaine scène d'une petite comédie que je leur ai vu essayer. Ce sont deux bergers amoureux, tout remplis de langueur, qui, sur bémol, viennent séparément faire leurs plaintes dans un bois, puis se découvrent l'un à l'autre la cruauté de leurs maîtresses; et là-dessus vient un berger joyeux avec un bécarre admirable, qui se moque de leur faiblesse.

ADRASTE.

J'y consens. Voyons ce que c'est.

HALI.

Voici, tout juste, un lieu propre à servir de scène; et voilà deux flambeaux pour éclairer la comédie.

ADRASTE.

Place-toi contre ce logis, afin qu'au moindre bruit que l'on fera dedans, je fasse cacher les lumières.

FRAGMENT DE COMÉDIE

Chanté et accompagné par les musiciens qu'Hali a amenés.

SCÈNE I.

PHILÈNE, TIRCIS.

PREMIER MUSICIEN, représentant Philène.

Si, du triste récit de mon inquiétude,
Je trouble le repos de votre solitude,
　　Rochers, ne soyez point fâchés ;
Quand vous saurez l'excès de mes peines secrètes,
　　　Tout rochers que vous êtes,
　　　Vous en serez touchés.

DEUXIÈME MUSICIEN, représentant Tircis.

Les oiseaux réjouis, dès que le jour s'avance,
Recommencent leurs chants dans ces vastes forêts ;
　　Et moi j'y recommence
Mes soupirs languissants et mes tristes regrets.
　　Ah ! mon cher Philène !

PHILÈNE.

Ah ! mon cher Tircis !

TIRCIS.

Que je sens de peine !

PHILÈNE.

Que j'ai de soucis !

TIRCIS.

Toujours sourde à mes vœux est l'ingrate Climène.

PHILÈNE.

Chloris n'a point pour moi de regards adoucis.

TOUS DEUX ENSEMBLE.

O loi trop inhumaine!
Amour, si tu ne peux les contraindre d'aimer,
Pourquoi leur laisses-tu le pouvoir de charmer?

SCÈNE II.

PHILÈNE, TIRCIS, UN PATRE.

TROISIÈME MUSICIEN, représentant un pâtre.

Pauvres amants, quelle erreur
D'adorer des inhumaines!
Jamais les âmes bien saines
Ne se payent de rigueur;
Et les faveurs sont les chaînes
Qui doivent lier un cœur.

On voit cent belles ici,
Auprès de qui je m'empresse;
A leur vouer ma tendresse
Je mets mon plus doux souci;
Mais, lorsque l'on est tigresse,
Ma foi, je suis tigre aussi.

PHILÈNE ET TIRCIS, ensemble.

Heureux, hélas! qui peut aimer ainsi!

HALI.

Monsieur, je viens d'ouïr quelque bruit au dedans.

ADRASTE.

Qu'on se retire vite, et qu'on éteigne les flambeaux.

SCÈNE V.

DON PÈDRE, ADRASTE, HALI.

DON PÈDRE, sortant de sa maison, en bonnet de nuit et en robe de chambre, avec une épée sous son bras.

Il y a quelque temps que j'entends chanter à ma porte; et sans doute cela ne se fait pas pour rien. Il faut que, dans l'obscurité, je tâche à découvrir quelles gens ce peuvent être.

ADRASTE.

Hali!

HALI.

Quoi?

ADRASTE.

N'entends-tu plus rien?

HALI.

Non.

(Don Pèdre est derrière eux, qui les écoute.)

ADRASTE.

Quoi! tous nos efforts ne pourront obtenir que je parle un moment à cette aimable Grecque! et ce jaloux maudit, ce traître de Sicilien, me fermera toujours tout accès auprès d'elle!

HALI.

Je voudrais, de bon cœur, que le diable l'eût emporté, pour la fatigue qu'il nous donne, le fâcheux, le bourreau qu'il est. Ah! si nous le tenions ici, que je prendrais de joie à venger, sur son dos, tous les pas inutiles que sa jalousie nous fait faire!

ADRASTE.

Si faut-il bien[1], pourtant, trouver quelque moyen, quelque

---

[1] Pour : encore faut-il bien.

invention, quelque ruse, pour attraper notre brutal. J'y suis trop engagé pour en avoir le démenti ; et quand j'y devrais employer...

HALI.

Monsieur, je ne sais pas ce que cela veut dire, mais la porte est ouverte ; et, si vous le voulez, j'entrerai doucement pour découvrir d'où cela vient.

(Don Pèdre se retire sur sa porte.)

ADRASTE.

Oui, fais ; mais sans faire de bruit. Je ne m'éloigne pas de toi. Plût au ciel que ce fût la charmante Isidore !

DON PÈDRE, donnant un soufflet à Hali.

Qui va là ?

HALI, rendant le soufflet à don Pèdre.

Ami.

DON PÈDRE.

Holà ! Francisque, Dominique, Simon, Martin, Pierre, Thomas, Georges, Charles, Barthélemy. Allons, promptement, mon épée, ma rondache, ma hallebarde, mes pistolets, mes mousquetons, mes fusils. Vite, dépêchez. Allons, tue, point de quartier !

SCÈNE VI.

ADRASTE, HALI.

ADRASTE.

Je n'entends remuer personne. Hali, Hali

HALI, caché dans un coin.

Monsieur.

ADRASTE.

Où donc te caches-tu ?

HALI.

Ces gens sont-ils sortis ?

ADRASTE.

Non. Personne ne bouge.

HALI, sortant d'où il était caché.

S'ils viennent, ils seront frottés.

ADRASTE.

Quoi! tous nos soins seront donc inutiles! Et toujours ce fâcheux jaloux se moquera de nos desseins!

HALI.

Non. Le courroux du point d'honneur me prend ; il ne sera pas dit qu'on triomphe de mon adresse; ma qualité de fourbe s'indigne de tous ces obstacles, et je prétends faire éclater les talents que j'ai eus du ciel.

ADRASTE.

Je voudrais seulement que, par quelque moyen, par un billet, par quelque bouche, elle fût avertie des sentiments qu'on a pour elle, et savoir les siens là-dessus. Après, on peut trouver facilement les moyens...

HALI.

Laissez-moi faire seulement. J'en essayerai tant de toutes les manières, que quelque chose enfin nous pourra réussir. Allons, le jour paraît ; je vais chercher mes gens, et venir attendre, en ce lieu, que notre jaloux sorte.

SCÈNE VII.

DON PÈDRE, ISIDORE.

ISIDORE.

Je ne sais pas quel plaisir vous prenez à me réveiller si matin. Cela s'ajuste assez mal, ce me semble, au dessein que vous avez pris de me faire peindre aujourd'hui ; et ce n'est guère pour avoir le teint frais et les yeux brillants que se lever ainsi dès la pointe du jour.

DON PÈDRE.
J'ai une affaire qui m'oblige à sortir à l'heure qu'il est.
ISIDORE.
Mais l'affaire que vous avez eût bien pu se passer, je crois, de ma présence; et vous pouviez, sans vous incommoder, me laisser goûter les douceurs du sommeil du matin.
DON PÈDRE.
Oui. Mais je suis bien aise de vous voir toujours avec moi. Il n'est pas mal de s'assurer un peu contre les soins des surveillants; et, cette nuit encore, on est venu chanter sous nos fenêtres.
ISIDORE.
Il est vrai. La musique en était admirable.
DON PÈDRE.
C'était pour vous que cela se faisait?
ISIDORE.
Je le veux croire ainsi, puisque vous me le dites.
DON PÈDRE.
Vous savez qui était celui qui donnait cette sérénade?
ISIDORE.
Non pas; mais, qui que ce puisse être, je lui suis obligée.
DON PÈDRE.
Obligée?
ISIDORE.
Sans doute, puisqu'il cherche à me divertir.
DON PÈDRE.
Vous trouvez donc bon qu'on vous aime?
ISIDORE.
Fort bon. Cela n'est jamais qu'obligeant.
DON PÈDRE.
Et vous voulez du bien à tous ceux qui prennent ce soin?
ISIDORE.
Assurément.

DON PÈDRE.

C'est dire fort net ses pensées.

ISIDORE.

A quoi bon de dissimuler? Quelque mine qu'on fasse, on est toujours bien aise d'être aimée. Ces hommages à nos appas ne sont jamais pour nous déplaire. Quoi qu'on en puisse dire, la grande ambition des femmes est, croyez-moi, d'inspirer de l'amour. Tous les soins qu'elles prennent ne sont que pour cela, et l'on n'en voit point de si fière qui ne s'applaudisse en son cœur des conquêtes que font ses yeux.

DON PÈDRE.

Mais si vous prenez, vous, du plaisir à vous voir aimée, savez-vous bien, moi qui vous aime, que je n'y en prends nullement?

ISIDORE.

Je ne sais pas pourquoi cela; et, si j'aimais quelqu'un, je n'aurais point de plus grand plaisir que de le voir aimé de tout le monde. Y a-t-il rien qui marque davantage la beauté du choix que l'on fait? Et n'est-ce pas pour s'applaudir que ce que nous aimons soit trouvé fort aimable?

DON PÈDRE.

Chacun aime à sa guise, et ce n'est pas là ma méthode. Je serai fort ravi qu'on ne vous trouve point si belle, et vous m'obligerez de n'affecter point tant de la paraître à d'autres yeux.

ISIDORE.

Quoi! jaloux de ces choses-là?

DON PÈDRE.

Oui, jaloux de ces choses-là, mais jaloux comme un tigre, et, si vous voulez, comme un diable. Mon amour vous veut tout à moi. Sa délicatesse s'offense d'un souris, d'un regard qu'on vous peut arracher ; et tous les soins qu'on me voit prendre ne sont que pour fermer tout accès aux galants, et m'assurer la possession d'un cœur dont je ne puis souffrir qu'on me vole la moindre chose.

ISIDORE.

Certes, voulez-vous que je dise? vous prenez un mauvais parti; et la possession d'un cœur est fort mal assurée, lorsqu'on prétend le retenir par force. Pour moi, je vous l'avoue, si j'étais galant d'une femme qui fût au pouvoir de quelqu'un, je mettrais toute mon étude à rendre ce quelqu'un jaloux, et l'obliger à veiller nuit et jour celle que je voudrais gagner. C'est un admirable moyen d'avancer ses affaires, et l'on ne tarde guère à profiter du chagrin et de la colère que donnent à l'esprit d'une femme la contrainte et la servitude.

DON PÈDRE.

Si bien donc que si quelqu'un vous en contait, il vous trouverait disposée à recevoir ses vœux?

ISIDORE.

Je ne vous dis rien là-dessus. Mais les femmes, enfin, n'aiment pas qu'on les gêne : et c'est beaucoup risquer que de leur montrer des soupçons, et de les tenir renfermées.

DON PÈDRE.

Vous reconnaissez peu ce que vous me devez; et il me semble qu'une esclave que l'on a affranchie, et dont on veut faire sa femme...

ISIDORE.

Quelle obligation vous ai-je, si vous changez mon esclavage en un autre beaucoup plus rude, si vous ne me laissez jouir d'aucune liberté, et me fatiguez, comme on voit, d'une garde continuelle?

DON PÈDRE.

Mais tout cela ne part que d'un excès d'amour.

ISIDORE.

Si c'est votre façon d'aimer, je vous prie de me haïr.

DON PÈDRE.

Vous êtes aujourd'hui dans une humeur désobligeante; et je pardonne ces paroles au chagrin où vous pouvez être de vous être levée matin.

SCÈNE VIII.

DON PÈDRE, ISIDORE, HALI, habillé en Turc, faisant plusieurs révérences à don Pèdre.

DON PÈDRE.

Trêve aux cérémonies. Que voulez-vous?

HALI, se mettant entre don Pèdre et Isidore.
(A chaque parole qu'il dit à don Pèdre, il se retourne vers Isidore, et lui fait des signes pour lui faire connaître le dessein de son maître.)

Signor (avec la permission de la signore), je vous dirai (avec la permission de la signore) que je viens vous trouver (avec la permission de la signore) pour vous prier (avec la permission de la signore) de vouloir bien (avec la permission de la signore)...

DON PÈDRE.

Avec la permission de la signore, passez un peu de ce côté. (Don Pèdre se met entre Hali et Isidore.)

HALI.

Signor, je suis un virtuose.

DON PÈDRE.

Je n'ai rien à donner.

HALI.

Ce n'est pas ce que je demande. Mais comme je me mêle un peu de musique et de danse, j'ai instruit quelques esclaves qui voudraient bien trouver un maître qui se plût à ces choses; et, comme je sais que vous êtes une personne considérable, je voudrais vous prier de les voir et de les entendre, pour les acheter, s'ils vous plaisent, ou pour leur enseigner quelqu'un de vos amis qui voulût s'en accommoder.

ISIDORE.

C'est une chose à voir, et cela nous divertira. Faites-les-nous venir.

HALI.

Chala bala. Voici une chanson nouvelle, qui est du temps. Écoutez bien. Chala bala.

SCÈNE IX.

DON PÈDRE, ISIDORE, HALI, ESCLAVES TURCS.

UN ESCLAVE, chantant à Isidore.

D'un cœur ardent, en tous lieux,
Un amant suit une belle;
Mais d'un jaloux odieux
La vigilance éternelle
Fait qu'il ne peut que des yeux
S'entretenir avec elle.
Est-il peine plus cruelle
Pour un cœur bien amoureux?

(A don Pèdre.)

Chiribirida ouch alla,
　Star bon Turca,
　Non aver danara :
　Ti voler comprara?
　Mi servir à ti,
　Se pagar per mi :

SCÈNE IX.

Far bona cucina,
Mi levar matina,
Far boller caldara;
Parlara, parlara,
Ti voler comprara?

PREMIÈRE ENTRÉE DE BALLET.

Danse des esclaves

L'ESCLAVE, à Isidore.

C'est un supplice, à tous coups,
Sous qui cet amant expire;
Mais si d'un œil un peu doux
La belle voit son martyre,
Et consent qu'aux yeux de tous
Pour ses attraits il soupire,
Il pourrait bientôt se rire
De tous les soins du jaloux.

(A don Pèdre.)

Chiribirida ouch alla,
  Star bon Turca,
 Non aver danara :
 Ti voler comprara?
  Mi servir à ti,
  Se pagar per mi;
 Far bona cucina,
 Mi levar matina,
 Far boller caldara;
 Parlara, parlara,
 Ti voler comprara?

DEUXIÈME ENTRÉE DE BALLET.

Les esclaves recommencent leur danse.

DON PÈDRE chante.

Savez-vous, mes drôles,
Que cette chanson
Sent, pour vos épaules,
Les coups de bâton?

Chiribirida ouch alla,
　Mi ti non comprara,
　Ma ti bastonara,
　Si ti non andara;
　Andara, andara,
　O ti bastonara.

Oh! oh! quels égrillards! (A Isidore.) Allons, rentrons ici : j'ai changé de pensée; et puis, le temps se couvre un peu. (A Hali, qui paraît encore.) Ah! fourbe, que je vous y trouve!

HALI.

Hé bien! oui, mon maître l'adore. Il n'a point de plus grand désir que de lui montrer son amour; et, si elle y consent, il la prendra pour femme.

DON PÈDRE.

Oui, oui, je la lui garde.

HALI.

Nous l'aurons malgré vous.

DON PÈDRE.

Comment! coquin...

HALI.

Nous l'aurons, dis-je, en dépit de vos dents.

DON PÈDRE.

Si je prends...

HALI.

Vous avez beau faire la garde, j'en ai juré, elle sera à nous.

DON PÈDRE.

Laisse-moi faire, je t'attraperai sans courir.

HALI.

C'est nous qui vous attraperons. Elle sera notre femme, la chose est résolue. (Seul.) Il faut que j'y périsse, ou que j'en vienne à bout.

SCÈNE X.

ADRASTE, HALI, DEUX LAQUAIS.

ADRASTE.

Hé bien! Hali, nos affaires s'avancent-elles?

HALI.

Monsieur, j'ai déjà fait quelque petite tentative; mais je...

ADRASTE.

Ne te mets point en peine; j'ai trouvé, par hasard, tout ce que je voulais, et je vais jouir du bonheur de voir chez elle cette belle. Je me suis rencontré chez le peintre Damon, qui m'a dit qu'aujourd'hui il venait faire le portrait de cette adorable personne: et, comme il est depuis longtemps de mes plus intimes amis, il a voulu servir mes feux, et m'envoie à sa place, avec un petit mot de lettre pour me faire accepter. Tu sais que, de tout temps, je me suis plu à la peinture, et que parfois je manie le pinceau, contre la coutume de France, qui ne veut pas qu'un gentilhomme sache rien faire : ainsi j'aurai la liberté de voir cette belle à mon aise. Mais je ne doute pas que mon jaloux fâcheux ne soit toujours présent, et n'empêche tous les propos que nous pourrions avoir ensemble; et, pour te dire vrai, j'ai, par le moyen d'une jeune esclave, un stratagème pour tirer cette belle Grecque des mains de son jaloux, si je puis obtenir d'elle qu'elle y consente.

HALI.

Laissez-moi faire, je veux vous faire un peu de jour à

la pouvoir entretenir. (Il parle bas à l'oreille d'Adraste.) Il ne sera pas dit que je ne serve de rien dans cette affaire-là. Quand allez-vous?

ADRASTE.

Tout de ce pas, et j'ai déjà préparé toutes choses.

HALI.

Je vais, de mon côté, me préparer aussi.

ADRASTE.

Je ne veux point perdre de temps. Holà! il me tarde que je ne goûte le plaisir de la voir.

SCÈNE XI[1].

DON PÈDRE, ADRASTE, DEUX LAQUAIS.

DON PÈDRE.

Que cherchez-vous, cavalier, dans cette maison?

ADRASTE.

J'y cherche le seigneur don Pèdre.

DON PÈDRE.

Vous l'avez devant vous.

ADRASTE.

Il prendra, s'il lui plaît, la peine de lire cette lettre.

DON PÈDRE.

« Je vous envoie, au lieu de moi, pour le portrait que
» vous savez, ce gentilhomme français, qui, comme curieux
» d'obliger les honnêtes gens, a bien voulu prendre ce soin,
» sur la proposition que je lui en ai faite. Il est, sans con-
» tredit, le premier homme du monde pour ces sortes
» d'ouvrages, et j'ai cru que je ne vous pouvais rendre un

---

[1] Changement à vue. Le théâtre représente l'intérieur de la maison de don Pèdre.

» service plus agréable que de vous l'envoyer, dans le
» dessein que vous avez d'avoir un portrait achevé de la
» personne que vous aimez. Gardez-vous bien surtout de lui
» parler d'aucune récompense; car c'est un homme qui s'en
» offenserait, et qui ne fait les choses que pour la gloire et
» la réputation. »

Seigneur Français, c'est une grande grâce que vous me voulez faire, et je vous suis fort obligé.

ADRASTE.

Toute mon ambition est de rendre service aux gens de nom et de mérite.

DON PÈDRE.

Je vais faire venir la personne dont il s'agit.

SCÈNE XII.

ISIDORE, DON PÈDRE, ADRASTE, deux laquais.

DON PÈDRE, à Isidore.

Voici un gentilhomme que Damon nous envoie, qui se veut bien donner la peine de vous peindre. (Adraste baise Isidore en la saluant, et don Pèdre lui dit :) Holà! seigneur Français, cette façon de saluer n'est point d'usage en ce pays.

ADRASTE.

C'est la manière de France.

DON PÈDRE.

La manière de France est bonne pour vos femmes; mais, pour les nôtres, elle est un peu trop familière.

ISIDORE.

Je reçois cet honneur avec beaucoup de joie. L'aventure me surprend fort; et, pour dire le vrai, je ne m'attendais pas d'avoir un peintre si illustre.

ADRASTE.

Il n'y a personne, sans doute, qui ne tînt à beaucoup de gloire de toucher à un tel ouvrage. Je n'ai pas grande habileté; mais le sujet, ici, ne fournit que trop de lui-même, et il y a moyen de faire quelque chose de beau sur un original fait comme celui-là.

ISIDORE.

L'original est peu de chose; mais l'adresse du peintre en saura couvrir les défauts.

ADRASTE.

Le peintre n'y en voit aucun; et tout ce qu'il souhaite est d'en pouvoir représenter les grâces aux yeux de tout le monde aussi grandes qu'il les peut voir.

ISIDORE.

Si votre pinceau flatte autant que votre langue, vous allez me faire un portrait qui ne me ressemblera pas.

ADRASTE.

Le ciel, qui fit l'original, nous ôte le moyen d'en faire un portrait qui puisse flatter.

ISIDORE.

Le ciel, quoique vous en disiez, ne...

DON PÈDRE.

Finissons cela, de grâce. Laissons les compliments, et songeons au portrait.

ADRASTE, aux laquais.

Allons, apportez tout. (On apporte tout ce qu'il faut pour peindre Isidore.

ISIDORE, à Adraste.

Où voulez-vous que je me place?

ADRASTE.

Ici. Voici le lieu le plus avantageux, et qui reçoit le mieux les vues favorables de la lumière que nous cherchons.

ISIDORE, après s'être assise.

Suis-je bien ainsi?

ADRASTE.

Oui. Levez-vous un peu, s'il vous plaît. Un peu plus de ce côté-là. Le corps tourné ainsi. La tête un peu levée, afin que la beauté du cou paraisse. Ceci un peu plus découvert. (Il découvre un peu plus sa gorge.) Bon. Là, un peu davantage; encore tant soit peu.

DON PÈDRE, à Isidore.

Il y a bien de la peine à vous mettre ; ne sauriez-vous vous tenir comme il faut ?

ISIDORE.

Ce sont ici des choses toutes neuves pour moi, et c'est à monsieur à me mettre de la façon qu'il veut.

ADRASTE, assis.

Voilà qui va le mieux du monde, et vous vous tenez à merveille. (La faisant tourner un peu vers lui.) Comme cela, s'il vous plaît. Le tout dépend des attitudes qu'on donne aux personnes qu'on peint.

DON PÈDRE.

Fort bien.

ADRASTE.

Un peu plus de ce côté. Vos yeux toujours tournés vers moi, je vous prie ; vos regards attachés aux miens.

ISIDORE.

Je ne suis pas comme ces femmes qui veulent, en se faisant peindre, des portraits qui ne sont point elles, et ne sont point satisfaites du peintre s'il ne les fait toujours plus belles que le jour. Il faudrait, pour les contenter, ne faire qu'un portrait pour toutes; car toutes demandent les mêmes choses, un teint tout de lis et de roses, un nez bien fait, une petite bouche, et de grands yeux vifs, bien fendus; et surtout le visage pas plus gros que le poing, l'eussent-elles d'un pied de large. Pour moi, je vous demande un portrait qui soit moi, et qui n'oblige point à demander qui c'est.

ADRASTE.

Il serait malaisé qu'on demandât cela du vôtre; et vous

avez des traits à qui fort peu d'autres ressemblent. Qu'ils ont de douceur et de charmes, et qu'on court de risques à les peindre !

DON PÈDRE.

Le nez me semble un peu trop gros.

ADRASTE.

J'ai lu, je ne sais où, qu'Apelle peignit autrefois une maîtresse d'Alexandre d'une merveilleuse beauté, et qu'il en devint, la peignant, si éperdument amoureux, qu'il fut près d'en perdre la vie ; de sorte qu'Alexandre, par générosité, lui céda l'objet de ses vœux. (A don Pèdre.) Je pourrais faire ici ce qu'Apelle fit autrefois ; mais vous ne feriez pas, peut-être, ce que fit Alexandre.

(Don Pèdre fait la grimace.)

ISIDORE, à don Pèdre.

Tout cela sent la nation, et toujours messieurs les Français ont un fonds de galanterie qui se répand partout.

ADRASTE.

On ne se trompe guère à ces sortes de choses, et vous avez l'esprit trop éclairé pour ne pas voir de quelle source partent les choses qu'on vous dit. Oui, quand Alexandre serait ici, et que ce serait votre amant, je ne pourrais m'empêcher de vous dire que je n'ai rien vu de si beau que ce que je vois maintenant, et que...

DON PÈDRE.

Seigneur français, vous ne devriez pas, ce me semble, tant parler ; cela vous détourne de votre ouvrage.

ADRASTE.

Ah ! point du tout. J'ai toujours coutume de parler quand je peins ; et il est besoin, dans ces choses, d'un peu de conversation, pour réveiller l'esprit, et tenir les visages dans la gaieté nécessaire aux personnes que l'on veut peindre.

SCÈNE XIII.

HALI, vêtu en Espagnol; DON PÈDRE. ADRASTE, ISIDORE.

DON PÈDRE.

Que veut cet homme-là? Et qui laisse monter les gens sans nous en venir avertir?

HALI, à don Pèdre.

J'entre ici librement; mais, entre cavaliers, telle liberté est permise. Seigneur, suis-je connu de vous?

DON PÈDRE.

Non, seigneur.

HALI.

Je suis don Gilles d'Avalos; et l'histoire d'Espagne vous doit avoir instruit de mon mérite.

DON PÈDRE.

Souhaitez-vous quelque chose de moi?

HALI.

Oui, un conseil sur un fait d'honneur. Je sais qu'en ces matières il est malaisé de trouver un cavalier plus consommé que vous; mais je vous demande, pour grâce, que nous nous tirions à l'écart.

DON PÈDRE.

Nous voilà assez loin.

ADRASTE, à don Pèdre, qui le surprend parlant bas à Isidore.

Elle a les yeux bleus.

HALI, tirant don Pèdre, pour l'éloigner d'Adraste et d'Isidore.

Seigneur, j'ai reçu un soufflet. Vous savez ce qu'est un soufflet, lorsqu'il se donne à main ouverte, sur le beau milieu de la joue. J'ai ce soufflet fort sur le cœur, et je suis dans l'incertitude si, pour me venger de l'affront, je dois me battre avec mon homme, ou bien le faire assassiner.

DON PÈDRE.

Assassiner, c'est le plus sûr et le plus court chemin. Quel est votre ennemi ?

HALI.

Parlons bas, s'il vous plaît. (Hali tient don Pèdre, en lui parlant, de façon qu'il ne peut voir Adraste.)

ADRASTE, aux genoux d'Isidore, pendant que don Pèdre et Hali parlent bas ensemble.

Oui, charmante Isidore, mes regards vous le disent depuis plus de deux mois, et vous les avez entendus. Je vous aime plus que tout ce que l'on peut aimer, et je n'ai point d'autre pensée, d'autre but, d'autre passion que d'être à vous toute ma vie.

ISIDORE.

Je ne sais si vous dites vrai; mais vous persuadez.

ADRASTE.

Mais vous persuadé-je jusqu'à vous inspirer quelque peu de bonté pour moi?

ISIDORE.

Je ne crains que d'en trop avoir.

ADRASTE.

En aurez-vous assez pour consentir, belle Isidore, au dessein que je vous ai dit?

ISIDORE.

Je ne puis encore vous le dire.

ADRASTE.

Qu'attendez-vous pour cela?

ISIDORE.

A me résoudre.

ADRASTE.

Ah! quand on aime bien, on se résout bientôt.

ISIDORE.

Hé bien! allez, oui, j'y consens.

ADRASTE.

Mais consentez-vous, dites-moi, que ce soit dès ce moment même?

ISIDORE.

Lorsqu'on est une fois résolu sur la chose, s'arrête-t-on sur le temps?

DON PÈDRE, à Hali.

Voilà mon sentiment, et je vous baise les mains.

HALI.

Seigneur, quand vous aurez reçu quelque soufflet, je suis homme aussi de conseil, et je pourrai vous rendre la pareille.

DON PÈDRE.

Je vous laisse aller sans vous reconduire; mais, entre cavaliers, cette liberté est permise.

ADRASTE, à Isidore.

Non, il n'est rien qui puisse effacer de mon cœur les tendres témoignages... (A don Pèdre apercevant Adraste qui parle de près à Isidore.) Je regardais ce petit trou qu'elle a au côté du menton; et je croyais d'abord que ce fût une tache. Mais c'est assez pour aujourd'hui, nous finirons une autre fois. (A don Pèdre, qui veut voir le portrait.) Non, ne regardez rien encore; faites serrer cela, je vous prie; (A Isidore.) et vous, je vous conjure de ne vous relâcher point, et de garder un esprit gai, pour le dessein que j'ai d'achever notre ouvrage.

ISIDORE.

Je conserverai pour cela toute la gaieté qu'il faut.

SCÈNE XIV.

DON PÈDRE, ISIDORE.

ISIDORE.

Qu'en dites-vous? ce gentilhomme me paraît le plus civil du monde, et l'on doit demeurer d'accord que les Français ont quelque chose en eux de poli, de galant, que n'ont point les autres nations.

DON PÈDRE.

Oui; mais ils ont cela de mauvais qu'ils s'émancipent un peu trop, et s'attachent, en étourdis, à conter des fleurettes à tout ce qu'ils rencontrent.

ISIDORE.

C'est qu'ils savent qu'on plaît aux dames par ces choses.

DON PÈDRE.

Oui, mais, s'ils plaisent aux dames, ils déplaisent fort aux messieurs, et l'on n'est point bien aise de voir, sur sa moustache, cajoler hardiment sa femme ou sa maîtresse.

ISIDORE.

Ce qu'ils en font n'est que par jeu.

SCÈNE XV.

ZAÏDE, DON PÈDRE, ISIDORE.

ZAÏDE.

Ah ! seigneur cavalier, sauvez-moi, s'il vous plaît, des mains d'un mari furieux dont je suis poursuivie. Sa jalousie est incroyable, et passe, dans ses mouvements, tout ce qu'on peut imaginer. Il va jusques à vouloir que je sois toujours voilée; et, pour m'avoir trouvée le visage un peu découvert, il a mis l'épée à la main et m'a réduite à me jeter chez vous, pour vous demander votre appui contre son injustice. Mais je le vois paraître. De grâce, seigneur cavalier, sauvez-moi de sa fureur !

DON PÈDRE, à Zaïde, lui montrant Isidore.

Entrez là dedans avec elle, et n'appréhendez rien.

SCÈNE XVI.

ADRASTE, DON PÈDRE.

DON PÈDRE.

Hé quoi ! seigneur, c'est vous? Tant de jalousie pour un Français? Je pensais qu'il n'y eût que nous qui en fussions capables.

ADRASTE.

Les Français excellent toujours dans toutes les choses qu'ils font ; et, quand nous nous mêlons d'être jaloux, nous le sommes vingt fois plus qu'un Sicilien. L'infâme croit avoir trouvé chez vous un assuré refuge ; mais vous êtes trop raisonnable pour blâmer mon ressentiment. Laissez-moi, je vous prie, la traiter comme elle mérite.

DON PÈDRE.

Ah ! de grâce ! arrêtez. L'offense est trop petite pour un courroux si grand.

ADRASTE.

La grandeur d'une telle offense n'est pas dans l'importance des choses que l'on fait. Elle est à transgresser les ordres qu'on nous donne, et, sur de pareilles matières, ce qui n'est qu'une bagatelle devient fort criminel lorsqu'il est défendu.

DON PÈDRE.

De la façon qu'elle a parlé, tout ce qu'elle en a fait a été sans dessein; et je vous prie enfin de vous remettre bien ensemble.

ADRASTE.

Hé quoi ! vous prenez son parti, vous qui êtes si délicat sur ces sortes de choses?

DON PÈDRE.

Oui, je prends son parti, et, si vous voulez m'obliger,

vous oublierez votre colère, et vous vous réconcilierez tous deux. C'est une grâce que je vous demande ; et je la recevrai comme un essai de l'amitié que je veux qui soit entre nous.

ADRASTE.

Il ne m'est pas permis, à ces conditions, de vous rien refuser. Je ferai ce que vous voudrez.

SCÈNE XVII.

ZAÏDE, DON PÈDRE ; ADRASTE, dans un coin du théâtre.

DON PÈDRE, à Zaïde.

Holà ! venez. Vous n'avez qu'à me suivre, et j'ai fait votre paix. Vous ne pouviez jamais mieux tomber que chez moi.

ZAÏDE.

Je vous suis obligée plus qu'on ne saurait croire : mais je m'en vais prendre mon voile ; je n'ai garde, sans lui, de paraître à ses yeux.

SCÈNE XVIII.

DON PÈDRE, ADRASTE.

DON PÈDRE.

La voici qui s'en va venir, et son âme, je vous assure, a paru toute réjouie lorsque je lui ai dit que j'avais raccommodé tout.

SCÈNE XIX.

ISIDORE, sous le voile de Zaïde; ADRASTE, DON PÈDRE.

DON PÈDRE, à Adraste.

Puisque vous m'avez bien voulu abandonner votre ressentiment, trouvez bon qu'en ce lieu je vous fasse toucher dans la main l'un de l'autre, et que tous deux je vous conjure de vivre, pour l'amour de moi, dans une parfaite union.

ADRASTE.

Oui, je vous le promets que, pour l'amour de vous, je m'en vais, avec elle, vivre le mieux du monde.

DON PÈDRE.

Vous m'obligez sensiblement, et j'en garderai la mémoire.

ADRASTE.

Je vous donne ma parole, seigneur don Pèdre, qu'à votre considération, je m'en vais la traiter du mieux qu'il me sera possible.

DON PÈDRE.

C'est trop de grâce que vous me faites. (Seul.) Il est bon de pacifier et d'adoucir toujours les choses. Holà! Isidore, venez.

SCÈNE XX.

ZAIDE, DON PÈDRE.

DON PÈDRE.

Comment! que veut dire cela?

ZAÏDE, sans voile.

Ce que cela veut dire? Qu'un jaloux est un monstre haï

de tout le monde, et qu'il n'y a personne qui ne soit ravi de lui nuire, n'y eût-il point d'autre intérêt ; que toutes les serrures et les verrous du monde ne retiennent point les personnes, et que c'est le cœur qu'il faut arrêter par la douceur et par la complaisance ; qu'Isidore est entre les mains du cavalier qu'elle aime, et que vous êtes pris pour dupe.

DON PÈDRE.

Don Pèdre souffrira cette injure mortelle ! Non, non : j'ai trop de cœur, et je vais demander l'appui de la justice pour pousser le perfide à bout[1]. C'est ici le logis d'un sénateur. Holà !

SCÈNE XXI.

UN SÉNATEUR, DON PÈDRE.

LE SÉNATEUR.
Serviteur, seigneur don Pèdre. Que vous venez à propos !
DON PÈDRE.
Je viens me plaindre à vous d'un affront qu'on m'a fait.
LE SÉNATEUR.
J'ai fait une mascarade la plus belle du monde.
DON PÈDRE.
Un traître de Français m'a joué une pièce.
LE SÉNATEUR.
Vous n'avez, dans votre vie, jamais rien vu de si beau.
DON PÈDRE.
Il m'a enlevé une fille que j'avais affranchie.
LE SÉNATEUR.
Ce sont gens vêtus en Maures, qui dansent admirablement.

---

[1] Changement à vue. Le théâtre représente la place publique.

SCÈNE XXII.

DON PÈDRE.

Vous voyez si c'est une injure qui se doive souffrir.

LE SÉNATEUR.

Les habits merveilleux, et qui sont faits exprès.

DON PÈDRE.

Je vous demande l'appui de la justice contre cette action.

LE SÉNATEUR.

Je veux que vous voyiez cela. On la va répéter, pour en donner le divertissement au peuple.

DON PÈDRE.

Comment ! de quoi parlez-vous là ?

LE SÉNATEUR.

Je parle de ma mascarade.

DON PÈDRE.

Je vous parle de mon affaire.

LE SÉNATEUR.

Je ne veux point, aujourd'hui, d'autres affaires que de plaisir. Allons, messieurs, venez. Voyons si cela ira bien.

DON PÈDRE.

La peste soit du fou avec sa mascarade !

LE SÉNATEUR.

Diantre soit le fâcheux, avec son affaire !

SCÈNE XXII.

Plusieurs Maures font une danse entre eux, par où finit la comédie.

FIN DU SICILIEN.

LE TARTUFFE

ou

L'IMPOSTEUR.

COMÉDIE EN CINQ ACTES.

5 août 1667.

PRÉFACE[1].

Voici une comédie dont on a fait beaucoup de bruit, qui a été longtemps persécutée; et les gens qu'elle joue ont bien fait voir qu'ils étaient plus puissants en France que tous ceux que j'ai joués jusqu'ici. Les marquis, les précieuses, les cocus et les médecins, ont souffert doucement qu'on les ait représentés, et ils ont fait semblant de se divertir, avec tout le monde, des peintures que l'on a faites d'eux; mais les hypocrites n'ont point entendu raillerie; ils se sont effarouchés d'abord, et ont trouvé étrange que j'eusse la hardiesse de jouer leurs grimaces, et de vouloir décrier un métier dont tant d'honnêtes gens se mêlent. C'est un crime qu'ils ne sauraient me pardonner, et ils se sont tous armés contre ma comédie avec une fureur épouvantable. Ils n'ont eu garde de l'attaquer par le côté qui les a blessés : ils sont trop politiques pour cela, et savent trop bien vivre pour découvrir le fond de leur

[1] Cette préface a été composée pour la première édition de 1669.

âme. Suivant leur louable coutume, ils ont couvert leurs intérêts de la cause de Dieu; et *le Tartuffe*, dans leur bouche, est une pièce qui offense la piété. Elle est, d'un bout à l'autre, pleine d'abominations, et l'on n'y trouve rien qui ne mérite le feu. Toutes les syllabes en sont impies, les gestes mêmes y sont criminels, et le moindre coup d'œil, le moindre branlement de tête, le moindre pas à droite ou à gauche, y cache des mystères qu'ils trouvent moyen d'expliquer à mon désavantage. J'ai eu beau la soumettre aux lumières de mes amis, et à la censure de tout le monde; les corrections que j'y ai pu faire; le jugement du roi et de la reine, qui l'ont vue; l'approbation des grands princes et de messieurs les ministres, qui l'ont honorée publiquement de leur présence; le témoignage des gens de bien, qui l'ont trouvée profitable, tout cela n'a de rien servi. Ils n'en veulent point démordre; et, tous les jours encore, ils font crier en public des zélés indiscrets, qui me disent des injures pieusement, et me damnent par charité.

Je me soucierais fort peu de tout ce qu'ils peuvent dire, n'était l'artifice qu'ils ont de me faire des ennemis que je respecte, et de jeter dans leur parti de véritables gens de bien, dont ils préviennent la bonne foi, et qui, par la chaleur qu'ils ont pour les intérêts du ciel, sont faciles à recevoir les impressions qu'on veut leur donner. Voilà ce qui m'oblige à me défendre. C'est aux vrais dévots que je veux partout me justifier sur la conduite de ma comédie; et je les conjure, de tout mon cœur, de ne point condamner les choses avant que de les voir, de se défaire de toute prévention, et de ne point servir la passion de ceux dont les grimaces les déshonorent.

Si l'on prend la peine d'examiner de bonne foi ma comédie, on verra sans doute que mes intentions y sont partout innocentes, et qu'elle ne tend nullement à jouer les choses que l'on doit révérer; que je l'ai traitée avec toutes les précautions que me demandait la délicatesse de la matière; et que j'ai mis tout l'art et tous les soins qu'il m'a été possible pour bien distinguer le personnage de l'hypocrite d'avec celui du vrai dévot. J'ai employé pour cela deux actes entiers à préparer la venue de mon scélérat. Il ne tient pas un seul moment l'auditeur en balance; on le connaît d'abord aux marques que je lui donne, et, d'un bout à l'autre, il ne dit pas un mot, il ne fait pas une action, qui ne peigne aux spectateurs le caractère d'un méchant homme, et ne fasse éclater celui du véritable homme de bien que je lui oppose.

Je sais bien que, pour réponse, ces messieurs tâchent d'insinuer que ce n'est point au théâtre à parler de ces matières; mais je leur demande, avec leur permission, sur quoi ils fondent cette belle maxime. C'est une proposition qu'ils ne font que supposer, et qu'ils ne prouvent en aucune façon; et, sans doute, il ne serait pas difficile de leur faire voir que la comédie, chez les anciens, a pris son origine de la religion, et faisait partie de leurs mystères; que les Espagnols, nos voisins, ne célèbrent guère de fête où la comédie ne soit mêlée; et que, même parmi nous, elle doit sa nais sance aux soins d'une confrérie à qui appartient encore aujourd'hui l'hôtel de Bourgogne; que c'est un lieu qui fut donné pour y représenter les plus importants mystères de notre foi; qu'on en voit encore des comédies imprimées en lettres gothiques, sous le nom d'un docteur de Sorbonne; et, sans aller chercher si loin, que l'on a joué, de notre temps, des pièces saintes de M. de Corneille[1], qui ont été l'admiration de toute la France.

Si l'emploi de la comédie est de corriger les vices des hommes, je ne vois pas par quelle raison il y en aura de privilégiés. Celui-ci est, dans l'État, d'une conséquence bien plus dangereuse que tous les autres, et nous avons vu que le théâtre a une grande vertu pour la correction. Les plus beaux traits d'une sérieuse morale sont moins puissants, le plus souvent, que ceux de la satire; et rien ne reprend mieux la plupart des hommes que la peinture de leurs défauts. C'est une grande atteinte aux vices, que de les exposer à la risée de tout le monde. On souffre aisément des répréhensions, mais on ne souffre point la raillerie. On veut bien être méchant, mais on ne veut point être ridicule.

On me reproche d'avoir mis des termes de piété dans la bouche de mon imposteur. Et pouvais-je m'en empêcher, pour bien représenter le caractère d'un hypocrite? Il suffit, ce me semble, que je fasse connaître les motifs criminels qui lui font dire les choses, et que j'en aie retranché les termes consacrés, dont on aurait eu peine à lui entendre faire un mauvais usage. —

---

[1] *Polyeucte*, et *Théodore, vierge et martyre*.

Mais il débite au quatrième acte une morale pernicieuse.
— Mais cette morale est-elle quelque chose dont tout le monde n'eût les oreilles rebattues? Dit-elle rien de nouveau dans ma comédie? Et peut-on craindre que des choses si généralement détestées fassent quelque impression dans les esprits; que je les rende dangereuses en les faisant monter sur le théâtre; qu'elles reçoivent quelque autorité de la bouche d'un scélérat? Il n'y a nulle apparence à cela; et l'on doit approuver la comédie du *Tartuffe*, ou condamner généralement toutes les comédies.

C'est à quoi l'on s'attache furieusement depuis un temps, et jamais on ne s'était si fort déchaîné contre le théâtre. Je ne puis pas nier qu'il n'y ait eu des Pères de l'Église qui ont condamné la comédie; mais on ne peut pas me nier aussi qu'il n'y en ait eu quelques-uns qui l'ont traitée un peu plus doucement. Ainsi l'autorité dont on prétend appuyer la censure est détruite par ce partage; et toute la conséquence qu'on peut tirer de cette diversité d'opinions en des esprits éclairés des mêmes lumières, c'est qu'ils ont pris la comédie différemment, et que les uns l'ont considérée dans sa pureté, lorsque les autres l'ont regardée dans sa corruption, et confondue avec tous ces vilains spectacles qu'on a eu raison de nommer des spectacles de turpitude.

Et en effet, puisqu'on doit discourir des choses et non pas des mots, et que la plupart des contrariétés viennent de ne se pas entendre, et d'envelopper dans un même mot des choses opposées, il ne faut qu'ôter le voile de l'équivoque, et regarder ce qu'est la comédie en soi, pour voir si elle est condamnable. On connaîtra, sans doute, que, n'étant autre chose qu'un poëme ingénieux, qui, par des leçons agréables, reprend les défauts des hommes, on ne saurait la censurer sans injustice; et, si nous voulons ouïr là-dessus le témoignage de l'antiquité, elle nous dira que ses plus célèbres philosophes ont donné des louanges à la comédie, eux qui faisaient profession d'une sagesse si austère, et qui criaient sans cesse après les vices de leur siècle. Elle nous fera voir qu'Aristote a consacré des veilles au théâtre, et s'est donné le soin de réduire en préceptes l'art de faire des comédies. Elle nous apprendra que de ses plus grands hommes, et des premiers en dignité, ont fait gloire d'en composer eux-mêmes; qu'il y en a eu d'autres qui n'ont pas dédaigné de réciter en public celles qu'ils avaient composées; que la Grèce a fait pour cet art éclater son estime, par les prix glorieux et par les superbes théâtres dont elle a voulu l'honorer; et que, dans Rome enfin, ce même art a reçu aussi des honneurs extraordinaires : je ne dis pas dans Rome débauchée, et sous la licence des empereurs, mais dans Rome disciplinée, sous la sagesse des consuls, et dans le temps de la vigueur de la vertu romaine.

J'avoue qu'il y a eu des temps où la comédie s'est corrompue. Et qu'est-ce que dans le monde on ne corrompt point tous les jours? Il n'y a chose si innocente où les hommes ne puissent porter du crime; point d'art si salutaire dont ils ne soient capables de renverser les intentions ; rien de si bon en soi qu'ils ne puissent tourner à de mauvais usages. La médecine est un art profitable, et chacun la révère comme une des plus excellentes choses que nous ayons; et cependant il y a eu des temps où elle s'est rendue odieuse, et souvent on en a fait un art d'empoisonner les hommes. La philosophie est un présent du ciel; elle nous a été donnée pour porter nos esprits à la connaissance d'un Dieu, par la contemplation des merveilles de la nature; et pourtant on n'ignore pas que souvent on l'a détournée de son emploi, et qu'on l'a occupée publiquement à soutenir l'impiété. Les choses même les plus saintes ne sont point à couvert de la corruption des hommes; et nous voyons des scélérats qui, tous les jours, abusent de la piété, et la font servir méchamment aux crimes les plus grands. Mais on ne laisse pas pour cela de faire les distinctions qu'il est besoin de faire. On n'enveloppe point dans une fausse conséquence la bonté des choses que l'on corrompt, avec la malice des corrupteurs. On sépare toujours le mauvais usage d'avec l'intention de l'art; et, comme on ne s'avise point de défendre la médecine pour avoir été bannie de Rome, ni la philosophie pour avoir été condamnée publiquement dans Athènes, on ne doit point aussi vouloir interdire la comédie pour avoir été censurée en de certains temps. Cette censure a eu ses raisons qui ne subsistent point ici. Elle s'est renfermée dans ce qu'elle a pu voir; et nous ne devons point la tirer des bornes qu'elle s'est données, l'étendre plus loin qu'il ne faut, et lui faire embrasser l'innocent avec le coupable. La comédie qu'elle a eu dessein d'attaquer n'est point du tout la comédie que nous voulons défendre. Il se faut bien garder de confondre celle-là avec celle-ci. Ce sont deux personnes de qui les mœurs sont tout à fait opposées. Elles n'ont aucun rapport l'une avec l'autre que la ressemblance du nom ; et ce serait une injustice épouvantable que de vouloir condamner Olympe, qui est femme de bien, parce qu'il y a une Olympe qui a été une débauchée. De semblables arrêts, sans doute, feraient un grand désordre dans le monde. Il n'y aurait rien par là qui ne fût condamné ; et, puisque l'on ne garde point cette rigueur à tant de choses dont on abuse tous les jours, on doit bien faire la même grâce à la comédie, et approuver les pièces de théâtre où l'on verra régner l'instruction et l'honnêteté.

Je sais qu'il y a des esprits dont la délicatesse ne peut souffrir aucune comédie ; qui disent que les plus honnêtes sont les plus dangereuses ; que les passions que l'on y dépeint sont d'autant plus touchantes qu'elles sont pleines de vertu, et que les âmes sont attendries par ces sortes de représentations. Je ne vois pas quel grand crime c'est que de s'attendrir à la vue d'une passion honnête, et c'est un haut étage de vertu que cette pleine insensibilité où ils veulent faire monter notre âme. Je doute qu'une si grande perfection soit dans les forces de la nature humaine, et je ne sais s'il n'est pas mieux de travailler à rectifier et adoucir les passions des hommes que de vouloir les retrancher entièrement. J'avoue qu'il y a des lieux qu'il vaut mieux fréquenter que le théâtre ; et si l'on veut blâmer toutes les choses qui ne regardent pas directement Dieu et notre salut, il est certain que la comédie en doit être, et je ne trouve point mauvais qu'elle soit condamnée avec le reste; mais supposé, comme il est vrai, que les exercices de la piété souffrent des intervalles, et que les hommes aient besoin de divertissement, je soutiens qu'on ne leur en peut trouver un qui soit plus innocent que la comédie. Je me suis étendu trop loin. Finissons par un mot d'un grand prince[1] sur la comédie du *Tartuffe.*

Huit jours après qu'elle eut été défendue, on représenta devant la cour une pièce intitulée *Scaramouche hermite;* et le roi, en sortant, dit au grand prince que je veux dire : « Je voudrais bien savoir pourquoi les gens qui se scandalisent si fort de la comédie de Molière ne disent mot de celle de *Scaramouche;* » à quoi le prince répondit : « La raison de cela, c'est que la comédie de *Scaramouche* joue le ciel et la religion, dont ces messieurs-là ne se soucient point : mais celle de Molière les joue eux-mêmes; c'est ce qu'ils ne peuvent souffrir. »

---

[1] Le grand Condé.

PLACETS AU ROI.

PREMIER PLACET

Présenté au roi, sur la comédie du *Tartuffe*, qui n'avait pas encore été représentée en public[1].

Sire,

Le devoir de la comédie étant de corriger les hommes en les divertissant, j'ai cru que, dans l'emploi où je me trouve[2], je n'avais rien de mieux à faire que d'attaquer par des peintures ridicules les vices de mon siècle; et comme l'hypocrisie, sans doute, en est un des plus en usage, des plus incommodes et des plus dangereux, j'avais eu, Sire, la pensée que je ne rendrais pas un petit service à tous les honnêtes gens de votre royaume, si je faisais une comédie qui décriât les hypocrites, et mît en vue, comme il faut, toutes les grimaces étudiées de ces gens de bien à outrance, toutes les friponneries couvertes de ces faux monnoyeurs en dévotion, qui veulent attraper les hommes avec un zèle contrefait et une charité sophistique.

---

[1] Ce placet date de la fin de l'année 1664. Il réplique au livre du curé de Saint-Barthélemy composé pendant le séjour du roi à Fontainebleau aux mois de juillet et d'août 1664.
[2] Cet emploi est celui de chef de la troupe des comédiens du roi.

Je l'ai faite, Sire, cette comédie, avec tout le soin, comme je crois, et toutes les circonspections que pouvait demander la délicatesse de la matière; et pour mieux conserver l'estime et le respect qu'on doit aux vrais dévots, j'en ai distingué le plus que j'ai pu le caractère que j'avais à toucher. Je n'ai point laissé d'équivoque, j'ai ôté ce qui pouvait confondre le bien avec le mal, et ne me suis servi dans cette peinture que des couleurs expresses et des traits essentiels qui font reconnaître d'abord un véritable et franc hypocrite.

Cependant toutes mes précautions ont été inutiles. On a profité, Sire, de la délicatesse de votre âme sur les matières de religion, et l'on a su vous prendre par l'endroit seul que vous êtes prenable, je veux dire par le respect des choses saintes. Les tartuffes, sous main, ont eu l'adresse de trouver grâce auprès de Votre Majesté; et les originaux enfin ont fait supprimer la copie, quelque innocente qu'elle fût, et quelque ressemblante qu'on la trouvât.

Bien que ce m'eût été un coup sensible que la suppression de cet ouvrage, mon malheur pourtant était adouci par la manière dont Votre Majesté s'était expliquée sur ce sujet; et j'ai cru, Sire, qu'elle m'ôtait tout lieu de me plaindre, ayant eu la bonté de déclarer qu'elle ne trouvait rien à dire dans cette comédie qu'elle me défendait de produire en public.

Mais, malgré cette glorieuse déclaration du plus grand roi du monde et du plus éclairé, malgré l'approbation encore de M. le légat, et de la plus grande partie de nos prélats, qui tous, dans les lectures particulières que je leur ai faites de mon ouvrage, se sont trouvés d'accord avec les sentiments de Votre Majesté; malgré tout cela, dis-je, on voit un livre composé par le curé de... qui donne hautement un démenti à tous ces augustes témoignages. Votre Majesté a beau dire, et M. le légat et MM. les prélats ont beau donner leur jugement : ma comédie, sans l'avoir vue, est diabolique, et diabolique mon cerveau; je suis un démon vêtu de chair et habillé en homme, un libertin, un impie digne d'un supplice exemplaire. Ce n'est pas assez que le feu expie en public mon offense, j'en serais quitte à trop bon marché : le zèle charitable de ce galant homme de bien n'a garde de demeurer là; il ne veut point que j'aie de miséricorde auprès de Dieu, il veut absolument que je sois damné, c'est une affaire résolue.

Ce livre, Sire, a été présenté à Votre Majesté, et, sans doute, elle juge bien elle-même combien il m'est fâcheux de me voir exposé tous les jours aux insultes de ces messieurs; quel tort me feront dans le monde de telles calomnies, s'il faut qu'elles soient tolérées; et quel intérêt j'ai enfin à me purger de son imposture, et à faire voir au public que ma comédie n'est rien moins que ce qu'on veut qu'elle soit. Je ne dirai point, Sire, ce que j'aurais à demander pour ma réputation, et pour justifier à tout le monde l'innocence de mon ouvrage : les rois éclairés, comme vous, n'ont pas besoin qu'on leur marque ce qu'on souhaite; ils voient, comme Dieu, ce qu'il nous faut, et savent mieux que nous ce qu'ils nous doivent accorder. Il me suffit de mettre mes intérêts entre les mains de Votre Majesté; et j'attends d'elle, avec respect, tout ce qu'il lui plaira d'ordonner là-dessus.

DEUXIÈME PLACET

Présenté au roi, dans son camp devant la ville de Lille en Flandre, par les nommés de a Thorillière et de la Grange, comédiens de Sa Majesté, et compagnons du sieur Molière, pour la défense qui fut faite, le 6 août 1667, de représenter le *Tartuffe* jusques à nouvel ordre de Sa Majesté.

Sire,

C'est une chose bien téméraire à moi que de venir importuner un grand monarque au milieu de ses glorieuses conquêtes ; mais, dans l'état où je me vois, où trouver, Sire, une protection qu'au lieu où je la viens chercher ? Et qui puis-je solliciter contre l'autorité de la puissance qui m'accable, que la source de la puissance et de l'autorité, que le juste dispensateur des ordres absolus, que le souverain juge et le maître de toutes choses ?

Ma comédie, Sire, n'a pu jouir ici des bontés de Votre Majesté. En vain je l'ai produite sous le titre de *l'Imposteur*, et déguisé le personnage sous l'ajustement d'un homme du monde; j'ai eu beau lui donner un petit chapeau, de grands cheveux, un grand collet, une épée, et des dentelles sur tout l'habit, mettre en plusieurs endroits des adoucissements, et retrancher avec soin tout ce que j'ai jugé capable de fournir l'ombre d'un prétexte aux célèbres originaux du portrait que je voulais faire : tout cela n'a de rien servi. La cabale s'est réveillée aux simples conjectures qu'ils ont pu avoir de la chose. Ils ont trouvé moyen de surprendre des esprits qui, dans toute autre matière, font une haute profession de ne se point laisser surprendre [1]. Ma comédie n'a pas plutôt paru, qu'elle s'est vue foudroyée par le coup d'un pouvoir qui doit imposer du respect; et tout ce que j'ai pu faire en cette rencontre pour me sauver moi-même de l'éclat de cette tempête, c'est de dire que Votre Majesté avait eu la bonté de m'en permettre la représentation, et que je n'avais pas cru qu'il fût besoin de demander cette permission à d'autres, puisqu'il n'y avait qu'elle seule qui me l'eût défendue.

Je ne doute point, Sire, que les gens que je peins dans ma comédie ne remuent bien des ressorts auprès de Votre Majesté, et ne jettent dans leur parti, comme ils l'ont déjà fait, de véritables gens de bien, qui sont d'autant plus prompts à se laisser tromper qu'ils jugent d'autrui par eux-mêmes. Ils ont l'art de donner de belles couleurs à toutes leurs intentions. Quelque mine qu'ils fassent, ce n'est point du tout l'intérêt de Dieu qui les peut émouvoir : ils l'ont assez montré dans les comédies qu'ils ont souffert qu'on ait jouées tant de fois en public sans en dire le moindre mot. Celles-là n'attaquaient que la piété et la religion, dont ils se soucient fort peu, mais celle-ci les attaque et les joue eux-mêmes; et c'est ce qu'ils ne peuvent souffrir. Ils ne sauraient me pardonner de dévoiler leurs impostures aux yeux de tout le monde; et, sans doute, on ne manquera pas de dire à Votre Majesté que chacun s'est scandalisé de ma comédie. Mais la vérité pure, Sire, c'est que tout Paris ne s'est scandalisé que de la défense qu'on en a faite, que les plus scrupuleux en ont trouvé la représentation profitable, et qu'on s'est étonné que des personnes d'une probité si connue aient eu une si grande déférence pour des gens qui devraient être l'horreur de tout le monde, et sont si opposés à la véritable piété, dont elles font profession.

---

[1] Allusion à M. de Lamoignon, premier président du parlement de Paris, qui avait interdit les représentations du *Tartuffe*.

J'attends avec respect l'arrêt que Votre Majesté daignera prononcer sur cette matière; mais il est très-assuré, Sire, qu'il ne faut plus que je songe à faire des comédies, si les tartuffes ont l'avantage; qu'ils prendront droit par là de me persécuter plus que jamais, et voudront trouver à redire aux choses les plus innocentes qui pourront sortir de ma plume.

Daignent vos bontés, Sire, me donner une protection contre leur rage envenimée! et puissé-je, au retour d'une campagne si glorieuse, délasser Votre Majesté des fatigues de ses conquêtes, lui donner d'innocents plaisirs après de si nobles travaux, et faire rire le monarque qui fait trembler toute l'Europe!

TROISIÈME PLACET

Présenté au roi le 5 février 1669.

Sire,

Un fort honnête médecin [1], dont j'ai l'honneur d'être le malade, me promet et veut s'obliger par-devant notaire de me faire vivre encore trente années, si je puis lui obtenir une grâce de Votre Majesté. Je lui ai dit, sur sa promesse, que je ne lui demandais pas tant, et que je serais satisfait de lui pourvu qu'il s'obligeât de ne me point tuer. Cette grâce, Sire, est un canonicat de votre chapelle royale de Vincennes, vacant par la mort de...

Oserais-je demander encore cette grâce à Votre Majesté le propre jour de la grande résurrection de Tartuffe, ressuscité par vos bontés? Je suis, par cette première faveur, réconcilié avec les dévots; et je le serais, par cette seconde, avec les médecins. C'est pour moi, sans doute, trop de grâces à la fois; mais peut-être n'en est-ce pas trop pour Votre Majesté; et j'attends, avec un peu d'espérance respectueuse, la réponse de mon placet.

---

[1] Le docteur Jean-Armand de Mauvillain, doyen de la Faculté.

PERSONNAGES.

MADAME PERNELLE, mère d'Orgon.
ORGON, mari d'Elmire.
ELMIRE, femme d'Orgon.
DAMIS, fils d'Orgon.
MARIANE, fille d'Orgon et amante de Valère.
VALÈRE, amant de Mariane.
CLÉANTE, beau-frère d'Orgon.
TARTUFFE, faux dévot.
DORINE, suivante de Mariane.
M. LOYAL, sergent.
Un Exempt.
FLIPOTE, servante de Mme Pernelle.

Noms des acteurs qui ont joué d'original dans *le Tartuffe*.

MADAME PERNELLE.	Louise Béjart.
ORGON.	Molière.
ELMIRE.	Mlle Molière.
DAMIS.	Hubert.
MARIANE.	Mlle Debrie.
VALÈRE.	La Grange.
CLÉANTE.	La Thorillière.
TARTUFFE.	Du Croisy.
DORINE.	Madel. Béjart.
M. LOYAL.	Debrie.

La scène est à Paris.

LE TARTUFFE.

ACTE PREMIER.

SCÈNE I.

MADAME PERNELLE et FLIPOTE, sa servante; ELMIRE,
MARIANE, CLÉANTE, DAMIS, DORINE.

MADAME PERNELLE.
Allons, Flipote, allons; que d'eux je me délivre.
ELMIRE.
Vous marchez d'un tel pas, qu'on a peine à vous suivre
MADAME PERNELLE.
Laissez, ma bru, laissez; ne venez pas plus loin;
Ce sont toutes façons dont je n'ai pas besoin.
ELMIRE.
De ce que l'on vous doit envers vous on s'acquitte.
Mais, ma mère, d'où vient que vous sortez si vite?
MADAME PERNELLE.
C'est que je ne puis voir tout ce ménage-ci,
Et que de me complaire on ne prend nul souci.
Oui, je sors de chez vous fort mal édifiée :
Dans toutes mes leçons j'y suis contrariée;

On n'y respecte rien, chacun y parle haut,
Et c'est tout justement la cour du roi Pétaud.

DORINE.

Si...

MADAME PERNELLE.

Vous êtes, ma mie, une fille suivante,
Un peu trop forte en gueule, et fort impertinente;
Vous vous mêlez sur tout de dire votre avis.

DAMIS.

Mais...

MADAME PERNELLE.

Vous êtes un sot en trois lettres, mon fils.
C'est moi qui vous le dis, qui suis votre grand'mère;
Et j'ai prédit cent fois à mon fils, votre père,
Que vous preniez tout l'air d'un méchant garnement,
Et ne lui donneriez jamais que du tourment.

MARIANE.

Je crois...

MADAME PERNELLE.

Mon Dieu! sa sœur, vous faites la discrète,
Et vous n'y touchez pas, tant vous semblez doucette;
Mais il n'est, comme on dit, pire eau que l'eau qui dort,
Et vous menez, sous chape [1], un train que je hais fort.

ELMIRE.

Mais, ma mère...

MADAME PERNELLE.

Ma bru, qu'il ne vous en déplaise,
Votre conduite, en tout, est tout à fait mauvaise;
Vous devriez leur mettre un bon exemple aux yeux;
Et leur défunte mère en usait beaucoup mieux.

---

[1] Sous chape ou sous cape, c'est-à-dire en secret.

Vous êtes dépensière ; et cet état me blesse,
Que vous alliez vêtue ainsi qu'une princesse.
Quiconque à son mari veut plaire seulement,
Ma bru, n'a pas besoin de tant d'ajustement.

CLÉANTE.

Mais, madame, après tout...

MADAME PERNELLE.

Pour vous, monsieur son frère,
Je vous estime fort, vous aime, et vous révère ;
Mais enfin si j'étais de mon fils son époux,
Je vous prierais bien fort de n'entrer point chez nous.
Sans cesse vous prêchez des maximes de vivre
Qui par d'honnêtes gens ne se doivent point suivre.
Je vous parle un peu franc ; mais c'est là mon humeur,
Et je ne mâche point ce que j'ai sur le cœur.

DAMIS.

Votre monsieur Tartuffe est bien heureux, sans doute...

MADAME PERNELLE.

C'est un homme de bien qu'il faut que l'on écoute ;
Et je ne puis souffrir, sans me mettre en courroux,
De le voir querellé par un fou comme vous.

DAMIS.

Quoi ! je souffrirai, moi, qu'un cagot de critique
Vienne usurper céans un pouvoir tyrannique ;
Et que nous ne puissions à rien nous divertir,
Si ce beau monsieur-là n'y daigne consentir ?

DORINE.

S'il le faut écouter, et croire à ses maximes,
On ne peut faire rien, qu'on ne fasse des crimes ;
Car il contrôle tout, ce critique zélé.

MADAME PERNELLE.

Et tout ce qu'il contrôle est fort bien contrôlé.

C'est au chemin du ciel qu'il prétend vous conduire :
Et mon fils, à l'aimer, vous devrait tous induire.

DAMIS.

Non, voyez-vous, ma mère, il n'est père ni rien,
Qui me puisse obliger à lui vouloir du bien :
Je trahirais mon cœur de parler d'autre sorte.
Sur ses façons de faire à tous coups je m'emporte :
J'en prévois une suite, et qu'avec ce pied-plat
Il faudra que j'en vienne à quelque grand éclat.

DORINE.

Certes, c'est une chose aussi qui scandalise
De voir qu'un inconnu céans s'impatronise ;
Qu'un gueux, qui, quand il vint, n'avait pas de souliers,
Et dont l'habit entier valait bien six deniers,
En vienne jusque-là que de se méconnaître,
De contrarier tout, et de faire le maître.

MADAME PERNELLE.

Eh ! merci de ma vie, il en irait bien mieux
Si tout se gouvernait par ses ordres pieux.

DORINE.

Il passe pour un saint dans votre fantaisie :
Tout son fait, croyez-moi, n'est rien qu'hypocrisie.

MADAME PERNELLE.

Voyez la langue !

DORINE.

A lui, non plus qu'à son Laurent,
Je ne me fierais, moi, que sur un bon garant.

MADAME PERNELLE.

J'ignore ce qu'au fond le serviteur peut être ;
Mais pour homme de bien je garantis le maître.
Vous ne lui voulez mal et ne le rebutez
Qu'à cause qu'il vous dit à tous vos vérités.
C'est contre le péché que son cœur se courrouce,
Et l'intérêt du ciel est tout ce qui le pousse.

DORINE.

Oui, mais pourquoi, surtout depuis un certain temps,
Ne saurait-il souffrir qu'aucun hante céans?
En quoi blesse le ciel une visite honnête,
Pour en faire un vacarme à nous rompre la tête?
Veut-on que là-dessus je m'explique entre nous?
(Montrant Elmire.)
Je crois que de madame il est, ma foi, jaloux.

MADAME PERNELLE.

Taisez-vous, et songez aux choses que vous dites.
Ce n'est pas lui tout seul qui blâme ces visites :
Tout ce tracas qui suit les gens que vous hantez,
Ces carrosses sans cesse à la porte plantés,
Et de tant de laquais le bruyant assemblage,
Font un éclat fâcheux dans tout le voisinage.
Je veux croire qu'au fond il ne se passe rien;
Mais enfin on en parle, et cela n'est pas bien.

CLÉANTE.

Hé! voulez-vous, madame, empêcher qu'on ne cause?
Ce serait dans la vie une fâcheuse chose,
Si, pour les sots discours où l'on peut être mis,
Il fallait renoncer à ses meilleurs amis.
Et quand même on pourrait se résoudre à le faire,
Croiriez-vous obliger tout le monde à se taire?
Contre la médisance il n'est point de rempart.
A tous les sots caquets n'ayons donc nul égard;
Efforçons-nous de vivre avec toute innocence,
Et laissons aux causeurs une pleine licence.

DORINE.

Daphné, notre voisine, et son petit époux,
Ne seraient-ils point ceux qui parlent mal de nous?
Ceux de qui la conduite offre le plus à rire
Sont toujours sur autrui les premiers à médire :
Ils ne manquent jamais de saisir promptement
L'apparente lueur du moindre attachement,

D'en semer la nouvelle avec beaucoup de joie,
Et d'y donner le tour qu'ils veulent qu'on y croie ;
Des actions d'autrui, teintes de leurs couleurs,
Ils pensent dans le monde autoriser les leurs,
Et, sous le faux espoir de quelque ressemblance,
Aux intrigues qu'ils ont donner de l'innocence,
Ou faire ailleurs tomber quelques traits partagés
De ce blâme public dont ils sont trop chargés.

MADAME PERNELLE.

Tous ces raisonnements ne font rien à l'affaire.
On sait qu'Orante mène une vie exemplaire ;
Tous ses soins vont au ciel ; et j'ai su par des gens,
Qu'elle condamne fort le train qui vient céans.

DORINE.

L'exemple est admirable, et cette dame est bonne :
Il est vrai qu'elle vit en austère personne ;
Mais l'âge, dans son âme, a mis ce zèle ardent,
Et l'on sait qu'elle est prude, à son corps défendant.
Tant qu'elle a pu des cœurs attirer les hommages,
Elle a fort bien joui de tous ses avantages ;
Mais, voyant de ses yeux tous les brillants baisser,
Au monde qui la quitte elle veut renoncer,
Et du voile pompeux d'une haute sagesse
De ses attraits usés déguiser la faiblesse.
Ce sont là les retours des coquettes du temps :
Il leur est dur de voir déserter les galants.
Dans un tel abandon, leur sombre inquiétude
Ne voit d'autre recours que le métier de prude ;
Et la sévérité de ces femmes de bien
Censure toute chose, et ne pardonne à rien.
Hautement d'un chacun elles blâment la vie,
Non point par charité, mais par un trait d'envie,
Qui ne saurait souffrir qu'une autre ait les plaisirs
Dont le penchant de l'âge a sevré leurs désirs.

ACTE 1. SCÈNE I.

MADAME PERNELLE, à Elmire.

Voilà les contes bleus qu'il vous faut, pour vous plaire.
Ma bru, l'on est chez vous contrainte de se taire :
Car, madame, à jaser, tient le dé tout le jour :
Mais enfin je prétends discourir à mon tour.
Je vous dis que mon fils n'a rien fait de plus sage
Qu'en recueillant chez soi ce dévot personnage ;
Que le ciel au besoin l'a céans envoyé
Pour redresser à tous votre esprit fourvoyé ;
Que, pour votre salut, vous le devez entendre,
Et qu'il ne reprend rien qui ne soit à reprendre.
Ces visites, ces bals, ces conversations,
Sont du malin esprit toutes inventions.
Là, jamais on n'entend de pieuses paroles ;
Ce sont propos oisifs, chansons, et fariboles :
Bien souvent le prochain en a sa bonne part,
Et l'on y sait médire et du tiers et du quart.
Enfin les gens sensés ont leurs têtes troublées
De la confusion de telles assemblées :
Mille caquets divers s'y font en moins de rien ;
Et, comme l'autre jour un docteur dit fort bien,
C'est véritablement la tour de Babylone[1],
Car chacun y babille, et tout du long de l'aune ;
Et, pour conter l'histoire où ce point l'engagea...

(Montrant Cléante.)

Voilà-t-il pas monsieur qui ricane déjà ?
Allez chercher vos fous qui vous donnent à rire,

(A Elmire.)

Et sans... Adieu, ma bru ; je ne veux plus rien dire.
Sachez que pour céans j'en rabats de moitié,
Et qu'il fera beau temps quand j'y mettrai le pied.

(Donnant un soufflet à Flipote.)

Allons, vous ; vous rêvez et bayez aux corneilles.

---

[1] *La tour de Babylone*, pour : la tour de Babel.

Jour de Dieu! je saurai vous frotter les oreilles.
Marchons, gaupe, marchons.

SCÈNE II.

CLÉANTE, DORINE.

CLÉANTE.

      Je n'y veux point aller,
De peur qu'elle ne vînt encore me quereller;
Que cette bonne femme...

DORINE.

      Ah! certes, c'est dommage
Qu'elle ne vous ouït tenir un tel langage :
Elle vous dirait bien qu'elle vous trouve bon,
Et qu'elle n'est point d'âge à lui donner ce nom !

CLÉANTE.

Comme elle s'est pour rien contre nous échauffée !
Et que de son Tartuffe elle paraît coiffée !

DORINE.

Oh ! vraiment, tout cela n'est rien au prix du fils :
Et, si vous l'aviez vu, vous diriez : C'est bien pis !
Nos troubles l'avaient mis sur le pied d'homme sage,
Et, pour servir son prince, il montra du courage :
Mais il est devenu comme un homme hébété,
Depuis que de Tartuffe on le voit entêté.
Il l'appelle son frère, et l'aime, dans son âme,
Cent fois plus qu'il ne fait mère, fils, fille et femme.
C'est de tous ses secrets l'unique confident,
Et de ses actions le directeur prudent.
Il le choie, il l'embrasse ; et pour une maîtresse
On ne saurait, je pense, avoir plus de tendresse :
A table, au plus haut bout il veut qu'il soit assis;

Avec joie il l'y voit manger autant que six ;
Les bons morceaux de tout, il fait qu'on les lui cède ;
Et, s'il vient à roter, il lui dit : Dieu vous aide[1] !
Enfin il en est fou ; c'est son tout, son héros ;
Il l'admire à tous coups, le cite à tous propos ;
Ses moindres actions lui semblent des miracles,
Et tous les mots qu'il dit sont pour lui des oracles.
Lui, qui connaît sa dupe, et qui veut en jouir,
Par cent dehors fardés a l'art de l'éblouir ;
Son cagotisme en tire à toute heure des sommes,
Et prend droit de gloser sur tous tant que nous sommes.
Il n'est pas jusqu'au fat qui lui sert de garçon,
Qui ne se mêle aussi de nous faire leçon ;
Il vient nous sermonner avec des yeux farouches,
Et jeter nos rubans, notre rouge, et nos mouches.
Le traître, l'autre jour, nous rompit de ses mains
Un mouchoir qu'il trouva dans une *Fleur des Saints*[2],
Disant que nous mêlions, par un crime effroyable,
Avec la sainteté, les parures du diable.

SCÈNE III.

ELMIRE, MARIANE, DAMIS, CLÉANTE, DORINE.

ELMIRE, à Cléante.

Vous êtes bien heureux de n'être point venu
Au discours qu'à la porte elle nous a tenu.
Mais j'ai vu mon mari ; comme il ne m'a point vue,
Je veux aller là-haut attendre sa venue.

---

[1] C'est une servante qui parle. (*Note de Molière.*)
[2] *La Fleur des Saints* ou plutôt *les Fleurs des vies des Saints*, deux volumes grands in-folio. C'était alors l'usage de mettre en presse les mouchoirs et les rabats entre les feuillets de gros livres.

CLÉANTE.

Moi, je l'attends ici pour moins d'amusement :
Et je vais lui donner le bonjour seulement.

SCÈNE IV.

CLÉANTE, DAMIS, DORINE.

DAMIS.

De l'hymen de ma sœur touchez-lui quelque chose :
J'ai soupçon que Tartuffe à son effet s'oppose,
Qu'il oblige mon père à des détours si grands ;
Et vous n'ignorez pas quel intérêt j'y prends.
Si même ardeur enflamme et ma sœur et Valère,
La sœur de cet ami, vous le savez, m'est chère ;
Et s'il fallait...

DORINE.

Il entre.

SCÈNE V.

ORGON, CLÉANTE, DORINE.

ORGON.

Ah ! mon frère, bonjour.

CLÉANTE.

Je sortais, et j'ai joie à vous voir de retour.
La campagne à présent n'est pas beaucoup fleurie.

ORGON.

(A Cléante.)

Dorine... Mon beau-frère, attendez, je vous prie.
Vous voulez bien souffrir, pour m'ôter de souci,

Que je m'informe un peu des nouvelles d'ici.
(A Dorine.)
Tout s'est-il, ces deux jours, passé de bonne sorte?
Qu'est-ce qu'on fait céans, comme est-ce qu'on s'y porte?

DORINE.

Madame eut avant-hier la fièvre jusqu'au soir,
Avec un mal de tête étrange à concevoir.

ORGON.

Et Tartuffe?

DORINE.

Tartuffe? il se porte à merveille,
Gros et gras, le teint frais, et la bouche vermeille.

ORGON.

Le pauvre homme!

DORINE.

Le soir elle eut un grand dégoût,
Et ne put, au souper, toucher à rien du tout,
Tant sa douleur de tête était encor cruelle!

ORGON.

Et Tartuffe?

DORINE.

Il soupa, lui tout seul, devant elle;
Et fort dévotement il mangea deux perdrix,
Avec une moitié de gigot en hachis.

ORGON.

Le pauvre homme!

DORINE.

La nuit se passa tout entière
Sans qu'elle pût fermer un moment la paupière;
Des chaleurs l'empêchaient de pouvoir sommeiller,
Et jusqu'au jour, près d'elle, il nous fallut veiller.

ORGON.

Et Tartuffe?

DORINE.

Pressé d'un sommeil agréable,

Il passa dans sa chambre au sortir de la table;
Et dans son lit bien chaud il se mit tout soudain,
Où, sans trouble, il dormit jusques au lendemain.

ORGON.

Le pauvre homme!

DORINE.

A la fin, par nos raisons gagnée,
Elle se résolut à souffrir la saignée;
Et le soulagement suivit tout aussitôt.

ORGON.

Et Tartuffe?

DORINE.

Il reprit courage comme il faut;
Et, contre tous les maux fortifiant son âme,
Pour réparer le sang qu'avait perdu madame,
But, à son déjeuner, quatre grands coups de vin.

ORGON.

Le pauvre homme!

DORINE.

Tous deux se portent bien enfin;
Et je vais à madame annoncer par avance
La part que vous prenez à sa convalescence.

SCÈNE VI.

ORGON, CLÉANTE.

CLÉANTE.

A votre nez, mon frère, elle se rit de vous :
Et, sans avoir dessein de vous mettre en courroux,
Je vous dirai tout franc que c'est avec justice.
A-t-on jamais parlé d'un semblable caprice?
Et se peut-il qu'un homme ait un charme aujourd'hui

A vous faire oublier toutes choses pour lui?
Qu'après avoir chez vous réparé sa misère,
Vous en veniez au point?...

ORGON.

Halte-là, mon beau-frère,
Vous ne connaissez pas celui dont vous parlez.

CLÉANTE.

Je ne le connais pas, puisque vous le voulez :
Mais enfin, pour savoir quel homme ce peut être...

ORGON.

Mon frère, vous seriez charmé de le connaître ;
Et vos ravissements ne prendraient point de fin.
C'est un homme... qui... ah !... un homme... un homme enfin.
Qui suit bien ses leçons goûte une paix profonde,
Et comme du fumier regarde tout le monde.
Oui, je deviens tout autre avec son entretien ;
Il m'enseigne à n'avoir affection pour rien ;
De toutes amitiés il détache mon âme ;
Et je verrais mourir frère, enfants, mère, et femme,
Que je m'en soucierais autant que de cela.

CLÉANTE.

Les sentiments humains, mon frère, que voilà !

ORGON.

Ah ! si vous aviez vu comme j'en fis rencontre,
Vous auriez pris pour lui l'amitié que je montre.
Chaque jour à l'église il venait d'un air doux,
Tout vis-à-vis de moi se mettre à deux genoux.
Il attirait les yeux de l'assemblée entière
Par l'ardeur dont au ciel il poussait sa prière ;
Il faisait des soupirs, de grands élancements,
Et baisait humblement la terre à tous moments :
Et, lorsque je sortais, il me devançait vite
Pour m'aller, à la porte, offrir de l'eau bénite.
Instruit par son garçon, qui dans tout l'imitait,
Et de son indigence, et de ce qu'il était,

Je lui faisais des dons; mais, avec modestie,
Il me voulait toujours en rendre une partie.
« *C'est trop*, me disait-il, *c'est trop de la moitié,
Je ne mérite pas de vous faire pitié.* »
Et quand je refusais de le vouloir reprendre,
Aux pauvres, à mes yeux, il allait le répandre.
Enfin le ciel chez moi me le fit retirer,
Et depuis ce temps-là tout semble y prospérer.
Je vois qu'il reprend tout, et qu'à ma femme même
Il prend, pour mon honneur, un intérêt extrême;
Il m'avertit des gens qui lui font les yeux doux,
Et plus que moi six fois il s'en montre jaloux.
Mais vous ne croiriez point jusqu'où monte son zèle :
Il s'impute à péché la moindre bagatelle;
Un rien presque suffit pour le scandaliser,
Jusque-là qu'il se vint l'autre jour accuser
D'avoir pris une puce en faisant sa prière,
Et de l'avoir tuée avec trop de colère.

CLÉANTE.

Parbleu, vous êtes fou, mon frère, que je croi.
Avec de tels discours, vous moquez-vous de moi?
Et que prétendez-vous que tout ce badinage...

ORGON.

Mon frère, ce discours sent le libertinage.
Vous en êtes un peu dans votre âme entiché;
Et, comme je vous l'ai plus de dix fois prêché,
Vous vous attirerez quelque méchante affaire.

CLÉANTE.

Voilà de vos pareils le discours ordinaire :
Ils veulent que chacun soit aveugle comme eux.
C'est être libertin[1] que d'avoir de bons yeux;
Et qui n'adore pas de vaines simagrées,
N'a ni respect ni foi pour les choses sacrées.

---

[1] Au XVIIe siècle, *libertin* signifiait un esprit fort, un libre penseur.

Allez, tous vos discours ne me font point de peur,
Je sais comme je parle, et le ciel voit mon cœur.
De tous vos façonniers on n'est point les esclaves.
Il est de faux dévots ainsi que de faux braves :
Et, comme on ne voit pas qu'où l'honneur les conduit,
Les vrais braves soient ceux qui font beaucoup de bruit,
Les bons et vrais dévots qu'on doit suivre à la trace,
Ne sont pas ceux aussi qui font tant de grimace.
Hé quoi! vous ne ferez nulle distinction
Entre l'hypocrisie et la dévotion?
Vous les voulez traiter d'un semblable langage,
Et rendre même honneur au masque qu'au visage;
Égaler l'artifice à la sincérité,
Confondre l'apparence avec la vérité,
Estimer le fantôme autant que la personne,
Et la fausse monnaie à l'égal de la bonne?
Les hommes, la plupart, sont étrangement faits;
Dans la juste nature on ne les voit jamais :
La raison a pour eux des bornes trop petites;
En chaque caractère ils passent ses limites;
Et la plus noble chose, ils la gâtent souvent
Pour la vouloir outrer et pousser trop avant.
Que cela vous soit dit en passant, mon beau-frère.

ORGON.

Oui, vous êtes, sans doute, un docteur qu'on révère;
Tout le savoir du monde est chez vous retiré;
Vous êtes le seul sage et le seul éclairé,
Un oracle, un Caton, dans le siècle où nous sommes;
Et près de vous ce sont des sots que tous les hommes.

CLÉANTE.

Je ne suis point, mon frère, un docteur révéré,
Et le savoir, chez moi, n'est pas tout retiré.
Mais, en un mot, je sais, pour toute ma science,
Du faux avec le vrai faire la différence.
Et comme je ne vois nul genre de héros

Qui soient plus à priser que les parfaits dévots ;
Aucune chose au monde et plus noble et plus belle,
Que la sainte ferveur d'un véritable zèle ;
Aussi ne vois-je rien qui soit plus odieux
Que le dehors plâtré d'un zèle spécieux,
Que ces francs charlatans, que ces dévots de place,
De qui la sacrilége et trompeuse grimace
Abuse impunément, et se joue, à leur gré,
De ce qu'ont les mortels de plus saint et sacré ;
Ces gens qui, par une âme à l'intérêt soumise,
Font de dévotion métier et marchandise,
Et veulent acheter crédit et dignités
A prix de faux clins d'yeux et d'élans affectés ;
Ces gens, dis-je, qu'on voit d'une ardeur non commune,
Par le chemin du ciel courir à leur fortune ;
Qui, brûlants et priants, demandent chaque jour,
Et prêchent la retraite au milieu de la cour ;
Qui savent ajuster leur zèle avec leurs vices,
Sont prompts, vindicatifs, sans foi, pleins d'artifices,
Et, pour perdre quelqu'un, couvrent insolemment
De l'intérêt du ciel leur fier ressentiment ;
D'autant plus dangereux dans leur âpre colère,
Qu'ils prennent contre nous des armes qu'on révère,
Et que leur passion, dont on leur sait bon gré,
Veut nous assassiner avec un fer sacré.
De ce faux caractère on en voit trop paraître.
Mais les dévots de cœur sont aisés à connaître.
Notre siècle, mon frère, en expose à nos yeux
Qui peuvent nous servir d'exemples glorieux.
Regardez Ariston, regardez Périandre,
Oronte, Alcidamas, Polydore, Clitandre ;
Ce titre par aucun ne leur est débattu ;
Ce ne sont point du tout fanfarons de vertu ;
On ne voit point en eux ce faste insupportable,
Et leur dévotion est humaine, est traitable :

Ils ne censurent point toutes nos actions,
Ils trouvent trop d'orgueil dans ces corrections;
Et, laissant la fierté des paroles aux autres,
C'est par leurs actions qu'ils reprennent les nôtres.
L'apparence du mal a chez eux peu d'appui,
Et leur âme est portée à juger bien d'autrui.
Point de cabale en eux, point d'intrigues à suivre;
On les voit, pour tous soins, se mêler de bien vivre.
Jamais contre un pécheur ils n'ont d'acharnement,
Ils attachent leur haine au péché seulement,
Et ne veulent point prendre, avec un zèle extrême,
Les intérêts du ciel plus qu'il ne veut lui-même.
Voilà mes gens, voilà comme il en faut user,
Voilà l'exemple enfin qu'il se faut proposer.
Votre homme, à dire vrai, n'est pas de ce modèle :
C'est de fort bonne foi que vous vantez son zèle;
Mais par un faux éclat je vous crois ébloui.

ORGON.

Monsieur mon cher beau-frère, avez-vous tout dit?

CLÉANTE.

Oui.

ORGON.

Je suis votre valet.

(Il veut s'en aller.)

CLÉANTE.

De grâce, un mot, mon frère.
Laissons-là ce discours. Vous savez que Valère,
Pour être votre gendre, a parole de vous?

ORGON.

Oui.

CLÉANTE.

Vous aviez pris jour pour un lien si doux.

ORGON.

Il est vrai.

CLÉANTE.

Pourquoi donc en différer la fête?

ORGON.

Je ne sais.

CLÉANTE.

Auriez-vous autre pensée en tête?

ORGON.

Peut-être.

CLÉANTE.

Vous voulez manquer à votre foi?

ORGON.

Je ne dis pas cela.

CLÉANTE.

Nul obstacle, je croi,
Ne peut vous empêcher d'accomplir vos promesses.

ORGON.

Selon.

CLÉANTE.

Pour dire un mot faut-il tant de finesses?
Valère, sur ce point, me fait vous visiter.

ORGON.

Le ciel en soit loué!

CLÉANTE.

Mais que lui reporter?

ORGON.

Tout ce qu'il vous plaira.

CLÉANTE.

Mais il est nécessaire
De savoir vos desseins. Quels sont-ils donc?

ORGON.

De faire
Ce que le ciel voudra.

CLÉANTE.

Mais parlons tout de bon.

Valère a votre foi; la tiendrez-vous, ou non?
ORGON.
Adieu.

CLÉANTE, seul.
Pour son amour je crains une disgrâce,
Et je dois l'avertir de tout ce qui se passe.

FIN DU PREMIER ACTE.

ACTE DEUXIÈME.

SCÈNE I.

ORGON, MARIANE.

ORGON.

Mariane !

MARIANE.

Mon père ?

ORGON.

Approchez ; j'ai de quoi
Vous parler en secret.

(Il regarde dans un petit cabinet.)

MARIANE.

Que cherchez-vous ?

ORGON.

Je voi
Si quelqu'un n'est point là qui pourrait nous entendre,
Car ce petit endroit est propre pour surprendre.
Or sus, nous voilà bien. J'ai, Mariane, en vous
Reconnu, de tout temps, un esprit assez doux,
Et de tout temps aussi vous m'avez été chère.

MARIANE.

Je suis fort redevable à cet amour de père.

ORGON.

C'est fort bien dit, ma fille; et, pour le mériter,
Vous devez n'avoir soin que de me contenter.

MARIANE.

C'est où je mets aussi ma gloire la plus haute.

ORGON.

Fort bien. Que dites-vous de Tartuffe notre hôte?

MARIANE.

Qui, moi?

ORGON.

Vous. Voyez bien comme vous répondrez.

MARIANE.

Hélas! j'en dirai, moi, tout ce que vous voudrez.

SCÈNE II.

ORGON, MARIANE, DORINE, entrant doucement et se tenant derrière Orgon, sans être vue.

ORGON.

C'est parler sagement... Dites-moi donc, ma fille,
Qu'en toute sa personne un haut mérite brille,
Qu'il touche votre cœur, et qu'il vous serait doux
De le voir, par mon choix, devenir votre époux.
Eh?

(Mariane se recule avec surprise.)

MARIANE.

Eh?

ORGON.

Qu'est-ce?

MARIANE.

Plaît-il?

ORGON.

Quoi?

MARIANE.

　　　　　　　　　Me suis-je méprise?

ORGON.

Comment?

MARIANE.

　　Qui voulez-vous, mon père, que je dise
Qui me touche le cœur, et qu'il me serait doux
De voir, par votre choix, devenir mon époux?

ORGON.

Tartuffe.

MARIANE.

　　Il n'en est rien, mon père, je vous jure.
Pourquoi me faire dire une telle imposture?

ORGON.

Mais je veux que cela soit une vérité;
Et c'est assez pour vous que je l'aie arrêté.

MARIANE.

Quoi! vous voulez, mon père...?

ORGON.

　　　　　　　　　　Oui, je prétends, ma fille,
Unir, par votre hymen, Tartuffe à ma famille.
Il sera votre époux, j'ai résolu cela;

(Apercevant Dorine.)

Et comme sur vos vœux je... Que faites-vous là?
La curiosité qui vous presse est bien forte,
Ma mie, à nous venir écouter de la sorte.

DORINE.

Vraiment, je ne sais pas si c'est un bruit qui part
De quelque conjecture, ou d'un coup de hasard;
Mais de ce mariage on m'a dit la nouvelle,
Et j'ai traité cela de pure bagatelle.

ORGON.

Quoi donc! la chose est-elle incroyable?

DORINE.

　　　　　　　　　　　　A tel point,

Que vous-même, monsieur, je ne vous en crois point.
ORGON.
Je sais bien le moyen de vous le faire croire.
DORINE.
Oui! oui! vous nous contez une plaisante histoire!
ORGON.
Je conte justement ce qu'on verra dans peu.
DORINE.
Chansons!
ORGON.
Ce que je dis, ma fille, n'est point jeu.
DORINE.
Allez, ne croyez point à monsieur votre père;
Il raille.
ORGON.
Je vous dis...
DORINE.
Non, vous avez beau faire,
On ne vous croira point.
ORGON.
A la fin, mon courroux...
DORINE.
Hé bien! on vous croit donc; et c'est tant pis pour vous.
Quoi! se peut-il, monsieur, qu'avec l'air d'homme sage,
Et cette large barbe au milieu du visage,
Vous soyez assez fou pour vouloir...?
ORGON.
Écoutez :
Vous avez pris céans certaines privautés
Qui ne me plaisent point; je vous le dis, ma mie.
DORINE.
Parlons sans nous fâcher, monsieur, je vous supplie.
Vous moquez-vous des gens d'avoir fait ce complot?
Votre fille n'est point l'affaire d'un bigot :
Il a d'autres emplois auxquels il faut qu'il pense.

Et puis, que vous apporte une telle alliance?
A quel sujet aller, avec tout votre bien,
Choisir un gendre gueux...?

ORGON.

Taisez-vous. S'il n'a rien,
Sachez que c'est par là qu'il faut qu'on le révère.
Sa misère est sans doute une honnête misère;
Au-dessus des grandeurs elle doit l'élever,
Puisque enfin de son bien il s'est laissé priver
Par son trop peu de soin des choses temporelles,
Et sa puissante attache aux choses éternelles.
Mais mon secours pourra lui donner les moyens
De sortir d'embarras, et rentrer dans ses biens :
Ce sont fiefs qu'à bon titre au pays on renomme;
Et, tel que l'on le voit, il est bien gentilhomme.

DORINE.

Oui, c'est lui qui le dit; et cette vanité,
Monsieur, ne sied pas bien avec la piété.
Qui d'une sainte vie embrasse l'innocence
Ne doit point tant prôner son nom et sa naissance;
Et l'humble procédé de la dévotion
Souffre mal les éclats de cette ambition.
A quoi bon cet orgueil?... Mais ce discours vous blesse :
Parlons de sa personne, et laissons sa noblesse.
Ferez-vous possesseur, sans quelque peu d'ennui,
D'une fille comme elle un homme comme lui ?
Et ne devez-vous pas songer aux bienséances,
Et de cette union prévoir les conséquences?
Sachez que d'une fille on risque la vertu,
Lorsque dans son hymen son goût est combattu;
Que le dessein d'y vivre en honnête personne
Dépend des qualités du mari qu'on lui donne,
Et que ceux dont partout on montre au doigt le front,
Font leurs femmes souvent ce qu'on voit qu'elles sont.
Il est bien difficile enfin d'être fidèle

A de certains maris faits d'un certain modèle ;
Et qui donne à sa fille un homme qu'elle hait,
Est responsable au ciel des fautes qu'elle fait.
Songez à quels périls votre dessein vous livre.

ORGON.

Je vous dis qu'il me faut apprendre d'elle à vivre !

DORINE.

Vous n'en feriez que mieux de suivre mes leçons.

ORGON.

Ne nous amusons point, ma fille, à ces chansons ;
Je sais ce qu'il vous faut, et je suis votre père.
J'avais donné pour vous ma parole à Valère :
Mais, outre qu'à jouer on dit qu'il est enclin,
Je le soupçonne encor d'être un peu libertin ;
Je ne remarque point qu'il hante les églises.

DORINE.

Voulez-vous qu'il y coure à vos heures précises,
Comme ceux qui n'y vont que pour être aperçus ?

ORGON.

Je ne demande pas votre avis là-dessus.
Enfin, avec le ciel l'autre est le mieux du monde,
Et c'est une richesse à nulle autre seconde.
Cet hymen de tous biens comblera vos désirs ;
Il sera tout confit en douceurs et plaisirs.
Ensemble vous vivrez, dans vos ardeurs fidèles,
Comme deux vrais enfants, comme deux tourterelles :
A nul fâcheux débat jamais vous n'en viendrez,
Et vous ferez de lui tout ce que vous voudrez.

DORINE.

Elle ? Elle n'en fera qu'un sot, je vous assure.

ORGON.

Ouais ! quels discours !

DORINE.

Je dis qu'il en a l'encolure,

Et que son ascendant, monsieur, l'emportera
Sur toute la vertu que votre fille aura.

ORGON.

Cessez de m'interrompre, et songez à vous taire,
Sans mettre votre nez où vous n'avez que faire.

DORINE. Elle l'interrompt toujours au moment où il se retourne pour parler à sa fille.

Je n'en parle, monsieur, que pour votre intérêt.

ORGON.

C'est prendre trop de soin ; taisez-vous, s'il vous plaît.

DORINE.

Si l'on ne vous aimait...

ORGON.

Je ne veux pas qu'on m'aime.

DORINE.

Et je veux vous aimer, monsieur, malgré vous-même.

ORGON.

Ah!

DORINE.

Votre honneur m'est cher, et je ne puis souffrir
Qu'aux brocards d'un chacun vous alliez vous offrir.

ORGON.

Vous ne vous tairez point?

DORINE.

C'est une conscience,
Que de vous laisser faire une telle alliance.

ORGON.

Te tairas-tu, serpent, dont les traits effrontés...?

DORINE.

Ah! vous êtes dévot, et vous vous emportez?

ORGON.

Oui, ma bile s'échauffe à toutes ces fadaises,
Et tout résolûment je veux que tu te taises.

DORINE.

Soit. Mais, ne disant mot, je n'en pense pas moins.

ORGON.

Pense, si tu le veux; mais applique tes soins
(Se retournant vers sa fille.)
A ne m'en point parler, ou... Suffit... Comme sage,
J'ai pesé mûrement toutes choses.

DORINE.

J'enrage
De ne pouvoir parler.
(Elle se tait lorsqu'il tourne la tête.

ORGON.

Sans être damoiseau,
Tartuffe est fait de sorte...

DORINE.

Oui, c'est un beau museau!

ORGON.

Que, quand tu n'aurais même aucune sympathie
Pour tous les autres dons...

DORINE.

La voilà bien lotie!
(Orgon se tourne devant elle et la regarde en face.)
Si j'étais en sa place, un homme assurément
Ne m'épouserait pas de force impunément;
Et je lui ferais voir, bientôt après la fête,
Qu'une femme a toujours une vengeance prête.

ORGON, à Dorine.

Donc de ce que je dis on ne fera nul cas?

DORINE.

De quoi vous plaignez-vous? Je ne vous parle pas.

ORGON.

Qu'est-ce que tu fais donc?

DORINE.

Je me parle à moi-même.

ORGON.
A part.)
Fort bien. Pour châtier son insolence extrême,
Il faut que je lui donne un revers de ma main.
(Il se met en posture de lui donner un soufflet, et, à chaque mot qu'il dit à sa fille, il tourne pour regarder Dorine, qui se tient droite sans parler.)
Ma fille, vous devez approuver mon dessein...
Croire que le mari... que j'ai su vous élire...
(A Dorine.)
Que ne te parles-tu?

DORINE.
Je n'ai rien à me dire.

ORGON.
Encore un petit mot.

DORINE.
Il ne me plaît pas, moi.

ORGON.
Certes, je t'y guettais.

DORINE.
Quelque sotte, ma foi!

ORGON.
Enfin, ma fille, il faut payer d'obéissance,
Et montrer pour mon choix entière déférence.

DORINE, *en s'enfuyant.*
Je me moquerais fort de prendre un tel époux.

ORGON. *Il veut lui donner un soufflet et la manque.*
Vous avez là, ma fille, une peste avec vous,
Avec qui, sans péché, je ne saurais plus vivre.
Je me sens hors d'état maintenant de poursuivre;
Ses discours insolents m'ont mis l'esprit en feu,
Et je vais prendre l'air pour me rasseoir un peu.

SCÈNE III.

MARIANE, DORINE.

DORINE.

Avez-vous donc perdu, dites-moi, la parole,
Et faut-il qu'en ceci je fasse votre rôle?
Souffrir qu'on vous propose un projet insensé,
Sans que du moindre mot vous l'ayez repoussé!
MARIANE.
Contre un père absolu que veux-tu que je fasse?
DORINE.
Ce qu'il faut pour parer une telle menace.
MARIANE.
Quoi?
DORINE.
Lui dire qu'un cœur n'aime point par autrui;
Que vous vous mariez pour vous, non pas pour lui;
Qu'étant celle pour qui se fait toute l'affaire,
C'est à vous, non à lui, que le mari doit plaire;
Et que, si son Tartuffe est pour lui si charmant,
Il le peut épouser sans nul empêchement.
MARIANE.
Un père, je l'avoue, a sur nous tant d'empire,
Que je n'ai jamais eu la force de rien dire.
DORINE.
Mais raisonnons. Valère a fait pour vous des pas :
L'aimez-vous, je vous prie, ou ne l'aimez-vous pas?
MARIANE.
Ah! qu'envers mon amour ton injustice est grande,
Dorine! Me dois-tu faire cette demande?
T'ai-je pas là-dessus ouvert cent fois mon cœur?

Et sais-tu pas pour lui jusqu'où va mon ardeur?
DORINE.
Que sais-je si le cœur a parlé par la bouche,
Et si c'est tout de bon que cet amant vous touche?
MARIANE.
Tu me fais un grand tort, Dorine, d'en douter;
Et mes vrais sentiments ont su trop éclater.
DORINE.
Enfin, vous l'aimez-donc?
MARIANE.
Oui, d'une ardeur extrême.
DORINE.
Et, selon l'apparence, il vous aime de même?
MARIANE.
Je le crois.
DORINE.
Et tous deux brûlez également
De vous voir mariés ensemble?
MARIANE.
Assurément.
DORINE.
Sur cette autre union quelle est donc votre attente?
MARIANE.
De me donner la mort, si l'on me violente.
DORINE.
Fort bien. C'est un recours où je ne songeais pas;
Vous n'avez qu'à mourir pour sortir d'embarras.
Le remède, sans doute, est merveilleux. J'enrage,
Lorsque j'entends tenir ces sortes de langage.
MARIANE.
Mon Dieu! de quelle humeur, Dorine, tu te rends!
Tu ne compatis point au déplaisir des gens.
DORINE.
Je ne compatis point à qui dit des sornettes,
Et dans l'occasion mollit comme vous faites.

MARIANE.

Mais que veux-tu? si j'ai de la timidité...

DORINE.

Mais l'amour dans un cœur veut de la fermeté.

MARIANE.

Mais n'en gardé-je pas pour les feux de Valère?
Et n'est-ce pas à lui de m'obtenir d'un père?

DORINE.

Mais quoi! si votre père est un bourru fieffé,
Qui s'est de son Tartuffe entièrement coiffé,
Et manque à l'union qu'il avait arrêtée,
La faute à votre amant doit-elle être imputée?

MARIANE.

Mais, par un haut refus et d'éclatants mépris,
Ferai-je, dans mon choix, voir un cœur trop épris?
Sortirai-je pour lui, quelque éclat dont il brille,
De la pudeur du sexe et du devoir de fille?
Et veux-tu que mes feux par le monde étalés?...

DORINE.

Non, non, je ne veux rien. Je vois que vous voulez
Être à monsieur Tartuffe; et j'aurais, quand j'y pense,
Tort de vous détourner d'une telle alliance.
Quelle raison aurais-je à combattre vos vœux?
Le parti, de soi-même, est fort avantageux.
Monsieur Tartuffe! oh! oh! n'est-ce rien qu'on propose?
Certes, monsieur Tartuffe, à bien prendre la chose,
N'est pas un homme, non, qui se mouche du pied;
Et ce n'est pas peu d'heur que d'être sa moitié.
Tout le monde déjà de gloire le couronne;
Il est noble chez lui, bien fait de sa personne;
Il a l'oreille rouge et le teint bien fleuri :
Vous vivrez trop contente avec un tel mari.

MARIANE.

Mon Dieu!...

####### DORINE.

Quelle allégresse aurez-vous dans votre âme,
Quand d'un époux si beau vous vous verrez la femme !

####### MARIANE.

Ah ! cesse, je te prie, un semblable discours,
Et contre cet hymen ouvre-moi du secours.
C'en est fait, je me rends, et suis prête à tout faire.

####### DORINE.

Non, il faut qu'une fille obéisse à son père,
Voulût-il lui donner un singe pour époux.
Votre sort est fort beau : de quoi vous plaignez-vous ?
Vous irez par le coche en sa petite ville,
Qu'en oncles et cousins vous trouverez fertile,
Et vous vous plairez fort à les entretenir.
D'abord chez le beau monde on vous fera venir.
Vous irez visiter, pour votre bienvenue,
Madame la baillive et madame l'élue,
Qui d'un siége pliant vous feront honorer.
Là, dans le carnaval, vous pourrez espérer
Le bal et la grand'bande[1], à savoir deux musettes,
Et parfois Fagotin[2], et les marionnettes[3];
Si pourtant votre époux...

####### MARIANE.

Ah ! tu me fais mourir !
De tes conseils, plutôt, songe à me secourir.

####### DORINE.

Je suis votre servante.

####### MARIANE.

Hé ! Dorine, de grâce...

---

[1] C'est-à-dire la grande troupe de musiciens. Une réunion, un orchestre de musiciens était nommé alors une bande.

[2] *Fagotin* est le nom d'un singe fameux à cette époque.

[3] Les *marionnettes* étaient un spectacle alors nouveau en France.

DORINE.

Il faut, pour vous punir, que cette affaire passe.

MARIANE.

Ma pauvre fille !

DORINE.

Non.

MARIANE.

Si mes vœux déclarés...

DORINE.

Point. Tartuffe est votre homme, et vous en tâterez.

MARIANE.

Tu sais qu'à toi toujours je me suis confiée :
Fais-moi...

DORINE.

Non, vous serez, ma foi, tartuffiée.

MARIANE.

Hé bien ! puisque mon sort ne saurait t'émouvoir,
Laisse-moi désormais toute à mon désespoir :
C'est de lui que mon cœur empruntera de l'aide ;
Et je sais de mes maux l'infaillible remède.

(Elle veut s'en aller.)

DORINE.

Hé ! là, là, revenez. Je quitte mon courroux.
Il faut, nonobstant tout, avoir pitié de vous.

MARIANE.

Vois-tu, si l'on m'expose à ce cruel martyre,
Je te le dis, Dorine, il faudra que j'expire.

DORINE.

Ne vous tourmentez point. On peut adroitement
Empêcher... Mais voici Valère, votre amant.

SCÈNE IV.

VALÈRE, MARIANE, DORINE.

VALÈRE.

On vient de débiter, madame, une nouvelle
Que je ne savais pas, et qui sans doute est belle.

MARIANE.

Quoi?

VALÈRE.

Que vous épousez Tartuffe.

MARIANE.

Il est certain
Que mon père s'est mis en tête ce dessein.

VALÈRE.

Votre père, madame...

MARIANE.

A changé de visée :
La chose vient par lui de m'être proposée.

VALÈRE.

Quoi! sérieusement?

MARIANE.

Oui, sérieusement.
Il s'est, pour cet hymen, déclaré hautement.

VALÈRE.

Et quel est le dessein où votre âme s'arrête,
Madame?

MARIANE.

Je ne sais.

VALÈRE.

La réponse est honnête.

Vous ne savez?
MARIANE.
Non.
VALÈRE.
Non?
MARIANE.
Que me conseillez-vous?
VALÈRE.
Je vous conseille, moi, de prendre cet époux.
MARIANE.
Vous me le conseillez?
VALÈRE.
Oui.
MARIANE.
Tout de bon?
VALÈRE.
Sans doute.
Le choix est glorieux, et vaut bien qu'on l'écoute.
MARIANE.
Hé bien! c'est un conseil, monsieur, que je reçois.
VALÈRE.
Vous n'aurez pas grand'peine à le suivre, je crois.
MARIANE.
Pas plus qu'à le donner n'en a souffert votre âme.
VALÈRE.
Moi, je vous l'ai donné pour vous plaire, madame.
MARIANE.
Et moi, je le suivrai pour vous faire plaisir.

DORINE, se retirant dans le fond du théâtre.

Voyons ce qui pourra de ceci réussir [1].
VALÈRE.
C'est donc ainsi qu'on aime? et c'était tromperie
Quand vous...
MARIANE.
Ne parlons point de cela, je vous prie.

---

[1] *Réussir* dans le sens de *résulter*.

Vous m'avez dit tout franc que je dois accepter
Celui que pour époux on me veut présenter,
Et je déclare, moi, que je prétends le faire,
Puisque vous m'en donnez le conseil salutaire.

VALÈRE.

Ne vous excusez point sur mes intentions.
Vous aviez pris déjà vos résolutions;
Et vous vous saisissez d'un prétexte frivole;
Pour vous autoriser à manquer de parole.

MARIANE.

Il est vrai, c'est bien dit.

VALÈRE.

Sans doute, et votre cœur
N'a jamais eu pour moi de véritable ardeur.

MARIANE.

Hélas! permis à vous d'avoir cette pensée.

VALÈRE.

Oui, oui, permis à moi : mais mon âme offensée
Vous préviendra peut-être en un pareil dessein;
Et je sais où porter et mes vœux et ma main.

MARIANE.

Ah! je n'en doute point; et les ardeurs qu'excite
Le mérite...

VALÈRE.

Mon Dieu ! laissons là le mérite.
J'en ai fort peu sans doute, et vous en faites foi.
Mais j'espère aux bontés qu'une autre aura pour moi;
Et j'en sais de qui l'âme, à ma retraite ouverte,
Consentira sans honte à réparer ma perte.

MARIANE.

La perte n'est pas grande ; et de ce changement
Vous vous consolerez assez facilement.

VALÈRE.

J'y ferai mon possible, et vous le pouvez croire.
Un cœur qui nous oublie engage notre gloire;

Il faut à l'oublier mettre aussi tous nos soins :
Si l'on n'en vient à bout, on le doit feindre au moins.
Et cette lâcheté jamais ne se pardonne,
De montrer de l'amour pour qui nous abandonne.

MARIANE.

Ce sentiment sans doute est noble et relevé.

VALÈRE.

Fort bien; et d'un chacun il doit être approuvé.
Hé quoi ! vous voudriez qu'à jamais dans mon âme
Je gardasse pour vous les ardeurs de ma flamme,
Et vous visse, à mes yeux, passer en d'autres bras,
Sans mettre ailleurs un cœur dont vous ne voulez pas?

MARIANE.

Au contraire; pour moi, c'est ce que je souhaite;
Et je voudrais déjà que la chose fût faite.

VALÈRE.

Vous le voudriez?

MARIANE.

Oui.

VALÈRE.

C'est assez m'insulter,
Madame ; et, de ce pas, je vais vous contenter.

(Il fait un pas pour s'en aller.)

MARIANE.

Fort bien.

VALÈRE, revenant.

Souvenez-vous au moins que c'est vous-même
Qui contraignez mon cœur à cet effort extrême.

MARIANE.

Oui.

VALÈRE, revenant encore.

Et que le dessein que mon âme conçoit
N'est rien qu'à votre exemple.

MARIANE.

A mon exemple, soit.

VALÈRE, en sortant.

Suffit : vous allez être à point nommé servie.

MARIANE.

Tant mieux.

VALÈRE, revenant encore.

Vous me voyez, c'est pour toute ma vie.

MARIANE.

A la bonne heure.

VALÈRE s'en va, et, lorsqu'il est vers la porte, il se retourne.

Euh?

MARIANE.

Quoi?

VALÈRE.

Ne m'appelez-vous pas?

MARIANE.

Moi! vous rêvez.

VALÈRE.

Hé bien! je poursuis donc mes pas. Adieu, madame.

(Il s'en va lentement.)

MARIANE.

Adieu, monsieur.

DORINE, à Mariane.

Pour moi, je pense
Que vous perdez l'esprit par cette extravagance :
Et je vous ai laissés tout du long quereller,
Pour voir où tout cela pourrait enfin aller.
Holà! seigneur Valère.

(Elle arrête Valère par le bras.)

VALÈRE, feignant de résister.

Hé! que veux-tu, Dorine?

DORINE.

Venez ici.

VALÈRE.

Non, non, le dépit me domine.

Ne me détourne point de ce qu'elle a voulu.
DORINE.
Arrêtez.
VALÈRE.
Non, vois-tu, c'est un point résolu.
DORINE.
Ah!
MARIANE, à part.
Il souffre à me voir, ma présence le chasse;
Et je ferai bien mieux de lui quitter la place.
DORINE, quittant Valère, et courant après Mariane.
A l'autre! Où courez-vous?
MARIANE.
Laisse.
DORINE.
Il faut revenir.
MARIANE.
Non, non, Dorine; en vain tu veux me retenir.
VALÈRE, à part.
Je vois bien que ma vue est pour elle un supplice;
Et, sans doute, il vaut mieux que je l'en affranchisse.
DORINE, quittant Mariane, et courant après Valère.
Encor! Diantre soit fait de vous! Si je le veux.
Cessez ce badinage; et venez çà tous deux.
(Elle les tire l'un et l'autre.)
VALÈRE, à Dorine.
Mais quel est ton dessein?
MARIANE, à Dorine.
Qu'est-ce que tu veux faire?
DORINE.
Vous bien remettre ensemble, et vous tirer d'affaire.
(A Valère.)
Êtes-vous fou d'avoir un pareil démêlé?
VALÈRE.
N'as-tu pas entendu comme elle m'a parlé?

DORINE, à Mariane.

Êtes-vous folle, vous, de vous être emportée?

MARIANE.

N'as-tu pas vu la chose, et comme il m'a traitée?

DORINE.
(A Valère.)

Sottise des deux parts. Elle n'a d'autre soin
Que de se conserver à vous, j'en suis témoin.
(A Mariane.)
Il n'aime que vous seule, et n'a point d'autre envie
Que d'être votre époux; j'en réponds sur ma vie.

MARIANE, à Valère.

Pourquoi donc me donner un semblable conseil?

VALÈRE, à Mariane.

Pourquoi m'en demander sur un sujet pareil?

DORINE.

Vous êtes fous tous deux. Çà, la main l'un et l'autre.
(A Valère.)
Allons, vous.

VALÈRE, en donnant sa main à Dorine.

A quoi bon ma main?

DORINE, à Mariane.

Ah çà! la vôtre.

MARIANE, en donnant aussi sa main.

De quoi sert tout cela?

DORINE.

Mon Dieu! vite, avancez.
Vous vous aimez tous deux plus que vous ne pensez.
(Valère et Mariane se tiennent quelque temps par la main sans se regarder.)

VALÈRE, se tournant vers Mariane.

Mais ne faites donc point les choses avec peine;
Et regardez un peu les gens sans nulle haine.
(Mariane se tourne du côté de Valère en lui souriant.)

DORINE.

A vous dire le vrai, les amants sont bien fous!

VALÈRE, à Mariane.

Oh çà! n'ai-je pas lieu de me plaindre de vous?
Et, pour n'en point mentir, n'êtes-vous point méchante
De vous plaire à me dire une chose affligeante?

MARIANE.

Mais vous, n'êtes-vous pas l'homme le plus ingrat...?

DORINE.

Pour une autre saison laissons tout ce débat,
Et songeons à parer ce fâcheux mariage.

MARIANE.

Dis-nous donc quels ressorts il faut mettre en usage.

DORINE.

Nous en ferons agir de toutes les façons.
(A Mariane.) (A Valère.)
Votre père se moque ; et ce sont des chansons.
(A Mariane.)
Mais, pour vous, il vaut mieux qu'à son extravagance
D'un doux consentement vous prêtiez l'apparence,
Afin qu'en cas d'alarme il vous soit plus aisé
De tirer en longueur cet hymen proposé.
En attrapant du temps, à tout on remédie.
Tantôt vous payerez de quelque maladie
Qui viendra tout à coup, et voudra des délais ;
Tantôt vous payerez de présages mauvais;
Vous aurez fait d'un mort la rencontre fâcheuse,
Cassé quelque miroir, ou songé d'eau bourbeuse :
Enfin, le bon de tout, c'est qu'à d'autres qu'à lui
On ne peut vous lier, que vous ne disiez oui.
Mais, pour mieux réussir, il est bon, ce me semble,
Qu'on ne vous trouve point tous deux parlant ensemble.
(A Valère.)
Sortez; et, sans tarder, employez vos amis
Pour vous faire tenir ce qu'on vous a promis.
Nous allons réveiller les efforts de son frère,

Et dans notre parti jeter la belle-mère.
Adieu.

VALÈRE, à Mariane.

Quelques efforts que nous préparions tous,
Ma plus grande espérance, à vrai dire, est en vous.

MARIANE, à Valère.

Je ne vous réponds pas des volontés d'un père;
Mais je ne serai point à d'autre qu'à Valère.

VALÈRE.

Que vous me comblez d'aise! et, quoi que puisse oser...

DORINE.

Ah! jamais les amants ne sont las de jaser.
Sortez, vous dis-je.

VALÈRE. Il fait un pas et revient.

Enfin...

DORINE.

Quel caquet est le vôtre!

(Dorine les poussant chacun par l'épaule les oblige à se séparer.)

Tirez de cette part; et vous, tirez de l'autre.

FIN DU DEUXIÈME ACTE.

ACTE TROISIÈME.

SCÈNE I.

DAMIS, DORINE.

DAMIS.
Que la foudre, sur l'heure, achève mes destins,
Qu'on me traite partout du plus grand des faquins,
S'il est aucun respect ni pouvoir qui m'arrête,
Et si je ne fais pas quelque coup de ma tête !
DORINE.
De grâce, modérez un tel emportement :
Votre père n'a fait qu'en parler simplement.
On n'exécute pas tout ce qui se propose ;
Et le chemin est long du projet à la chose.
DAMIS.
Il faut que de ce fat j'arrête les complots,
Et qu'à l'oreille un peu je lui dise deux mots.
DORINE.
Ah ! tout doux ! envers lui, comme envers votre père,
Laissez agir les soins de votre belle-mère.
Sur l'esprit de Tartuffe elle a quelque crédit,
Il se rend complaisant à tout ce qu'elle dit,
Et pourrait bien avoir douceur de cœur pour elle.
Plût à Dieu qu'il fût vrai ! la chose serait belle.

Enfin, votre intérêt l'oblige à le mander :
Sur l'hymen qui vous trouble elle veut le sonder,
Savoir ses sentiments, et lui faire connaître
Quels fâcheux démêlés il pourra faire naître,
S'il faut qu'à ce dessein il prête quelque espoir.
Son valet dit qu'il prie, et je n'ai pu le voir ;
Mais ce valet m'a dit qu'il s'en allait descendre.
Sortez donc, je vous prie, et me laissez l'attendre.

DAMIS.

Je puis être présent à tout cet entretien.

DORINE.

Point. Il faut qu'ils soient seuls.

DAMIS.

Je ne lui dirai rien.

DORINE.

Vous vous moquez : on sait vos transports ordinaires ;
Et c'est le vrai moyen de gâter les affaires.
Sortez.

DAMIS.

Non ; je veux voir, sans me mettre en courroux.

DORINE.

Que vous êtes fâcheux ! Il vient. Retirez-vous.

(Damis va se cacher dans un cabinet qui est au fond du théâtre.)

SCÈNE II.

TARTUFFE, DORINE.

TARTUFFE, parlant haut à son valet qui est dans la maison dès qu'il aperçoit Dorine.

Laurent, serrez ma haire avec ma discipline,
Et priez que toujours le ciel vous illumine.
Si l'on vient pour me voir, je vais aux prisonniers,
Des aumônes que j'ai partager les deniers.

ACTE III. SCÈNE II.

DORINE, à part.

Que d'affectation et de forfanterie !

TARTUFFE.

Que voulez-vous ?

DORINE.

Vous dire...

TARTUFFE, tirant un mouchoir de sa poche.

Ah ! mon Dieu ! je vous prie,
Avant que de parler, prenez-moi ce mouchoir.

DORINE.

Comment !

TARTUFFE.

Couvrez ce sein que je ne saurais voir.
Par de pareils objets les âmes sont blessées,
Et cela fait venir de coupables pensées.

DORINE.

Vous êtes donc bien tendre à la tentation,
Et la chair sur vos sens fait grande impression ?
Certes, je ne sais pas quelle chaleur vous monte :
Mais à convoiter, moi, je ne suis point si prompte,
Et je vous verrais nu du haut jusques en bas,
Que toute votre peau ne me tenterait pas.

TARTUFFE.

Mettez dans vos discours un peu de modestie,
Ou je vais sur-le-champ vous quitter la partie.

DORINE.

Non, non, c'est moi qui vais vous laisser en repos ;
Et je n'ai seulement qu'à vous dire deux mots.
Madame va venir dans cette salle basse,
Et d'un mot d'entretien vous demande la grâce.

TARTUFFE.

Hélas ! très-volontiers.

DORINE, à part.

Comme il se radoucit !
Ma foi, je suis toujours pour ce que j'en ai dit.

TARTUFFE.

Viendra-t-elle bientôt?

DORINE.

Je l'entends, ce me semble.
Oui, c'est elle en personne, et je vous laisse ensemble.

SCÈNE III.

ELMIRE, TARTUFFE.

TARTUFFE.

Que le ciel à jamais, par sa toute-bonté,
Et de l'âme et du corps vous donne la santé,
Et bénisse vos jours autant que le désire
Le plus humble de ceux que son amour inspire!

ELMIRE.

Je suis fort obligée à ce souhait pieux.
Mais prenons une chaise, afin d'être un peu mieux.

TARTUFFE, assis.

Comment, de votre mal, vous sentez-vous remise?

ELMIRE, assise.

Fort bien; et cette fièvre a bientôt quitté prise.

TARTUFFE.

Mes prières n'ont pas le mérite qu'il faut
Pour avoir attiré cette grâce d'en haut;
Mais je n'ai fait au ciel nulle dévote instance
Qui n'ait eu pour objet votre convalescence.

ELMIRE.

Votre zèle pour moi s'est trop inquiété.

TARTUFFE.

On ne peut trop chérir votre chère santé;
Et, pour la rétablir, j'aurais donné la mienne.

ELMIRE.

C'est pousser bien avant la charité chrétienne ;
Et je vous dois beaucoup pour toutes ces bontés.

TARTUFFE.

Je fais bien moins pour vous que vous ne méritez.

ELMIRE.

J'ai voulu vous parler en secret d'une affaire,
Et suis bien aise, ici, qu'aucun ne nous éclaire[1].

TARTUFFE.

J'en suis ravi de même ; et, sans doute, il m'est doux,
Madame, de me voir seul à seul avec vous.
C'est une occasion qu'au ciel j'ai demandée,
Sans que, jusqu'à cette heure, il me l'ait accordée.

ELMIRE.

Pour moi, ce que je veux, c'est un mot d'entretien,
Où tout votre cœur s'ouvre, et ne me cache rien.

(Damis, sans se montrer, entr'ouvre la porte du cabinet dans lequel il s'était retiré, pour entendre la conversation.)

TARTUFFE.

Et je ne veux aussi, pour grâce singulière,
Que montrer à vos yeux mon âme tout entière,
Et vous faire serment que les bruits que j'ai faits
Des visites qu'ici reçoivent vos attraits
Ne sont pas envers vous l'effet d'aucune haine,
Mais plutôt d'un transport de zèle qui m'entraîne,
Et d'un pur mouvement...

ELMIRE.

Je le prends bien aussi,
Et crois que mon salut vous donne ce souci.

TARTUFFE, prenant la main d'Elmire.

Oui, madame, sans doute ; et ma ferveur est telle...

ELMIRE.

Ouf ! vous me serrez trop.

---

[1] *Éclairer*, dans le sens d'*épier, surveiller.*

TARTUFFE.
C'est par excès de zèle,
De vous faire aucun mal je n'eus jamais dessein,
Et j'aurais bien plutôt...
(Il met la main sur le genou d'Elmire.)
ELMIRE.
Que fait là votre main?
TARTUFFE.
Je tâte votre habit : l'étoffe en est moelleuse.
ELMIRE.
Ah! de grâce, laissez, je suis fort chatouilleuse.
(Elle recule sa chaise et Tartuffe rapproche la sienne.)
TARTUFFE, maniant le fichu d'Elmire.
Mon Dieu! que de ce point l'ouvrage est merveilleux!
On travaille aujourd'hui d'un air miraculeux :
Jamais, en toute chose, on n'a vu si bien faire.
ELMIRE.
Il est vrai. Mais parlons un peu de notre affaire.
On tient que mon mari veut dégager sa foi,
Et vous donner sa fille. Est-il vrai, dites-moi?
TARTUFFE.
Il m'en a dit deux mots : mais, madame, à vrai dire,
Ce n'est pas le bonheur après quoi je soupire;
Et je vois autre part les merveilleux attraits
De la félicité qui fait tous mes souhaits.
ELMIRE.
C'est que vous n'aimez rien des choses de la terre.
TARTUFFE.
Mon sein n'enferme pas un cœur qui soit de pierre.
ELMIRE.
Pour moi, je crois qu'au ciel tendent tous vos soupirs,
Et que rien ici-bas n'arrête vos désirs.
TARTUFFE.
L'amour qui nous attache aux beautés éternelles
N'étouffe pas en nous l'amour des temporelles :

Nos sens facilement peuvent être charmés
Des ouvrages parfaits que le ciel a formés.
Ses attraits réfléchis brillent dans vos pareilles ;
Mais il étale en vous ses plus rares merveilles :
Il a sur votre face épanché des beautés
Dont les yeux sont surpris, et les cœurs transportés ;
Et je n'ai pu vous voir, parfaite créature,
Sans admirer en vous l'auteur de la nature,
Et d'une ardente amour sentir mon cœur atteint,
Au plus beau des portraits où lui-même il s'est peint.
D'abord j'appréhendai que cette ardeur secrète
Ne fût du noir esprit une surprise adroite ;
Et même à fuir vos yeux mon cœur se résolut,
Vous croyant un obstacle à faire mon salut.
Mais enfin je connus, ô beauté tout aimable !
Que cette passion peut n'être point coupable,
Que je puis l'ajuster avecque la pudeur,
Et c'est ce qui m'y fait abandonner mon cœur.
Ce m'est, je le confesse, une audace bien grande
Que d'oser de ce cœur vous adresser l'offrande ;
Mais j'attends, en mes vœux, tout de votre bonté,
Et rien des vains efforts de mon infirmité.
En vous est mon espoir, mon bien, ma quiétude ;
De vous dépend ma peine ou ma béatitude ;
Et je vais être enfin, par votre seul arrêt,
Heureux, si vous voulez ; malheureux, s'il vous plaît.

ELMIRE.

La déclaration est tout à fait galante ;
Mais elle est, à vrai dire, un peu bien surprenante.
Vous deviez, ce me semble, armer mieux votre sein,
Et raisonner un peu sur un pareil dessein.
Un dévot comme vous, et que partout on nomme...

TARTUFFE.

Ah ! pour être dévot, je n'en suis pas moins homme :
Et, lorsqu'on vient à voir vos célestes appas,

Un cœur se laisse prendre, et ne raisonne pas.
Je sais qu'un tel discours de moi paraît étrange :
Mais, madame, après tout, je ne suis pas un ange;
Et, si vous condamnez l'aveu que je vous fais,
Vous devez vous en prendre à vos charmants attraits.
Dès que j'en vis briller la splendeur plus qu'humaine,
De mon intérieur vous fûtes souveraine;
De vos regards divins l'ineffable douceur
Força la résistance où s'obstinait mon cœur;
Elle surmonta tout, jeûnes, prières, larmes,
Et tourna tous mes vœux du côté de vos charmes.
Mes yeux et mes soupirs vous l'ont dit mille fois;
Et, pour mieux m'expliquer, j'emploie ici la voix.
Que si vous contemplez, d'une âme un peu bénigne,
Les tribulations de votre esclave indigne;
S'il faut que vos bontés veuillent me consoler,
Et jusqu'à mon néant daignent se ravaler,
J'aurai toujours pour vous, ô suave merveille,
Une dévotion à nulle autre pareille.
Votre honneur avec moi ne court point de hasard,
Et n'a nulle disgrâce à craindre de ma part.
Tous ces galants de cour, dont les femmes sont folles,
Sont bruyants dans leurs faits et vains dans leurs paroles;
De leurs progrès sans cesse on les voit se targuer;
Ils n'ont point de faveurs qu'ils n'aillent divulguer;
Et leur langue indiscrète, en qui l'on se confie,
Déshonore l'autel où leur cœur sacrifie.
Mais les gens comme nous brûlent d'un feu discret,
Avec qui, pour toujours, on est sûr du secret.
Le soin que nous prenons de notre renommée
Répond de toute chose à la personne aimée;
Et c'est en nous qu'on trouve, acceptant notre cœur,
De l'amour sans scandale, et du plaisir sans peur.

ELMIRE.

Je vous écoute dire, et votre rhétorique

En termes assez forts à mon âme s'explique.
N'appréhendez-vous point que je ne sois d'humeur
A dire à mon mari cette galante ardeur,
Et que le prompt avis d'un amour de la sorte
Ne pût bien altérer l'amitié qu'il vous porte?

TARTUFFE.

Je sais que vous avez trop de bénignité,
Et que vous ferez grâce à ma témérité;
Que vous m'excuserez, sur l'humaine faiblesse,
Des violents transports d'un amour qui vous blesse,
Et considérerez, en regardant votre air,
Que l'on n'est pas aveugle, et qu'un homme est de chair.

ELMIRE.

D'autres prendraient cela d'autre façon peut-être;
Mais ma discrétion se veut faire paraître.
Je ne redirai point l'affaire à mon époux;
Mais je veux, en revanche, une chose de vous :
C'est de presser tout franc, et sans nulle chicane,
L'union de Valère avecque Mariane,
De renoncer vous-même à l'injuste pouvoir
Qui veut du bien d'un autre enrichir votre espoir;
Et...

SCÈNE IV.

ELMIRE, DAMIS, TARTUFFE.

DAMIS, sortant du cabinet où il s'était retiré.

Non, madame, non; ceci doit se répandre.
J'étais en cet endroit, d'où j'ai pu tout entendre;
Et la bonté du ciel m'y semble avoir conduit
Pour confondre l'orgueil d'un traître qui me nuit,
Pour m'ouvrir une voie à prendre la vengeance
De son hypocrisie et de son insolence,

A détromper mon père, et lui mettre en plein jour
L'âme d'un scélérat qui vous parle d'amour.
ELMIRE.
Non, Damis, il suffit qu'il se rende plus sage,
Et tâche à mériter la grâce où je m'engage.
Puisque je l'ai promis, ne m'en dédites pas.
Ce n'est point mon humeur de faire des éclats;
Une femme se rit de sottises pareilles,
Et jamais d'un mari n'en trouble les oreilles.
DAMIS.
Vous avez vos raisons pour en user ainsi;
Et, pour faire autrement, j'ai les miennes aussi.
Le vouloir épargner est une raillerie;
Et l'insolent orgueil de sa cagoterie
N'a triomphé que trop de mon juste courroux,
Et que trop excité de désordre chez nous.
Le fourbe, trop longtemps a gouverné mon père,
Et desservi mes feux avec ceux de Valère.
Il faut que du perfide il soit désabusé;
Et le ciel, pour cela, m'offre un moyen aisé.
De cette occasion je lui suis redevable,
Et, pour la négliger, elle est trop favorable :
Ce serait mériter qu'il me la vînt ravir,
Que de l'avoir en main et ne m'en point servir.
ELMIRE.
Damis.
DAMIS.
Non, s'il vous plaît, il faut que je me croie[1].
Mon âme est maintenant au comble de sa joie;
Et vos discours en vain prétendent m'obliger
A quitter le plaisir de me pouvoir venger.
Sans aller plus avant, je vais vider l'affaire;
Et voici justement de quoi me satisfaire.

---

[1] Il faut que j'aie confiance dans ma résolution.

SCÈNE V.

ORGON, ELMIRE, DAMIS, TARTUFFE.

DAMIS.

Nous allons régaler, mon père, votre abord
D'un incident tout frais qui vous surprendra fort.
Vous êtes bien payé de toutes vos caresses,
Et monsieur d'un beau prix reconnaît vos tendresses.
Son grand zèle pour vous vient de se déclarer :
Il ne va pas à moins qu'à vous déshonorer;
Et je l'ai surpris là qui faisait à madame
L'injurieux aveu d'une coupable flamme.
Elle est d'une humeur douce, et son cœur trop discret
Voulait à toute force en garder le secret;
Mais je ne puis flatter une telle impudence,
Et crois que vous la taire est vous faire une offense.

ELMIRE.

Oui, je tiens que jamais de tous ces vains propos
On ne doit d'un mari traverser le repos;
Que ce n'est point de là que l'honneur peut dépendre,
Et qu'il suffit, pour nous, de savoir nous défendre.
Ce sont mes sentiments; et vous n'auriez rien dit,
Damis, si j'avais eu sur vous quelque crédit.

SCÈNE VI.

ORGON, DAMIS, TARTUFFE.

ORGON.

Ce que je viens d'entendre, ô ciel! est-il croyable?
TARTUFFE.
Oui, mon frère, je suis un méchant, un coupable,
Un malheureux pécheur, tout plein d'iniquité,
Le plus grand scélérat qui jamais ait été.
Chaque instant de ma vie est chargé de souillures;
Elle n'est qu'un amas de crimes et d'ordures;
Et je vois que le ciel, pour ma punition,
Me veut mortifier en cette occasion.
De quelque grand forfait qu'on me puisse reprendre,
Je n'ai garde d'avoir l'orgueil de m'en défendre.
Croyez ce qu'on vous dit, armez votre courroux,
Et comme un criminel chassez-moi de chez vous;
Je ne saurais avoir tant de honte en partage,
Que je n'en aie encor mérité davantage.
ORGON, à son fils.
Ah! traître, oses-tu bien, par cette fausseté,
Vouloir de sa vertu ternir la pureté?
DAMIS.
Quoi! la feinte douceur de cette âme hypocrite
Vous fera démentir...
ORGON.
Tais-toi, peste maudite.
TARTUFFE.
Ah! laissez-le parler; vous l'accusez à tort,
Et vous ferez bien mieux de croire à son rapport.
Pourquoi, sur un tel fait, m'être si favorable?

Savez-vous, après tout, de quoi je suis capable?
Vous fiez-vous, mon frère, à mon extérieur?
Et, pour tout ce qu'on voit, me croyez-vous meilleur?
Non, non : vous vous laissez tromper à l'apparence,
Et je ne suis rien moins, hélas! que ce qu'on pense.
Tout le monde me prend pour un homme de bien;
Mais la vérité pure est que je ne vaux rien.
(S'adressant à Damis.)
Oui, mon cher fils, parlez, traitez-moi de perfide,
D'infâme, de perdu, de voleur, d'homicide;
Accablez-moi de noms encor plus détestés :
Je n'y contredis point, je les ai mérités;
Et j'en veux à genoux souffrir l'ignominie,
Comme une honte due aux crimes de ma vie.

ORGON.
(A Tartuffe.)   (A son fils.)
Mon frère, c'en est trop. Ton cœur ne se rend point,
Traître!

DAMIS.
Quoi! ses discours vous séduiront au point...

ORGON.
(Relevant Tartuffe.)
Tais-toi, pendard. Mon frère, hé! levez-vous de grâce!
(A son fils.)
Infâme!

DAMIS.
Il peut...

ORGON.
Tais-toi.

DAMIS.
J'enrage. Quoi! je passe...

ORGON.
Si tu dis un seul mot, je te romprai les bras.

TARTUFFE.
Mon frère, au nom de Dieu, ne vous emportez pas!
J'aimerais mieux souffrir la peine la plus dure,

Qu'il eût reçu pour moi la moindre égratignure.
ORGON, à son fils.

Ingrat!
TARTUFFE.

Laissez-le en paix. S'il faut, à deux genoux,
Vous demander sa grâce...
ORGON, se jetant aussi à deux genoux, et embrassant Tartuffe.

Hélas! vous moquez-vous?

(A son fils.)
Coquin! vois sa bonté!
DAMIS.

Donc...
ORGON.

Paix.
DAMIS.

Quoi! je...
ORGON.

Paix; dis-je :
Je sais bien quel motif à l'attaquer t'oblige.
Vous le haïssez tous, et je vois aujourd'hui
Femme, enfants et valets, déchaînés contre lui.
On met impudemment toute chose en usage
Pour ôter de chez moi ce dévot personnage :
Mais plus on fait d'efforts afin de l'en bannir,
Plus j'en veux employer à l'y mieux retenir;
Et je vais me hâter de lui donner ma fille,
Pour confondre l'orgueil de toute ma famille.
DAMIS.

A recevoir sa main on pense l'obliger?
ORGON.

Oui, traître, et dès ce soir, pour vous faire enrager.
Ah! je vous brave tous, et vous ferai connaître
Qu'il faut qu'on m'obéisse, et que je suis le maître.
Allons, qu'on se rétracte; et qu'à l'instant, fripon,
On se jette à ses pieds pour demander pardon.

DAMIS.

Qui, moi? de ce coquin, qui, par ses impostures...

ORGON.

Ah! tu résistes, gueux, et lui dis des injures?
(A Tartuffe.)
Un bâton! un bâton! Ne me retenez pas.
(A son fils.)
Sus; que de ma maison on sorte de ce pas,
Et que d'y revenir on n'ait jamais l'audace.

DAMIS.

Oui, je sortirai; mais...

ORGON.

Vite, quittons la place.
Je te prive, pendard, de ma succession,
Et te donne, de plus, ma malédiction.

SCÈNE VII.

ORGON, TARTUFFE.

ORGON.

Offenser de la sorte une sainte personne!

TARTUFFE.

O ciel! pardonne-lui la douleur qu'il me donne.
(A Orgon.)
Si vous pouviez savoir avec quel déplaisir
Je vois qu'envers mon frère on tâche à me noircir!...

ORGON.

Hélas!

TARTUFFE.

Le seul penser de cette ingratitude
Fait souffrir à mon âme un supplice si rude...
L'horreur que j'en conçois... J'ai le cœur si serré
Que je ne puis parler, et crois que j'en mourrai.

ORGON, courant tout en larmes à la porte par où il a chassé son fils.

Coquin! je me repens que ma main t'ait fait grâce,
Et ne t'ait pas d'abord assommé sur la place.
(A Tartuffe.)
Remettez-vous mon frère, et ne vous fâchez pas.

TARTUFFE.

Rompons, rompons le cours de ces fâcheux débats.
Je regarde céans quels grands troubles j'apporte,
Et crois qu'il est besoin, mon frère, que j'en sorte.

ORGON.

Comment! vous moquez-vous?

TARTUFFE.

On m'y hait, et je voi
Qu'on cherche à vous donner des soupçons de ma foi.

ORGON.

Qu'importe? Voyez-vous que mon cœur les écoute?

TARTUFFE.

On ne manquera pas de poursuivre, sans doute;
Et ces mêmes rapports qu'ici vous rejetez,
Peut-être, une autre fois, seront-ils écoutés.

ORGON.

Non, mon frère, jamais.

TARTUFFE.

Ah! mon frère, une femme
Aisément d'un mari peut bien surprendre l'âme.

ORGON.

Non, non.

TARTUFFE.

Laissez-moi vite, en m'éloignant d'ici,
Leur ôter tout sujet de m'attaquer ainsi.

ORGON.

Non, vous demeurerez; il y va de ma vie.

TARTUFFE.

Hé bien! il faudra donc que je me mortifie.
Pourtant, si vous vouliez...

ORGON.

Ah !

TARTUFFE.

Soit : n'en parlons plus.
Mais je sais comme il faut en user là-dessus.
L'honneur est délicat, et l'amitié m'engage
A prévenir les bruits et les sujets d'ombrage.
Je fuirai votre épouse, et vous ne me verrez...

ORGON.

Non, en dépit de tous vous la fréquenterez.
Faire enrager le monde est ma plus grande joie,
Et je veux qu'à toute heure avec elle on vous voie.
Ce n'est pas tout encor : pour les mieux braver tous,
Je ne veux point avoir d'autre héritier que vous;
Et je vais de ce pas, en fort bonne manière,
Vous faire de mon bien donation entière.
Un bon et franc ami, que pour gendre je prends,
M'est bien plus cher que fils, que femme, et que parents.
N'accepterez-vous pas ce que je vous propose?

TARTUFFE.

La volonté du ciel soit faite en toute chose !

ORGON.

Le pauvre homme ! Allons vite en dresser un écrit :
Et que puisse l'envie en crever de dépit !

FIN DU TROISIÈME ACTE.

ACTE QUATRIÈME.

SCÈNE I.

CLÉANTE, TARTUFFE.

CLÉANTE.
Oui, tout le monde en parle, et vous m'en pouvez croire.
L'éclat que fait ce bruit n'est point à votre gloire;
Et je vous ai trouvé, monsieur, fort à propos
Pour vous en dire net ma pensée en deux mots.
Je n'examine point à fond ce qu'on expose;
Je passe là-dessus, et prends au pis la chose.
Supposons que Damis n'en ait pas bien usé,
Et que ce soit à tort qu'on vous ait accusé :
N'est-il pas d'un chrétien de pardonner l'offense,
Et d'éteindre en son cœur tout désir de vengeance?
Et devez-vous souffrir, pour votre démêlé,
Que du logis d'un père un fils soit exilé?
Je vous le dis encore, et parle avec franchise,
Il n'est petit, ni grand, qui ne s'en scandalise;
Et si vous m'en croyez, vous pacifierez tout,
Et ne pousserez point les affaires à bout.
Sacrifiez à Dieu toute votre colère,
Et remettez le fils en grâce avec le père.

TARTUFFE.

Hélas! je le voudrais, quant à moi, de bon cœur;
Je ne garde pour lui, monsieur, aucune aigreur;
Je lui pardonne tout; de rien je ne le blâme,
Et voudrais le servir du meilleur de mon âme :
Mais l'intérêt du ciel n'y saurait consentir;
Et, s'il rentre céans, c'est à moi d'en sortir.
Après son action, qui n'eut jamais d'égale,
Le commerce entre nous porterait du scandale :
Dieu sait ce que d'abord tout le monde en croirait;
A pure politique on me l'imputerait :
Et l'on dirait partout que, me sentant coupable,
Je feins, pour qui m'accuse, un zèle charitable;
Que mon cœur l'appréhende, et veut le ménager
Pour le pouvoir, sous main, au silence engager.

CLÉANTE.

Vous nous payez ici d'excuses colorées;
Et toutes vos raisons, monsieur, sont trop tirées.
Des intérêts du ciel pourquoi vous chargez-vous?
Pour punir le coupable, a-t-il besoin de nous?
Laissez-lui, laissez-lui le soin de ses vengeances :
Ne songez qu'au pardon qu'il prescrit des offenses,
Et ne regardez point aux jugements humains,
Quand vous suivez du ciel les ordres souverains.
Quoi! le faible intérêt de ce qu'on pourra croire,
D'une bonne action empêchera la gloire?
Non, non; faisons toujours ce que le ciel prescrit,
Et d'aucun autre soin ne nous brouillons l'esprit.

TARTUFFE.

Je vous ai déjà dit que mon cœur lui pardonne;
Et c'est faire, monsieur, ce que le ciel ordonne :
Mais, après le scandale et l'affront d'aujourd'hui,
Le ciel n'ordonne pas que je vive avec lui.

CLÉANTE.

Et vous ordonne-t-il, monsieur, d'ouvrir l'oreille

A ce qu'un pur caprice à son père conseille ?
Et d'accepter le don qui vous est fait d'un bien
Où le droit vous oblige à ne prétendre rien ?

TARTUFFE.

Ceux qui me connaîtront n'auront pas la pensée
Que ce soit un effet d'une âme intéressée.
Tous les biens de ce monde ont pour moi peu d'appas ;
De leur éclat trompeur je ne m'éblouis pas :
Et si je me résous à recevoir du père
Cette donation qu'il a voulu me faire,
Ce n'est, à dire vrai, que parce que je crains
Que tout ce bien ne tombe en de méchantes mains ;
Qu'il ne trouve des gens qui, l'ayant en partage,
En fassent dans le monde un criminel usage,
Et ne s'en servent pas, ainsi que j'ai dessein,
Pour la gloire du ciel et le bien du prochain.

CLÉANTE.

Eh ! monsieur, n'ayez point ces délicates craintes,
Qui d'un juste héritier peuvent causer les plaintes.
Souffrez, sans vous vouloir embarrasser de rien,
Qu'il soit, à ses périls, possesseur de son bien ;
Et songez qu'il vaut mieux encor qu'il en mésuse,
Que si de l'en frustrer il faut qu'on vous accuse.
J'admire seulement que, sans confusion,
Vous en ayez souffert la proposition.
Car enfin le vrai zèle a-t-il quelque maxime
Qui montre à dépouiller l'héritier légitime?
Et, s'il faut que le ciel dans votre cœur ait mis
Un invincible obstacle à vivre avec Damis,
Ne vaudrait-il pas mieux qu'en personne discrète
Vous fissiez de céans une honnête retraite,
Que de souffrir ainsi, contre toute raison,
Qu'on en chasse pour vous le fils de la maison?
Croyez-moi, c'est donner de votre prud'homie,
Monsieur...

TARTUFFE.

Il est, monsieur, trois heures et demie :
Certain devoir pieux me demande là-haut,
Et vous m'excuserez de vous quitter si tôt.

CLÉANTE, seul.

Ah !

SCÈNE II.

ELMIRE, MARIANE, CLÉANTE, DORINE,

DORINE, à Cléante.

De grâce, avec nous employez-vous pour elle,
Monsieur : son âme souffre une douleur mortelle;
Et l'accord que son père a conclu pour ce soir
La fait, à tous moments, entrer en désespoir.
Il va venir. Joignons nos efforts, je vous prie,
Et tâchons d'ébranler, de force ou d'industrie,
Ce malheureux dessein qui nous a tous troublés.

SCÈNE III.

ORGON, ELMIRE, MARIANE, CLÉANTE, DORINE.

ORGON.

Ah ! je me réjouis de vous voir assemblés.
(A Mariane.)
Je porte en ce contrat de quoi vous faire rire,
Et vous savez déjà ce que cela veut dire.

MARIANE, aux genoux d'Orgon.

Mon père, au nom du ciel, qui connaît ma douleur,
Et par tout ce qui peut émouvoir votre cœur,

Relâchez-vous un peu des droits de la naissance,
Et dispensez mes vœux de cette obéissance.
Ne me réduisez point, par cette dure loi,
Jusqu'à me plaindre au ciel de ce que je vous doi;
Et cette vie, hélas! que vous m'avez donnée,
Ne me la rendez pas, mon père, infortunée.
Si, contre un doux espoir que j'avais pu former,
Vous me défendez d'être à ce que j'ose aimer,
Au moins, par vos bontés qu'à vos genoux j'implore,
Sauvez-moi du tourment d'être à ce que j'abhorre;
Et ne me portez point à quelque désespoir,
En vous servant sur moi de tout votre pouvoir.

ORGON, se sentant attendrir.

Allons, ferme, mon cœur! point de faiblesse humaine!

MARIANE.

Vos tendresses pour lui ne me font point de peine,
Faites-les éclater, donnez-lui votre bien,
Et, si ce n'est assez, joignez-y tout le mien;
J'y consens de bon cœur, et je vous l'abandonne :
Mais, au moins, n'allez pas jusques à ma personne;
Et souffrez qu'un couvent, dans les austérités,
Use les tristes jours que le ciel m'a comptés.

ORGON.

Ah! voilà justement de mes religieuses,
Lorsqu'un père combat leurs flammes amoureuses.
Debout. Plus votre cœur répugne à l'accepter,
Plus ce sera pour vous matière à mériter.
Mortifiez vos sens avec ce mariage,
Et ne me rompez pas la tête davantage.

DORINE.

Mais quoi!...

ORGON.

Taisez-vous, vous. Parlez à votre écot[1],

---

[1] Parlez aux gens de votre sorte.

Je vous défends, tout net, d'oser dire un seul mot.
CLÉANTE.
Si par quelque conseil vous souffrez qu'on réponde...
ORGON.
Mon frère, vos conseils sont les meilleurs du monde;
Ils sont bien raisonnés, et j'en fais un grand cas :
Mais vous trouverez bon que je n'en use pas.
ELMIRE, à son mari.
A voir ce que je vois, je ne sais plus que dire:
Et votre aveuglement fait que je vous admire.
C'est être bien coiffé, bien prévenu de lui,
Que de nous démentir sur le fait d'aujourd'hui!
ORGON.
Je suis votre valet, et crois les apparences.
Pour mon fripon de fils je sais vos complaisances;
Et vous avez eu peur de le désavouer
Du trait qu'à ce pauvre homme il a voulu jouer.
Vous étiez trop tranquille, enfin, pour être crue;
Et vous auriez paru d'autre manière émue.
ELMIRE.
Est-ce qu'au simple aveu d'un amoureux transport,
Il faut que notre honneur se gendarme si fort?
Et ne peut-on répondre à tout ce qui le touche,
Que le feu dans les yeux, et l'injure à la bouche?
Pour moi, de tels propos je me ris simplement;
Et l'éclat, là-dessus, ne me plaît nullement.
J'aime qu'avec douceur nous nous montrions sages:
Et ne suis point du tout pour ces prudes sauvages
Dont l'honneur est armé de griffes et de dents,
Et veut au moindre mot dévisager les gens.
Me préserve le ciel d'une telle sagesse!
Je veux une vertu qui ne soit point diablesse,
Et crois que d'un refus la discrète froideur
N'en est pas moins puissante à rebuter un cœur.

ORGON.

Enfin je sais l'affaire, et ne prends point le change.

ELMIRE.

J'admire, encore un coup, cette faiblesse étrange :
Mais que me répondrait votre incrédulité,
Si je vous faisais voir qu'on vous dit vérité?

ORGON.

Voir?

ELMIRE.

Oui.

ORGON.

Chansons.

ELMIRE.

Mais quoi! si je trouvais manière
De vous le faire voir avec pleine lumière?

ORGON.

Contes en l'air.

ELMIRE.

Quel homme! Au moins, répondez-moi.
Je ne vous parle pas de nous ajouter foi;
Mais supposons ici que, d'un lieu qu'on peut prendre,
On vous fît clairement tout voir et tout entendre :
Que diriez-vous alors de votre homme de bien?

ORGON.

En ce cas, je dirais que... Je ne dirais rien,
Car cela ne se peut.

ELMIRE.

L'erreur trop longtemps dure,
Et c'est trop condamner ma bouche d'imposture.
Il faut que, par plaisir, et sans aller plus loin,
De tout ce qu'on vous dit je vous fasse témoin.

ORGON.

Soit. Je vous prends au mot. Nous verrons votre adresse,
Et comment vous pourrez remplir cette promesse.

ELMIRE, à Dorine.

Faites-le-moi venir.

DORINE, à Elmire.

Son esprit est rusé,
Et peut-être à surprendre il sera malaisé.

ELMIRE, à Dorine.

Non ; on est aisément dupé par ce qu'on aime,
Et l'amour-propre engage à se tromper soi-même.

(A Cléante et à Mariane.)

Faites-le-moi descendre. Et vous, retirez-vous.

SCÈNE IV.

ELMIRE, ORGON.

ELMIRE.

Approchons cette table, et vous mettez dessous.

ORGON.

Comment !

ELMIRE.

Vous bien cacher est un point nécessaire.

ORGON.

Pourquoi sous cette table ?

ELMIRE.

Ah ! mon Dieu ! laissez faire ;
J'ai mon dessein en tête, et vous en jugerez.
Mettez-vous là, vous dis-je, et quand vous y serez,
Gardez qu'on ne vous voie et qu'on ne vous entende.

ORGON.

Je confesse qu'ici ma complaisance est grande :
Mais de votre entreprise il vous faut voir sortir.

ELMIRE.

Vous n'aurez, que je crois, rien à me repartir.
<small>(A Orgon, qui est sous la table.)</small>
Au moins, je vais toucher une étrange matière :
Ne vous scandalisez en aucune manière.
Quoi que je puisse dire, il doit m'être permis;
Et c'est pour vous convaincre, ainsi que j'ai promis.
Je vais par des douceurs, puisque j'y suis réduite,
Faire poser le masque à cette âme hypocrite,
Flatter de son amour les désirs effrontés,
Et donner un champ libre à ses témérités.
Comme c'est pour vous seul, et pour mieux le confondre,
Que mon âme à ses vœux va feindre de répondre,
J'aurai lieu de cesser dès que vous vous rendrez,
Et les choses n'iront que jusqu'où vous voudrez.
C'est à vous d'arrêter son ardeur insensée,
Quand vous croirez l'affaire assez avant poussée;
D'épargner votre femme, et de ne m'exposer
Qu'à ce qu'il vous faudra pour vous désabuser.
Ce sont vos intérêts, vous en serez le maître;
Et... L'on vient. Tenez-vous, et gardez de paraître.

SCÈNE V.

TARTUFFE, ELMIRE, ORGON, <small>sous la table.</small>

TARTUFFE.

On m'a dit qu'en ce lieu vous me vouliez parler.
ELMIRE.
Oui. L'on a des secrets à vous y révéler.
Mais tirez cette porte avant qu'on vous les dise;
Et regardez partout, de crainte de surprise.
<small>(Tartuffe va fermer la porte, et revient)</small>

ACTE IV. SCÈNE V.

Une affaire pareille à celle de tantôt
N'est pas assurément ici ce qu'il nous faut :
Jamais il ne s'est vu de surprise de même.
Damis m'a fait pour vous une frayeur extrême ;
Et vous avez bien vu que j'ai fait mes efforts
Pour rompre son dessein et calmer ses transports.
Mon trouble, il est bien vrai, m'a si fort possédée,
Que de le démentir je n'ai point eu l'idée :
Mais par là, grâce au ciel tout a bien mieux été,
Et les choses en sont dans plus de sûreté.
L'estime où l'on vous tient a dissipé l'orage,
Et mon mari de vous ne peut prendre d'ombrage.
Pour mieux braver l'éclat des mauvais jugements,
Il veut que nous soyons ensemble à tous moments ;
Et c'est par où je puis, sans peur d'être blâmée,
Me trouver ici seule avec vous enfermée,
Et ce qui m'autorise à vous ouvrir un cœur
Un peu trop prompt peut-être à souffrir votre ardeur.

TARTUFFE.

Ce langage à comprendre est assez difficile,
Madame ; et vous parliez tantôt d'un autre style.

ELMIRE.

Ah ! si d'un tel refus vous êtes en courroux,
Que le cœur d'une femme est mal connu de vous !
Et que vous savez peu ce qu'il veut faire entendre,
Lorsque si faiblement on le voit se défendre !
Toujours notre pudeur combat, dans ces moments,
Ce qu'on peut nous donner de tendres sentiments.
Quelque raison qu'on trouve à l'amour qui nous dompte,
On trouve à l'avouer toujours un peu de honte.
On s'en défend d'abord : mais de l'air qu'on s'y prend
On fait connaître assez que notre cœur se rend ;
Qu'à nos vœux, par honneur, notre bouche s'oppose,
Et que de tels refus promettent toute chose.
C'est vous faire, sans doute, un assez libre aveu,

Et sur notre pudeur me ménager bien peu.
Mais, puisque la parole enfin en est lâchée,
A retenir Damis me serais-je attachée?
Aurais-je, je vous prie, avec tant de douceur
Écouté tout au long l'offre de votre cœur,
Aurais-je pris la chose ainsi qu'on m'a vu faire,
Si l'offre de ce cœur n'eût eu de quoi me plaire?
Et, lorsque j'ai voulu moi-même vous forcer
A refuser l'hymen qu'on venait d'annoncer,
Qu'est-ce que cette instance a dû vous faire entendre
Que l'intérêt qu'en vous on s'avise de prendre,
Et l'ennui qu'on aurait que ce nœud qu'on résout
Vînt partager du moins un cœur que l'on veut tout?

TARTUFFE.

C'est sans doute, madame, une douceur extrême
Que d'entendre ces mots d'une bouche qu'on aime;
Leur miel dans tous mes sens fait couler à longs traits
Une suavité qu'on ne goûta jamais.
Le bonheur de vous plaire est ma suprême étude,
Et mon cœur de vos vœux fait sa béatitude;
Mais ce cœur vous demande ici la liberté
D'oser douter un peu de sa félicité.
Je puis croire ces mots un artifice honnête
Pour m'obliger à rompre un hymen qui s'apprête;
Et, s'il faut librement m'expliquer avec vous,
Je ne me fierai point à des propos si doux,
Qu'un peu de vos faveurs, après quoi je soupire,
Ne vienne m'assurer tout ce qu'ils m'ont pu dire,
Et planter dans mon âme une constante foi
Des charmantes bontés que vous avez pour moi.

ELMIRE, après avoir toussé pour avertir son mari.

Quoi! vous voulez aller avec cette vitesse,
Et d'un cœur tout d'abord épuiser la tendresse?
On se tue à vous faire un aveu des plus doux.
Cependant ce n'est pas encore assez pour vous?

Et l'on ne peut aller jusqu'à vous satisfaire,
Qu'aux dernières faveurs on ne pousse l'affaire?

TARTUFFE.

Moins on mérite un bien, moins on l'ose espérer.
Nos vœux sur des discours ont peine à s'assurer.
On soupçonne aisément un sort tout plein de gloire,
Et l'on veut en jouir avant que de le croire.
Pour moi, qui crois si peu mériter vos bontés,
Je doute du bonheur de mes témérités;
Et je ne croirai rien, que vous n'ayez, madame,
Par des réalités su convaincre ma flamme.

ELMIRE.

Mon Dieu! que votre amour en vrai tyran agit!
Et qu'en un trouble étrange il me jette l'esprit!
Que sur les cœurs il prend un furieux empire!
Et qu'avec violence il veut ce qu'il désire!
Quoi! de votre poursuite on ne peut se parer,
Et vous ne donnez pas le temps de respirer?
Sied-il bien de tenir une rigueur si grande?
De vouloir sans quartier les choses qu'on demande,
Et d'abuser ainsi, par vos efforts pressants,
Du faible que pour vous vous voyez qu'ont les gens?

TARTUFFE.

Mais si d'un œil benin vous voyez mes hommages,
Pourquoi m'en refuser d'assurés témoignages?

ELMIRE.

Mais comment consentir à ce que vous voulez,
Sans offenser le ciel dont toujours vous parlez?

TARTUFFE.

Si ce n'est que le ciel qu'à mes vœux on oppose,
Lever un tel obstacle est à moi peu de chose;
Et cela ne doit point retenir votre cœur.

ELMIRE.

Mais des arrêts du ciel on nous fait tant de peur!

TARTUFFE.

Je puis vous dissiper ces craintes ridicules,
Madame, et je sais l'art de lever les scrupules.
Le ciel défend, de vrai, certains contentements;
Mais on trouve avec lui des accommodements[1].
Selon divers besoins, il est une science
D'étendre les liens de notre conscience,
Et de rectifier le mal de l'action
Avec la pureté de notre intention.
De ces secrets, madame, on saura vous instruire;
Vous n'avez seulement qu'à vous laisser conduire.
Contentez mon désir, et n'ayez point d'effroi;
Je vous réponds de tout, et prends le mal sur moi.

(Elmire tousse plus fort.)

Vous toussez fort, madame.

ELMIRE.

    Oui, je suis au supplice.

TARTUFFE.

Vous plaît-il un morceau de ce jus de réglisse?

ELMIRE.

C'est un rhume obstiné, sans doute; et je vois bien
Que tous les jus du monde ici ne feront rien.

TARTUFFE.

Cela, certes, est fâcheux.

ELMIRE.

    Oui, plus qu'on ne peut dire.

TARTUFFE.

Enfin votre scrupule est facile à détruire.
Vous êtes assurée ici d'un plein secret,
Et le mal n'est jamais que dans l'éclat qu'on fait.
Le scandale du monde est ce qui fait l'offense,
Et ce n'est pas pécher que pécher en silence.

---

[1] C'est un scélérat qui parle. (*Note des éditions originales.*)

ELMIRE, *après avoir encore toussé et frappé sur la table.*

Enfin je vois qu'il faut se résoudre à céder ;
Qu'il faut que je consente à vous tout accorder ;
Et qu'à moins de cela, je ne dois point prétendre
Qu'on puisse être content, et qu'on veuille se rendre.
Sans doute il est fâcheux d'en venir jusque-là,
Et c'est bien malgré moi que je franchis cela ;
Mais, puisque l'on s'obstine à m'y vouloir réduire,
Puisqu'on ne veut point croire à tout ce qu'on peut dire,
Et qu'on veut des témoins qui soient plus convaincants,
Il faut bien s'y résoudre, et contenter les gens.
Si ce consentement porte en soi quelque offense,
Tant pis pour qui me force à cette violence ;
La faute assurément n'en doit point être à moi.

TARTUFFE.

Oui, madame, on s'en charge ; et la chose de soi...

ELMIRE.

Ouvrez un peu la porte, et voyez, je vous prie,
Si mon mari n'est point dans cette galerie.

TARTUFFE.

Qu'est-il besoin pour lui du soin que vous prenez ?
C'est un homme, entre nous, à mener par le nez.
De tous nos entretiens il est pour faire gloire,
Et je l'ai mis au point de voir tout sans rien croire.

ELMIRE.

Il n'importe ; sortez, je vous prie, un moment ;
Et partout là dehors voyez exactement.

SCÈNE VI.

ORGON, ELMIRE.

ORGON, sortant de dessous la table.

Voilà, je vous l'avoue, un abominable homme !
Je n'en puis revenir, et tout ceci m'assomme.
ELMIRE.
Quoi ! vous sortez si tôt ? Vous vous moquez des gens.
Rentrez sous le tapis ; il n'est pas encor temps ;
Attendez jusqu'au bout, pour voir les choses sûres,
Et ne vous fiez point aux simples conjectures.
ORGON.
Non, rien de plus méchant n'est sorti de l'enfer.
ELMIRE.
Mon Dieu ! l'on ne doit point croire trop de léger.
Laissez-vous bien convaincre avant que de vous rendre ;
Et ne vous hâtez pas, de peur de vous méprendre.

(Elmire fait mettre Orgon derrière elle.)

SCÈNE VII.

TARTUFFE, ELMIRE, ORGON.

TARTUFFE, sans voir Orgon.

Tout conspire, madame, à mon contentement.
J'ai visité de l'œil tout cet appartement.
Personne ne s'y trouve ; et mon âme ravie...
ORGON.
(Dans le temps que Tartuffe s'avance, les bras ouverts, pour embrasser Elmire, elle se retire, et Tartuffe aperçoit Orgon.)

Tout doux ! vous suivez trop votre amoureuse envie,

Et vous ne devez pas vous tant passionner.
Ah! ah! l'homme de bien, vous m'en voulez donner!
Comme aux tentations s'abandonne votre âme!
Vous épousiez ma fille, et convoitiez ma femme!
J'ai douté fort longtemps que ce fût tout de bon,
Et je croyais toujours qu'on changerait de ton;
Mais c'est assez avant pousser le témoignage :
Je m'y tiens, et n'en veux, pour moi, pas davantage.

ELMIRE, à Tartuffe.

C'est contre mon humeur que j'ai fait tout ceci;
Mais on m'a mise au point de vous traiter ainsi.

TARTUFFE, à Orgon.

Quoi! vous croyez...?

ORGON.

Allons, point de bruit, je vous prie.
Dénichons de céans, et sans cérémonie.

TARTUFFE.

Mon dessein...

ORGON.

Ces discours ne sont plus de saison.
Il faut, tout sur-le-champ, sortir de la maison.

TARTUFFE.

C'est à vous d'en sortir, vous qui parlez en maître :
La maison m'appartient, je le ferai connaître,
Et vous montrerai bien qu'en vain on a recours,
Pour me chercher querelle, à ces lâches détours;
Qu'on n'est pas où l'on pense en me faisant injure;
Que j'ai de quoi confondre et punir l'imposture,
Venger le ciel qu'on blesse, et faire repentir
Ceux qui parlent ici de me faire sortir.

SCÈNE VIII.

ELMIRE, ORGON.

ELMIRE.

Quel est donc ce langage? et qu'est-ce qu'il veut dire?

ORGON.

Ma foi, je suis confus, et n'ai pas lieu de rire.

ELMIRE.

Comment?

ORGON.

Je vois ma faute aux choses qu'il me dit;
Et la donation m'embarrasse l'esprit.

ELMIRE.

La donation...

ORGON.

Oui. C'est une affaire faite.
Mais j'ai quelque autre chose encor qui m'inquiète.

ELMIRE.

Et quoi?

ORGON.

Vous saurez tout. Mais voyons au plus tôt
Si certaine cassette est encore là-haut.

FIN DU QUATRIÈME ACTE.

ACTE CINQUIÈME.

SCÈNE I.

ORGON, CLÉANTE.

CLÉANTE.

Où voulez-vous courir?

ORGON.

Las! que sais-je?

CLÉANTE.

Il me semble
Que l'on doit commencer par consulter ensemble
Les choses qu'on peut faire en cet événement.

ORGON.

Cette cassette-là me trouble entièrement.
Plus que le reste encore elle me désespère.

CLÉANTE.

Cette cassette est donc un important mystère?

ORGON.

C'est un dépôt qu'Argas, cet ami que je plains,
Lui-même en grand secret m'a mis entre les mains.
Pour cela dans sa fuite il me voulut élire;
Et ce sont des papiers, à ce qu'il m'a pu dire,
Où sa vie et ses biens se trouvent attachés.

CLÉANTE.

Pourquoi donc les avoir en d'autres mains lâchés ?

ORGON.

Ce fut par un motif de cas de conscience.
J'allai droit à mon traître en faire confidence;
Et son raisonnement me vint persuader
De lui donner plutôt la cassette à garder,
Afin que pour nier, en cas de quelque enquête,
J'eusse d'un faux-fuyant la faveur toute prête,
Par où ma conscience eût pleine sûreté
A faire des serments contre la vérité.

CLÉANTE.

Vous voilà mal, au moins, si j'en crois l'apparence;
Et la donation, et cette confidence,
Sont, à vous en parler selon mon sentiment,
Des démarches par vous faites légèrement.
On peut vous mener loin avec de pareils gages;
Et cet homme sur vous ayant ces avantages,
Le pousser est encor grande imprudence à vous;
Et vous deviez chercher quelque biais plus doux.

ORGON.

Quoi! sous un beau semblant de ferveur si touchante
Cacher un cœur si double, une âme si méchante !
Et moi, qui l'ai reçu gueusant et n'ayant rien...
C'en est fait, je renonce à tous les gens de bien;
J'en aurai désormais une horreur effroyable,
Et m'en vais devenir, pour eux, pire qu'un diable.

CLÉANTE.

Eh bien ! ne voilà pas de vos emportements !
Vous ne gardez en rien les doux tempéraments.
Dans la droite raison jamais n'entre la vôtre ;
Et toujours d'un excès vous vous jetez dans l'autre.
Vous voyez votre erreur, et vous avez connu
Que par un zèle feint vous étiez prévenu;
Mais pour vous corriger quelle raison demande

Que vous alliez passer dans une erreur plus grande,
Et qu'avecque le cœur d'un perfide vaurien
Vous confondiez les cœurs de tous les gens de bien?
Quoi! parce qu'un fripon vous dupe avec audace,
Sous le pompeux éclat d'une austère grimace,
Vous voulez que partout on soit fait comme lui,
Et qu'aucun vrai dévot ne se trouve aujourd'hui?
Laissez aux libertins ces sottes conséquences:
Démêlez la vertu d'avec ses apparences,
Ne hasardez jamais votre estime trop tôt,
Et soyez pour cela dans le milieu qu'il faut.
Gardez-vous, s'il se peut, d'honorer l'imposture;
Mais au vrai zèle aussi n'allez pas faire injure,
Et, s'il vous faut tomber dans une extrémité,
Péchez plutôt encor de cet autre côté.

SCÈNE II.

ORGON, CLÉANTE, DAMIS.

DAMIS.

Quoi! mon père, est-il vrai qu'un coquin vous menace?
Qu'il n'est point de bienfait qu'en son âme il n'efface,
Et que son lâche orgueil, trop digne de courroux,
Se fait de vos bontés des armes contre vous?

ORGON.

Oui, mon fils, et j'en sens des douleurs non pareilles.

DAMIS.

Laissez-moi, je lui veux couper les deux oreilles.
Contre son insolence on ne doit point gauchir:
C'est à moi tout d'un coup de vous en affranchir;
Et, pour sortir d'affaire, il faut que je l'assomme.

CLÉANTE.

Voilà tout justement parler en vrai jeune homme.

Modérez, s'il vous plaît, ces transports éclatants.
Nous vivons sous un règne et sommes dans un temps
Où par la violence on fait mal ses affaires.

SCÈNE III.

MADAME PERNELLE, ORGON, ELMIRE, CLÉANTE, MARIANE, DAMIS, DORINE.

MADAME PERNELLE.
Qu'est-ce? J'apprends ici de terribles mystères!
ORGON.
Ce sont des nouveautés dont mes yeux sont témoins,
Et vous voyez le prix dont sont payés mes soins.
Je recueille avec zèle un homme en sa misère,
Je le loge, et le tiens comme mon propre frère ;
De bienfaits chaque jour il est par moi chargé ;
Je lui donne ma fille, et tout le bien que j'ai :
Et, dans le même temps, le perfide, l'infâme,
Tente le noir dessein de suborner ma femme ;
Et, non content encor de ses lâches essais,
Il m'ose menacer de mes propres bienfaits,
Et veut, à ma ruine, user des avantages
Dont le viennent d'armer mes bontés trop peu sages,
Me chasser de mes biens où je l'ai transféré,
Et me réduire au point d'où je l'ai retiré.
DORINE.
Le pauvre homme!
MADAME PERNELLE.
Mon fils, je ne puis du tout croire
Qu'il ait voulu commettre une action si noire.
ORGON.
Comment?

MADAME PERNELLE.
Les gens de bien sont enviés toujours.
ORGON.
Que voulez-vous donc dire avec votre discours,
Ma mère?
MADAME PERNELLE.
Que chez vous on vit d'étrange sorte,
Et qu'on ne sait que trop la haine qu'on lui porte.
ORGON.
Qu'a cette haine à faire avec ce qu'on vous dit?
MADAME PERNELLE.
Je vous l'ai dit cent fois quand vous étiez petit :
La vertu dans le monde est toujours poursuivie;
Les envieux mourront, mais non jamais l'envie.
ORGON.
Mais que fait ce discours aux choses d'aujourd'hui?
MADAME PERNELLE.
On vous aura forgé cent sots contes de lui.
ORGON.
Je vous ai dit déjà que j'ai vu tout moi-même.
MADAME PERNELLE.
Des esprits médisants la malice est extrême.
ORGON.
Vous me feriez damner, ma mère? Je vous di
Que j'ai vu de mes yeux un crime si hardi.
MADAME PERNELLE.
Les langues ont toujours du venin à répandre,
Et rien n'est ici-bas qui s'en puisse défendre.
ORGON.
C'est tenir un propos de sens bien dépourvu.
Je l'ai vu, dis-je, vu, de mes propres yeux vu,
Ce qu'on appelle vu. Faut-il vous le rebattre
Aux oreilles cent fois, et crier comme quatre?
MADAME PERNELLE.
Mon Dieu! le plus souvent l'apparence déçoit :

Il ne faut pas toujours juger sur ce qu'on voit.
ORGON.
J'enrage!
MADAME PERNELLE.
Aux faux soupçons la nature est sujette,
Et c'est souvent à mal que le bien s'interprète.
ORGON.
Je dois interpréter à charitable soin
Le désir d'embrasser ma femme!
MADAME PERNELLE.
Il est besoin,
Pour accuser les gens, d'avoir de justes causes ;
Et vous deviez attendre à vous voir sûr des choses.
ORGON.
Hé! diantre! le moyen de m'en assurer mieux?
Je devais donc, ma mère, attendre qu'à mes yeux
Il eût... Vous me feriez dire quelque sottise.
MADAME PERNELLE.
Enfin d'un trop pur zèle on voit son âme éprise;
Et je ne puis du tout me mettre dans l'esprit
Qu'il ait voulu tenter les choses que l'on dit.
ORGON.
Allez, je ne sais pas, si vous n'étiez ma mère,
Ce que je vous dirais, tant je suis en colère.
DORINE, à Orgon.
Juste retour, monsieur, des choses d'ici-bas :
Vous ne vouliez point croire, et l'on ne vous croit pas.
CLÉANTE.
Nous perdons des moments en bagatelles pures,
Qu'il faudrait employer à prendre des mesures.
Aux menaces du fourbe on doit ne dormir point.
DAMIS.
Quoi! son effronterie irait jusqu'à ce point?
ELMIRE.
Pour moi, je ne crois pas cette instance possible,

Et son ingratitude est ici trop visible.
CLÉANTE, à Orgon.
Ne vous y fiez pas; il aura des ressorts
Pour donner contre vous raison à ses efforts,
Et sur moins que cela le poids d'une cabale
Embarrasse les gens dans un fâcheux dédale.
Je vous le dis encore : armé de ce qu'il a,
Vous ne deviez jamais le pousser jusque-là.
ORGON.
Il est vrai; mais qu'y faire? A l'orgueil de ce traître,
De mes ressentiments je n'ai pas été maître.
CLÉANTE.
Je voudrais de bon cœur qu'on pût entre vous deux
De quelque ombre de paix raccommoder les nœuds.
ELMIRE.
Si j'avais su qu'en main il a de telles armes,
Je n'aurais pas donné matière à tant d'alarmes;
Et mes...
ORGON, à Dorine, voyant entrer monsieur Loyal.
Que veut cet homme? Allez tôt le savoir.
Je suis bien en état que l'on me vienne voir !

SCÈNE IV.

ORGON, MADAME PERNELLE, ELMIRE, MARIANE,
CLÉANTE, DAMIS, DORINE, MONSIEUR LOYAL.

MONSIEUR LOYAL, à Dorine, dans le fond du théâtre.
Bonjour, ma chère sœur; faites, je vous supplie,
Que je parle à monsieur.
DORINE.
Il est en compagnie;
Et je doute qu'il puisse à présent voir quelqu'un.

MONSIEUR LOYAL.

Je ne suis pas pour être en ces lieux importun.
Mon abord n'aura rien, je crois, qui lui déplaise ;
Et je viens pour un fait dont il sera bien aise.

DORINE.

Votre nom?

MONSIEUR LOYAL.

Dites-lui seulement que je vien
De la part de monsieur Tartuffe, pour son bien.

DORINE, à Orgon.

C'est un homme qui vient, avec douce manière,
De la part de monsieur Tartuffe, pour affaire
Dont vous serez, dit-il, bien aise.

CLÉANTE, à Orgon.

Il vous faut voir
Ce que c'est que cet homme, et ce qu'il peut vouloir.

ORGON, à Cléante.

Pour nous raccommoder il vient ici peut-être :
Quels sentiments aurai-je à lui faire paraître?

CLÉANTE.

Votre ressentiment ne doit point éclater ;
Et s'il parle d'accord, il le faut écouter.

MONSIEUR LOYAL, à Orgon.

Salut, monsieur ! Le ciel perde qui vous veut nuire,
Et vous soit favorable autant que je désire !

ORGON, bas, à Cléante.

Ce doux début s'accorde avec mon jugement
Et présage déjà quelque accommodement.

MONSIEUR LOYAL.

Toute votre maison m'a toujours été chère,
Et j'étais serviteur de monsieur votre père.

ORGON.

Monsieur, j'ai grande honte et demande pardon
D'être sans vous connaître ou savoir votre nom.

MONSIEUR LOYAL.

Je m'appelle Loyal, natif de Normandie,
Et suis huissier à verge, en dépit de l'envie.
J'ai, depuis quarante ans, grâce au ciel, le bonheur
D'en exercer la charge avec beaucoup d'honneur,
Et je vous viens, monsieur, avec votre licence,
Signifier l'exploit de certaine ordonnance...

ORGON.

Quoi! vous êtes ici...

MONSIEUR LOYAL.

Monsieur, sans passion.
Ce n'est rien seulement qu'une sommation,
Un ordre de vider d'ici, vous et les vôtres,
Mettre vos meubles hors, et faire place à d'autres,
Sans délai ni remise, ainsi que besoin est.

ORGON.

Moi! sortir de céans?

MONSIEUR LOYAL.

Oui, monsieur, s'il vous plaît.
La maison à présent, comme savez de reste,
Au bon monsieur Tartuffe appartient sans conteste.
De vos biens désormais il est maître et seigneur,
En vertu d'un contrat duquel je suis porteur.
Il est en bonne forme, et l'on n'y peut rien dire.

DAMIS, à monsieur Loyal.

Certes, cette impudence est grande, et je l'admire!

MONSIEUR LOYAL, à Damis.

Monsieur, je ne dois point avoir affaire à vous;
(Montrant Orgon.)
C'est à monsieur : il est et raisonnable et doux,
Et d'un homme de bien il sait trop bien l'office,
Pour se vouloir du tout opposer à justice.

ORGON.

Mais...

MONSIEUR LOYAL.

Oui, monsieur, je sais que pour un million
Vous ne voudriez pas faire rébellion,
Et que vous souffrirez en honnête personne
Que j'exécute ici les ordres qu'on me donne.

DAMIS.

Vous pourriez bien ici sur votre noir jupon,
Monsieur l'huissier à verge, attirer le bâton.

MONSIEUR LOYAL, à Orgon.

Faites que votre fils se taise ou se retire,
Monsieur. J'aurais regret d'être obligé d'écrire,
Et de vous voir couché dans mon procès-verbal.

DORINE, à part.

Ce monsieur Loyal porte un air bien déloyal.

MONSIEUR LOYAL.

Pour tous les gens de bien j'ai de grandes tendresses,
Et ne me suis voulu, monsieur, charger des pièces
Que pour vous obliger et vous faire plaisir;
Que pour ôter par là le moyen d'en choisir
Qui, n'ayant pas pour vous le zèle qui me pousse,
Auraient pu procéder d'une façon moins douce.

ORGON.

Et que peut-on de pis que d'ordonner aux gens
De sortir de chez eux?

MONSIEUR LOYAL.

On vous donne du temps;
Et jusques à demain je ferai surséance
A l'exécution, monsieur, de l'ordonnance.
Je viendrai seulement ici passer la nuit
Avec dix de mes gens, sans scandale et sans bruit.
Pour la forme il faudra, s'il vous plaît, qu'on m'apporte,
Avant que se coucher, les clefs de votre porte.
J'aurai soin de ne pas troubler votre repos,
Et de ne rien souffrir qui ne soit à propos.
Mais demain, du matin, il vous faut être habile

A vider de céans jusqu'au moindre ustensile ;
Mes gens vous aideront, et je les ai pris forts,
Pour vous faire service à tout mettre dehors.
On n'en peut pas user mieux que je fais, je pense ;
Et, comme je vous traite avec grande indulgence,
Je vous conjure aussi, monsieur, d'en user bien,
Et qu'au dû de ma charge on ne me trouble en rien.

ORGON, à part.

Du meilleur de mon cœur je donnerais, sur l'heure,
Les cent plus beaux louis de ce qui me demeure,
Et pouvoir, à plaisir, sur ce mufle asséner
Le plus grand coup de poing qui se puisse donner.

CLÉANTE, bas, à Orgon.

Laissez, ne gâtons rien.

DAMIS.

A cette audace étrange
J'ai peine à me tenir, et la main me démange.

DORINE.

Avec un si bon dos, ma foi, monsieur Loyal,
Quelques coups de bâton ne vous siéraient pas mal.

MONSIEUR LOYAL.

On pourrait bien punir ces paroles infâmes,
Ma mie ; et l'on décrète aussi contre les femmes.

CLÉANTE, à monsieur Loyal.

Finissons tout cela, monsieur ; c'en est assez.
Donnez tôt ce papier, de grâce, et nous laissez.

MONSIEUR LOYAL.

Jusqu'au revoir. Le ciel vous tienne tous en joie !

ORGON.

Puisse-t-il te confondre, et celui qui t'envoie !

SCÈNE V.

ORGON, MADAME PERNELLE, ELMIRE, CLÉANTE, MARIANE, DAMIS, DORINE.

ORGON.

Hé bien! vous le voyez, ma mère, si j'ai droit;
Et vous pouvez juger du reste par l'exploit.
Ses trahisons enfin vous sont-elles connues?

MADAME PERNELLE.

Je suis tout ébaubie, et je tombe des nues!

DORINE, à Orgon.

Vous vous plaignez à tort, à tort vous le blâmez,
Et ses pieux desseins par là sont confirmés.
Dans l'amour du prochain sa vertu se consomme :
Il sait que très-souvent les biens corrompent l'homme,
Et, par charité pure, il veut vous enlever
Tout ce qui vous peut faire obstacle à vous sauver.

ORGON.

Taisez-vous. C'est le mot qu'il vous faut toujours dire.

CLÉANTE, à Orgon.

Allons voir quel conseil on doit vous faire élire.

ELMIRE.

Allez faire éclater l'audace de l'ingrat.
Ce procédé détruit la vertu du contrat;
Et sa déloyauté va paraître trop noire,
Pour souffrir qu'il en ait le succès qu'on veut croire.

SCÈNE VI.

VALÈRE, ORGON, MADAME PERNELLE, ELMIRE,
CLÉANTE, MARIANE, DAMIS, DORINE.

VALÈRE.

Avec regret, monsieur, je viens vous affliger ;
Mais je m'y vois contraint par le pressant danger.
Un ami, qui m'est joint d'une amitié fort tendre,
Et qui sait l'intérêt qu'en vous j'ai lieu de prendre,
A violé pour moi, par un pas délicat,
Le secret que l'on doit aux affaires d'État,
Et me vient d'envoyer un avis dont la suite
Vous réduit au parti d'une soudaine fuite.
Le fourbe qui longtemps a pu vous imposer
Depuis une heure au prince a su vous accuser,
Et remettre en ses mains, dans les traits qu'il vous jette,
D'un criminel d'État l'importante cassette,
Dont, au mépris, dit-il, du devoir d'un sujet,
Vous avez conservé le coupable secret.
J'ignore le détail du crime qu'on vous donne ;
Mais un ordre est donné contre votre personne ;
Et lui-même est chargé, pour mieux l'exécuter,
D'accompagner celui qui vous doit arrêter.

CLÉANTE.

Voilà ses droits armés ; et c'est par où le traître
De vos biens qu'il prétend cherche à se rendre maître.

ORGON.

L'homme est, je vous l'avoue, un méchant animal !

VALÈRE.

Le moindre amusement vous peut être fatal.
J'ai, pour vous emmener, mon carrosse à la porte,

Avec mille louis qu'ici je vous apporte.
Ne perdons point de temps : le trait est foudroyant ;
Et ce sont de ces coups que l'on pare en fuyant.
A vous mettre en lieu sûr je m'offre pour conduite,
Et veux accompagner jusqu'au bout votre fuite.

ORGON.

Las! que ne dois-je point à vos soins obligeants!
Pour vous en rendre grâce, il faut un autre temps ;
Et je demande au ciel de m'être assez propice
Pour reconnaître un jour ce généreux service.
Adieu : prenez le soin, vous autres...

CLÉANTE.

Allez tôt ;
Nous songerons, mon frère, à faire ce qu'il faut.

SCÈNE VII.

TARTUFFE, UN EXEMPT, MADAME PERNELLE,
ORGON, ELMIRE, CLÉANTE, MARIANE,
VALÈRE, DAMIS, DORINE.

TARTUFFE, arrêtant Orgon.

Tout beau, monsieur, tout beau, ne courez point si vite :
Vous n'irez pas fort loin pour trouver votre gîte ;
Et, de la part du prince, on vous fait prisonnier.

ORGON.

Traître! tu me gardais ce trait pour le dernier :
C'est le coup, scélérat, par où tu m'expédies ;
Et voilà couronner toutes tes perfidies.

TARTUFFE.

Vos injures n'ont rien à me pouvoir aigrir ;
Et je suis, pour le ciel, appris à tout souffrir.

CLÉANTE.
La modération est grande, je l'avoue.
DAMIS.
Comme du ciel l'infâme impudemment se joue!
TARTUFFE.
Tous vos emportements ne sauraient m'émouvoir;
Et je ne songe à rien qu'à faire mon devoir.
MARIANE.
Vous avez de ceci grande gloire à prétendre;
Et cet emploi pour vous est fort honnête à prendre.
TARTUFFE.
Un emploi ne saurait être que glorieux,
Quand il part du pouvoir qui m'envoie en ces lieux.
ORGON.
Mais t'es-tu souvenu que ma main charitable,
Ingrat, t'a retiré d'un état misérable?
TARTUFFE.
Oui, je sais quels secours j'en ai pu recevoir;
Mais l'intérêt du prince est mon premier devoir.
De ce devoir sacré la juste violence
Étouffe dans mon cœur toute reconnaissance;
Et je sacrifierais à de si puissants nœuds
Ami, femme, parents, et moi-même avec eux.
ELMIRE.
L'imposteur!
DORINE.
Comme il sait, de traîtresse manière,
Se faire un beau manteau de tout ce qu'on révère!
CLÉANTE.
Mais s'il est si parfait que vous le déclarez,
Ce zèle qui vous pousse et dont vous vous parez,
D'où vient que pour paraître il s'avise d'attendre
Qu'à poursuivre sa femme il ait su vous surprendre,
Et que vous ne songez à l'aller dénoncer
Que lorsque son honneur l'oblige à vous chasser?

Je ne vous parle point, pour devoir en distraire,
Du don de tout son bien qu'il venait de vous faire;
Mais, le voulant traiter en coupable aujourd'hui,
Pourquoi consentiez-vous à rien prendre de lui?

TARTUFFE, à l'exempt.

Délivrez-moi, monsieur, de la criaillerie;
Et daignez accomplir votre ordre, je vous prie.

L'EXEMPT.

Oui, c'est trop demeurer, sans doute, à l'accomplir;
Votre bouche à propos m'invite à le remplir :
Et pour l'exécuter, suivez-moi tout à l'heure
Dans la prison qu'on doit vous donner pour demeure.

TARTUFFE.

Qui? moi, monsieur?

L'EXEMPT.

Oui, vous.

TARTUFFE.

Pourquoi donc la prison?

L'EXEMPT.

Ce n'est pas vous à qui j'en veux rendre raison.

(A Orgon.)

Remettez-vous, monsieur, d'une alarme si chaude.
Nous vivons sous un prince ennemi de la fraude,
Un prince dont les yeux se font jour dans les cœurs,
Et que ne peut tromper tout l'art des imposteurs.
D'un fin discernement sa grande âme pourvue
Sur les choses toujours jette une droite vue;
Chez elle jamais rien ne surprend trop d'accès,
Et sa ferme raison ne tombe en nul excès.
Il donne aux gens de bien une gloire immortelle;
Mais sans aveuglement il fait briller ce zèle,
Et l'amour pour les vrais ne ferme point son cœur
A tout ce que les faux doivent donner d'horreur.

Celui-ci n'était pas pour le pouvoir surprendre,
Et de piéges plus fins on le voit se défendre.
D'abord il a percé, par ses vives clartés,
Des replis de son cœur toutes les lâchetés.
Venant vous accuser, il s'est trahi lui-même,
Et, par un juste trait de l'équité suprême,
S'est découvert au prince un fourbe renommé,
Dont sous un autre nom il était informé;
Et c'est un long détail d'actions toutes noires
Dont on pourrait former des volumes d'histoires.
Ce monarque, en un mot, a vers vous détesté
Sa lâche ingratitude et sa déloyauté;
A ses autres horreurs il a joint cette suite,
Et ne m'a jusqu'ici soumis à sa conduite
Que pour voir l'impudence aller jusques au bout,
Et vous faire, par lui, faire raison de tout.
Oui, de tous vos papiers, dont il se dit le maître,
Il veut qu'entre vos mains je dépouille le traître.
D'un souverain pouvoir, il brise les liens
Du contrat qui lui fait un don de tous vos biens,
Et vous pardonne enfin cette offense secrète
Où vous a d'un ami fait tomber la retraite;
Et c'est le prix qu'il donne au zèle qu'autrefois
On vous vit témoigner en appuyant ses droits,
Pour montrer que son cœur sait, quand moins on y pense
D'une bonne action verser la récompense;
Que jamais le mérite avec lui ne perd rien;
Et que, mieux que du mal, il se souvient du bier.

DORINE.

Que le ciel soit loué!

MADAME PERNELLE.

Maintenant je respire.

ELMIRE.

Favorable succès!

MARIANE.

Qui l'aurait osé dire?

ORGON, à Tartuffe, que l'exempt emmène.

Hé bien! te voilà, traître!...

SCÈNE VIII.

MADAME PERNELLE, ORGON, ELMIRE, MARIANE, CLÉANTE, VALÈRE, DAMIS, DORINE.

CLÉANTE.

Ah! mon frère, arrêtez,
Et ne descendez point à des indignités.
A son mauvais destin laissez un misérable,
Et ne vous joignez point au remords qui l'accable.
Souhaitez bien plutôt que son cœur, en ce jour,
Au sein de la vertu fasse un heureux retour;
Qu'il corrige sa vie en détestant son vice,
Et puisse du grand prince adoucir la justice;
Tandis qu'à sa bonté vous irez, à genoux,
Rendre ce que demande un traitement si doux.

ORGON.

Oui, c'est bien dit. Allons à ses pieds avec joie
Nous louer des bontés que son cœur nous déploie :
Puis, acquittés un peu de ce premier devoir,
Aux justes soins d'un autre il nous faudra pourvoir,
Et par un doux hymen couronner en Valère
La flamme d'un amant généreux et sincère.

FIN DU TARTUFFE

LETTRE

SUR LA COMÉDIE DE L'IMPOSTEUR [1].

AVIS DE L'AUTEUR.

Cette lettre est composée de deux parties : la première est une relation de la représentation de l'Imposteur, et la dernière consiste en deux réflexions sur cette comédie. Pour ce qui est de la relation, on a cru qu'il

---

[1] La première représentation de *Tartuffe* eut lieu en 1664 pendant les fêtes de Versailles; mais bientôt après, le roi, cédant aux cabales qui s'élevaient de tous côtés contre cette pièce, en défendit le spectacle.
Cette prohibition durait déjà depuis deux ans, lorsque Molière obtint de Louis XIV l'autorisation verbale de faire jouer sa pièce : seulement la comédie changea de titre : elle fut intitulée *l'Imposteur*, et le principal personnage prit le nom de *Panulphe*.
La représentation eut lieu le 5 août 1667.
Le lendemain, par ordre du premier président du Parlement, nouvelle défense écartant *l'Imposteur* de la scène.
C'est alors que deux acteurs de la troupe de Molière, la Grange et la Thorillière, se rendirent auprès du roi sous les murs de Lille, et lui présentèrent le second placet, que nous avons reproduit plus haut (voir page 258).
Enfin, le 20 du même mois, parut dans Paris une longue lettre sans signature et sans nom d'imprimeur, *Sur la comédie de l'Imposteur*.
Quelques écrivains ont pensé que Molière était l'auteur de cet écrit. Le ton de la lettre, la finesse des observations, la foule des détails rappelés, la discussion de l'œuvre scène par scène, rendaient cette croyance

était à propos d'avertir ici que l'auteur n'a vu la pièce qu'il rapporte que la seule fois qu'elle a été représentée en public, et sans aucun dessein d'en rien retenir, ne prévoyant pas l'occasion qui l'a engagé à faire ce petit ouvrage : ce qu'on ne dit point pour le louer de bonne mémoire, qui est une qualité pour qui il a tout le mépris imaginable, mais bien pour aller au-devant de ceux qui ne seront pas contents de ce qui est inséré des paroles de la comédie dans cette relation, parce qu'ils voudraient voir la pièce entière, et qui ne seront pas assez raisonnables pour considérer la difficulté qu'il y a eu à en retenir seulement ce qu'on en donne ici. L'auteur s'est contenté la plupart du temps de rapporter à peu près les mêmes mots, et ne se hasarde guère à mettre des vers : il lui était bien aisé, s'il eût voulu, de faire autrement, et de mettre tout en vers ce qu'il rapporte, de quoi quelques gens se seraient peut-être mieux accommodés; mais il a cru devoir ce respect au poëte dont il raconte l'ouvrage, quoiqu'il ne l'ait jamais vu que sur le théâtre, de ne point travailler sur sa matière, et de ne se hasarder pas à défigurer ses pensées, en leur donnant peut-être un tour autre que le

vraisemblable. Ils ne pouvaient admettre qu'un critique, si heureusement doué qu'il fût de mémoire, eût pu, après une représentation unique, arriver à un examen aussi minutieux et aussi exact que celui qui courait la ville.

D'autres personnes ont attribué cette lettre à Chapelle, l'ami intime de Molière.

Quoi qu'il en soit, notre sentiment est que si ce n'est pas Molière qui a écrit cette défense de sa pièce, il a dû dans tous les cas fournir des documents pour la faire, et, sans aucun doute, en inspirer la rédaction.

Le mardi 5 février 1669, cette comédie parut sous son vrai nom, libre de toute prohibition, sur le théâtre du Palais-Royal. (*Note de l'éditeur.*)

sien. Si cette retenue et cette sincérité ne produisent pas un effet fort agréable, on espère du moins qu'elles paraîtront estimables à quelques-uns, et excusables à tous.

Des deux réflexions qui composent la dernière partie, on n'aurait point vu la plupart de la dernière, et l'auteur n'aurait fait que la proposer sans la prouver, s'il en avait été cru, parce qu'elle lui semble trop spéculative, mais il n'a pas été le maître : toutefois, comme il se défie extrêmement de la délicatesse des esprits du siècle, qui se rebutent à la moindre apparence de dogme, il n'a pu s'empêcher d'avertir dans le lieu même, comme on verra, ceux qui n'aiment pas le raisonnement, qu'ils n'ont que faire de passer outre. Ce n'est pas qu'il n'ait fait tout ce que la brièveté du temps et ses occupations de devoir lui ont permis, pour donner à son discours l'air le moins contraint, le plus libre et le plus dégagé qu'il a pu ; mais, comme il n'est point de genre d'écrire plus difficile que celui-là, il avoue de bonne foi qu'il aurait encore besoin de cinq ou six mois pour mettre ce seul discours du ridicule non pas dans l'état de perfection dont la matière est capable, mais seulement dans celui qu'il est capable de lui donner.

En général, on prie les lecteurs de considérer la circonspection dont l'auteur a usé dans cette matière, et de remarquer que dans tout ce petit ouvrage il ne se trouvera pas qu'il juge en aucune manière de ce qui est en question, sur la comédie qui en est le sujet : car, pour la première partie, ce n'est, comme on l'a déjà dit, qu'une relation fidèle de la chose, et de ce qui s'en est dit pour et contre par les intelligents; et, pour les réflexions qui composent l'autre, il n'y parle que sur des suppositions qu'il n'examine point. Dans la première, il suppose l'innocence de cette pièce, quant au particulier de tout ce qu'elle contient, ce qui est le point de la question, et s'attache simplement à combattre une objection générale qu'on a faite, sur ce qu'il est parlé de la religion; et, dans la dernière, continuant sur la même supposition, il propose une utilité accidentelle qu'il croit qu'on en peut tirer contre la galanterie et les galants, utilité qui assurément est grande, si elle est véritable; mais qui, quand elle le serait, ne justifierait pas les défauts essentiels que les puissances ont trouvés dans cette comédie, si tant est qu'ils y soient, ce qu'il n'examine point.

C'est ce qu'on a cru devoir dire par avance, pour la satisfaction des gens sages, et pour prévenir la pensée que le titre de cet ouvrage leur pourrait donner, qu'on manque au respect qui est dû aux puissances : mais aussi, après avoir eu cette déférence et ce soin pour le jugement des hommes, et leur avoir rendu un témoignage si précis de sa conduite, s'ils n'en jugent pas équitablement, l'auteur a sujet de s'en consoler, puisqu'il ne fait enfin que ce qu'il croit devoir à la justice, à la raison et à la vérité.

LETTRE

SUR LA COMÉDIE DE L'IMPOSTEUR.

Monsieur,

Puisque c'est un crime pour moi d'avoir été à la première représentation de *l'Imposteur,* que vous avez manquée, et que je ne saurais en obtenir le pardon qu'en réparant la perte que vous avez faite, et qu'il vous plaît de m'imputer, il faut bien que j'essaye de rentrer dans vos bonnes grâces, et que je fasse violence à ma paresse, pour satisfaire votre curiosité.

Imaginez-vous donc de voir d'abord paraître une vieille, qu'à son air et à ses habits on n'aurait garde de prendre pour la mère du maître de la maison, si le respect et l'empressement avec lequel elle est suivie de diverses personnes très-propres et de fort bonne mine, ne la faisaient connaître. Ses paroles et ses grimaces témoignent également sa colère et l'envie qu'elle a de sortir d'un lieu où elle avoue franchement *qu'elle ne peut plus demeurer, voyant la manière de vie qu'on y mène.* C'est ce qu'elle décrit d'une merveilleuse sorte : et comme son petit-fils ose lui répondre, elle s'emporte contre lui, et lui fait son portrait avec les couleurs les plus naturelles et les plus aigres qu'elle peut trouver, et conclut *qu'il y a longtemps*

qu'elle a dit à son père qu'il ne serait jamais qu'un vaurien.
Autant en fait-elle, pour le même sujet, à sa bru, au frère de sa bru et à sa suivante ; la passion qui l'anime lui fournissant des paroles, elle réussit si bien dans tous ces caractères si différents, que le spectateur, ôtant de chacun d'eux ce qu'elle y met du sien, c'est-à-dire l'austérité ridicule du temps passé, avec laquelle elle juge de l'esprit et de la conduite d'aujourd'hui, connaît tous ces gens-là mieux qu'elle-même, et reçoit une volupté très-sensible d'être informé dès l'abord de la nature des personnages par une voie si fidèle et si agréable.

Sa connaissance n'est pas bornée à ce qu'il voit, et le caractère des absents résulte de celui des présents. On voit fort clairement, par tout le discours de la vieille, qu'elle ne jugerait pas si rigoureusement des déportements de ceux à qui elle parle, s'ils avaient autant de respect, d'estime et d'admiration que son fils et elle pour M. Panulphe : que toute leur méchanceté consiste *dans le peu de vénération qu'ils ont pour ce saint homme, et dans le déplaisir qu'ils témoignent de la déférence et de l'amitié avec laquelle il est traité du maître de la maison ; que ce n'est pas merveille qu'ils le haïssent comme ils font, censurant leur méchante vie comme il fait, et qu'enfin la vertu est toujours persécutée.* Les autres, se voulant défendre, achèvent le caractère du saint personnage, mais pourtant seulement comme d'un zélé indiscret et ridicule, et sur ce propos le frère de la bru commence déjà à faire voir quelle est la véritable dévotion par rapport à celle de M. Panulphe, de sorte que le venin, s'il y en a à tourner la bigoterie en ridicule, est presque précédé par le contre-poison. Vous remarquerez, s'il vous plaît, que pour achever la peinture de ce bon monsieur, on lui a donné un valet, duquel, quoiqu'il n'ait point à paraître, on fait le caractère tout semblable au sien, c'est-à-dire, selon Aristote, qu'on dépeint le valet pour faire mieux connaître le maître. La suivante, sur ce propos, continuant de se plaindre des réprimandes continuelles de l'un et de l'autre, expose entre autres le chapitre sur lequel M. Panulphe est plus fort, *c'est à crier contre les visites que reçoit madame;* et dit sur cela, voulant seulement plaisanter et faire enrager la vieille, et sans qu'il paraisse qu'elle se doute déjà de quelque chose, *qu'il faut assurément qu'il en soit jaloux;* ce qui commence cependant à rendre croyable l'amour brutal et emporté qu'on verra aux actes suivants dans le saint personnage. Vous pouvez croire que la vieille n'écoute pas cette raillerie, qu'elle croit impie, sans s'emporter horriblement contre celle qui la fait : mais, comme elle voit que toutes ces raisons ne persuadent point ces esprits obstinés, elle recourt aux autorités et aux exemples, et leur apprend les étranges jugements que font les voisins de leur manière de vivre; elle appuie particulièrement sur une voisine, dont elle propose l'exemple à sa bru comme un modèle de vertu parfaite, et enfin *de la manière qu'il faudrait qu'elle vécût,* c'est-à-dire à la Panulphe. La suivante repart aussitôt, que *la sagesse de cette voisine a attendu sa vieillesse, et qu'il lui faut bien pardonner si elle est prude, parce qu'elle ne l'est qu'à son corps défendant.* Le frère de la bru continue par un caractère sanglant qu'il fait de l'humeur des gens de cet âge, *qui blâment tout ce qu'ils ne peuvent plus faire.* Comme cela touche la vieille de fort près, elle entreprend avec grande chaleur de répondre, sans pourtant témoigner se l'appliquer en aucune façon : ce que nous ne faisons jamais dans ces occasions, pour avoir un champ plus libre à nous défendre, en feignant d'attaquer simplement la thèse proposée, et évaporer toute notre bile contre qui nous pique de cette manière subtile, sans qu'il paraisse que nous le fassions pour notre intérêt. Pour remettre la vieille de son émotion, le frère continue, sans faire semblant d'apercevoir le désordre où son discours l'a mise, et, pour un exemple de bigoterie qu'elle avait apporté, il en donne six ou sept, qu'il propose, soutient et prouve l'être de la véritable vertu; nombre qui excède de beaucoup celui des bigots allégués par la vieille, pour aller au-devant des jugements, malicieux ou libertins, qui voudraient induire de l'aventure qui fait le sujet de cette pièce, qu'il n'y a point ou fort peu de véritables gens de bien, en témoignant par ce dénombrement que le nombre en est grand en soi, voire très-grand, si on le compare à celui des fieffés bigots qui ne réussiraient pas si bien dans le monde s'ils étaient en si grande quantité. Enfin, la vieille sort de colère, et, étant encore dans la chaleur de la dispute, donne un soufflet, sans aucun sujet, à la petite fille sur qui elle s'appuie, qui n'en pouvait mais. Cependant le frère parlant d'elle, et l'appelant *la bonne femme,* donne occasion à la suivante de mettre la dernière main à ce ravissant caractère, en lui disant *qu'il n'aurait qu'à l'appeler ainsi devant elle, qu'elle lui dirait bien qu'elle le trouve bon, et qu'elle n'est point d'âge à mériter ce nom.*

Ensuite, ceux qui sont restés parlent d'affaires, et exposent qu'ils sont en peine de faire achever un mariage qui est arrêté depuis longtemps d'un fort brave cavalier avec la fille de la maison, et que pourtant le père de la fille diffère fort obstinément; ne sachant quelle peut être la cause de ce retardement, ils l'attribuent fort naturellement au principe général de toutes les actions de ce pauvre homme, coiffé de M. Panulphe, c'est-à-dire à M. Panulphe même, sans toutefois comprendre pourquoi ni comment il peut en être la cause. Et là on commence à raffiner le caractère du saint personnage, en montrant, par l'exemple de cette affaire domestique, comment les dévots, ne s'arrêtant pas simplement à ce qui est plus directement de leur métier, qui est de critiquer et de mordre, passent au delà, sous des prétextes plausibles, à s'ingérer dans les affaires les plus secrètes et les plus séculières des familles.

Quoique la dame se trouvât assez mal, elle était descendue avec bien de l'incommodité dans cette salle basse, pour accompagner sa belle-mère : ce qui commence à former admirablement son caractère, tel qu'il le faut pour la suite, d'une vraie femme de bien, qui connaît parfaitement ses véritables devoirs, et qui y satisfait jusqu'au scrupule. Elle se retire avec la fille dont est question, nommée Mariane, et le frère de cette fille, nommé Damis; après être tombés d'accord tous ensemble que le frère de la dame pressera son mari pour avoir de lui une dernière réponse sur le mariage[1].

La suivante demeure avec ce frère, dont le personnage est tout à fait heureux, dans cette occasion, pour faire rapporter avec vraisemblance et bienséance à un homme qui n'est pas de la maison, quoique intéressé pour sa sœur dans tout ce qui s'y passe, de quelle manière M. Panulphe y est traité. Cette fille le fait admirablement : elle conte comment *il tient le haut de la table aux repas;* comment *il est servi le premier de tout ce qu'il y a de meilleur;* comment *le maître de la maison et lui ne se traitent que de frère.* Enfin, comme elle est en beau chemin, monsieur arrive.

Il lui demande d'abord *ce qu'on fait à la maison,* et en reçoit pour réponse que *madame se porte assez mal;* à quoi, sans répliquer, il continue : *Et Panulphe?* La suivante, contrainte de répondre, lui dit brusquement que *Panulphe se porte bien.* Sur quoi l'autre s'écrie, d'un ton mêlé d'admiration et de compassion : *Le pauvre homme!* La suivante revient d'abord à l'incommodité de sa maîtresse, par trois fois est interrompue de même, répond de même, et revient de même; ce qui est la manière du monde la plus heureuse et la plus naturelle de produire un caractère aussi outré que celui de ce bon seigneur, qui paraît, de cette sorte, d'abord dans le plus haut degré de son entêtement; ce qui est nécessaire, afin que le changement qui se fera dans lui, quand

---

[1] En comparant cette partie de l'analyse et les scènes I et II du *Tartuffe,* on remarquera que la pièce a subi des changements assez considérables.

il sera désabusé (qui est proprement le sujet de la pièce), paraisse d'autant plus merveilleux au spectateur.

C'est ici que commence le caractère le plus plaisant et le plus étrange des bigots; car la suivante ayant dit que *madame n'a point soupé*, et monsieur ayant répondu, comme j'ai dit, *Et Panulphe?* elle réplique qu'*il a mangé deux perdrix, et quelque rôti outre cela*; ensuite qu'*il a fait la nuit tout d'une pièce*, sur ce que *sa maîtresse n'avait point dormi*; et qu'enfin *le matin, avant que de sortir, pour réparer le sang qu'avait perdu madame, il a bu quatre coups de bon vin pur*. Tout cela, dis-je, le fait connaître premièrement pour un homme très-sensuel et fort gourmand, ainsi que le sont la plupart des bigots.

La suivante s'en va, et les beaux-frères restant seuls, le sage prend occasion, sur ce qui vient de se passer, de pousser l'autre sur le chapitre de son Panulphe. Cela semble affecté, non nécessaire, et hors de propos à quelques-uns; mais d'autres disent que, quoique ces deux hommes aient à parler ensemble d'autre chose de conséquence, pourtant la constitution de cette pièce est si heureuse, que l'hypocrite étant cause directement ou indirectement de tout ce qui s'y passe, on ne saurait parler de lui qu'à propos; qu'ainsi ne soit, ayant fait entendre aux spectateurs, dans la scène précédente, que Panulphe gouverne absolument l'homme dont est question, il est fort naturel que son beau-frère prenne une occasion aussi favorable que celle-ci pour lui reprocher l'extravagante estime qu'il a pour ce cagot, qu'on croit être cause de la méchante disposition d'esprit où est le bonhomme touchant le mariage dont il s'agit, comme je l'ai déjà dit.

Le bon seigneur donc, pour se justifier pleinement sur ce chapitre à son beau-frère, se met à lui conter *comment il a pris Panulphe en amitié*. Il dit que, véritablement, *il était aussi pauvre des biens temporels que riche des éternels*; qualité commune presque à tous les bigots, qui, pour l'ordinaire, ayant peu de moyens et beaucoup d'ambition, sans aucun des talents nécessaires pour la satisfaire honnêtement, résolus cependant de l'assouvir à quelque prix que ce soit, choisissent la voie de l'hypocrisie, dont les plus stupides sont capables, et par où les plus fins se laissent duper. Le bonhomme continue qu'*il le voyait à l'église prier Dieu avec beaucoup d'assiduité et de marques de ferveur;* que, pour peu qu'on lui donnât, il disait bientôt, *C'est assez ;* et, quand il avait plus qu'il ne lui fallait, il l'allait, aussitôt qu'il l'avait reçu, souvent même *devant ceux qui lui avaient donné, distribuer aux pauvres*. Tout cela fait un effet admirable, en ce que, croyant parfaitement convaincre son beau-frère de la beauté de son choix et de la justice de son amitié pour Panulphe, le bonhomme le convainc entièrement de l'hypocrisie du personnage, par tout ce qu'il dit; de sorte que ce même discours fait un effet directement contraire sur ces deux hommes, dont l'un est aussi charmé, par son propre récit, de la vertu de Panulphe, que l'autre demeure persuadé de sa méchanceté : ce qui joue si bien, que vous ne sauriez l'imaginer.

L'histoire du saint homme étant faite de cette sorte, et par une bouche très-fidèle, puisqu'elle est passionnée, finit son caractère, et attire nécessairement toute la foi du spectateur. Le beau-frère, plus pleinement confirmé dans son opinion qu'auparavant, prend occasion, sur ce sujet, de faire des réflexions très-solides sur les différences qui se rencontrent entre la véritable et la fausse vertu; ce qu'il fait toujours d'une manière nouvelle.

Vous remarquerez, s'il vous plaît, que d'abord l'autre, voulant exalter son Panulphe, commence à dire que *c'est un homme;* de sorte qu'il semble qu'il aille faire un long dénombrement de ses bonnes qualités; et tout cela se réduit pourtant à dire encore une ou deux fois, *mais un homme, un homme,* et à conclure, *un homme enfin :* ce qui veut dire plusieurs choses admirables : l'une, que les bigots n'ont pour l'ordinaire aucune bonne qualité, et n'ont pour tout mérite que leur bigoterie ; ce qui paraît en ce que l'homme même qui est infatué de celui-ci ne sait que dire pour le louer : l'autre est un beau jeu du sens de ces mots, *c'est un homme*, qui concluent très-véritablement que Panulphe est extrêmement un homme, c'est-à-dire un fourbe, un méchant, un traître et un animal très-pervers, dans le langage de l'ancienne comédie. Et, enfin, la merveille qu'on trouve dans l'admiration que notre entêté a pour son bigot, quoiqu'il ne sache que dire pour le louer, montre parfaitement le pouvoir vraiment étrange de la religion sur les esprits des hommes, qui ne leur permet pas de faire aucune réflexion sur les défauts de ceux qu'ils estiment pieux, et qui est plus grand lui seul que celui de toutes les autres choses ensemble.

Le bonhomme, pressé par les raisonnements de son beau-frère, auxquels il n'a rien à répondre, bien qu'il les croie mauvais, lui dit adieu brusquement, et le veut quitter sans autre réponse ; ce qui est le procédé naturel des opiniâtres. L'autre le retient, pour lui parler de l'affaire du mariage, sur laquelle il ne lui répond qu'obliquement, sans se déclarer, et enfin à la manière des bigots, qui ne disent jamais rien de positif, de peur de s'engager à quelque chose, et qui colorent toujours l'irrésolution qu'ils témoignent de prétextes de religion. Cela dure jusqu'à ce que le beau-frère lui demande un *oui ou non*, à quoi lui, ne voulant point répondre, le quitte enfin brutalement, comme il avait déjà voulu faire : ce qui fait juger à l'autre que leurs affaires vont mal, et l'oblige d'y aller pourvoir.

La fille de la maison commence le second acte avec son père. Il lui demande si *elle n'est pas disposée à lui obéir toujours*, et à se conformer à ses volontés. Elle répond fort élégamment que *oui*. Il continue et lui demande encore, *que lui semble de M. Panulphe*. Elle, bien empêchée pourquoi on lui fait cette question, hésite ; enfin, pressée et encouragée de répondre, dit : *Tout ce que vous voudrez*. Le père lui dit qu'elle ne craigne point d'avouer ce qu'elle pense, et qu'elle dise hardiment ce qu'aussi bien il devine aisément, que *les mérites de M. Panulphe l'ont touchée, et qu'enfin elle l'aime.* Ce qui est admirablement dans la nature, que cet homme se soit mis dans l'esprit que sa fille trouve Panulphe aimable pour mari, à cause que lui l'aime pour ami; n'y ayant rien de plus vrai, dans les cas comme celui-ci, que la maxime, que nous jugeons des autres par nous-mêmes, parce que nous croyons toujours nos sentiments et nos inclinations fort raisonnables.

Il continue; et, supposant que ce qu'il s'imagine est une vérité, il dit qu'*il la veut marier avec Panulphe, et qu'il croit qu'elle lui obéira fort volontiers, quand il lui commandera de le recevoir pour époux.* Elle, surprise, lui fait redire, avec un *hé!* de doute et d'incertitude de ce qu'elle a ouï; à quoi le père réplique par un autre, d'admiration de ce doute, après qu'il s'est expliqué si clairement. Enfin, s'expliquant une seconde fois, et elle, pensant bonnement, sur ce qu'il a témoigné croire qu'elle aime Panulphe, que c'est peut-être ensuite de cette croyance qu'il les veut marier ensemble, lui dit, avec un empressement fort plaisant, *qu'il n'en est rien; qu'il n'est pas vrai qu'elle l'aime.* De quoi le père se mettant en colère, la suivante survient, qui dit son sentiment là-dessus, comme on peut penser. Le père s'emporte assez longtemps contre elle, sans la pouvoir faire taire; enfin, comme elle s'en va, il s'en va aussi. Elle revient, et fait une scène toute de reproches et de railleries à la fille, sur la faible résistance qu'elle fait au beau dessein de son père, et lui dit fort plaisamment que *s'il trouve son Panulphe si bien fait* (car le bonhomme avait voulu lui prouver cela), *il peut l'épouser lui-même, si bon lui semble.* Sur ce discours, Valère, amant de cette fille, à qui elle est promise, arrive. Il lui demande d'abord *si la nouvelle qu'il a apprise* de ce prétendu mariage *est véritable.* A quoi, dans la terreur où les menaces de son père et la surprise où ces nouveaux desseins l'ont jetée, ne répondant que faiblement et comme en tremblant, Valère continue à lui demander *ce qu'elle fera*. Interdite en partie de son aventure, en partie irritée du doute où il témoigne en quelque façon être de son amour, elle lui répond *qu'elle fera ce qu'il lui conseillera*. Il réplique encore plus irrité de cette réponse, que, *pour lui, il lui conseille d'épouser Panulphe*. Elle repart, sur le même ton, *qu'elle suivra son conseil*. Il témoigne s'en peu soucier; elle encore moins : enfin ils se querellent et se brouillent si bien ensemble, qu'après mille retours ingénieux et passionnés, comme ils sont prêts à se quitter, la suivante, qui les regardait faire pour en avoir le divertissement, entreprend de les raccommoder, et fait tant qu'elle en vient à bout. Ils concluent, comme elle leur conseille, de ne se point voir pour quelque temps, et faire semblant cependant de fléchir aux volontés du père. Cela arrêté, Dorine les fait partir chacun de leur côté, avec plus de peine qu'elle n'en avait eu à les retenir, quand ils avaient voulu s'en aller un peu devant. Ce dépit amoureux a semblé hors de propos à quelques-uns dans cette pièce; mais d'autres prétendent, au contraire, qu'il représente très-naïvement et très-moralement la variété surprenante des principes d'agir qui se rencontrent en ce monde dans une même affaire, la fatalité qui fait le plus souvent brouiller les gens ensemble quand il le faut le moins, et la sottise naturelle de l'esprit des hommes, et particulièrement des amants, de penser à toute autre chose, dans les extrémités, qu'à ce qu'il faut, et s'arrêter alors à des choses de nulle conséquence dans ces temps-là, au lieu d'agir solidement dans le véritable intérêt de la passion. Cela sert, disent-ils encore, à faire mieux voir l'emportement et l'entêtement du père, qui veut rompre et rendre malheureuse une amitié si belle, née par ses ordres; et l'injustice de la plupart des bienfaits que les dévots reçoivent des grands, qui tournent pour l'ordinaire au préjudice d'un tiers, et qui font toujours tort à quelqu'un; ce que les Panulphes pensent être rectifié par la considération seule de leur vertu prétendue ; comme si l'iniquité devenait innocente dans leur personne ! Outre cela, tout le monde demeure d'accord que ce dépit a cela de particulier et d'original par-dessus ceux qui ont paru jusqu'à présent sur le théâtre, qu'il naît et finit devant les spectateurs, dans une même scène, et tout cela aussi vraisemblablement que faisaient tous ceux qu'on avait vus auparavant, où ces colères amoureuses naissent de quelque tromperie faite par un tiers ou par le hasard, et la plupart du temps derrière le théâtre ; au lieu qu'ici elles naissent divinement, à la vue des spectateurs, de la délicatesse et de la force de la passion même ; ce qui mériterait de longs commentaires.

Enfin Dorine, demeurée seule, est abordée par sa maîtresse, et le frère de sa maîtresse avec Damis : tous ensembl parlant de ce beau mariage, et, ne sachant quelle autre voie prendre pour le rompre, se résolvent d'en faire parler à Panulphe même par la dame, parce qu'ils commencent à croire qu'il ne la hait pas. Et par là finit l'acte, qui laisse, comme on voit, dans toutes les règles de l'art, une curiosité et une impatience extrême de savoir ce qui arrivera de cette entrevue ; comme le premier avait laissé le spectateur en suspens et en doute de la cause pourquoi le mariage de Valère et de Mariane était rompu, qui est expliqué d'abord à l'entrée du second, comme on a vu.

Ainsi le troisième commence par le fils de la maison, et Dorine qui attend le bigot au passage, pour l'arrêter au nom de sa maîtresse, et lui demander de sa part une entrevue secrète. Damis le veut attendre aussi ; mais enfin la suivante le chasse. A peine l'a-t-il laissée, que Panulphe paraît, criant à son valet : *Laurent, serrez ma haire avec ma discipline ;* et que, si on le demande, *il va aux prisonniers distribuer le superflu de ses deniers.* C'est peut-être une adresse de l'auteur de ne l'avoir pas fait voir plus tôt, mais seulement quand l'action est échauffée : car un caractère de cette force tomberait, s'il paraissait sans faire d'abord un jeu digne de lui; ce qui ne se pouvait que dans le fort de l'action.

Dorine l'aborde là-dessus; mais à peine la voit-il, qu'il tire son mouchoir de sa poche, et le lui présente sans la regarder, pour mettre sur son sein qu'elle a découvert, en lui disant que *les âmes pudiques par cette vue sont blessées*, et que *cela fait venir de coupables pensées*. Elle lui répond *qu'il est donc bien fragile à la tentation*, et que *cela sied bien mal avec tant de dévotion*; que *pour elle*, qui n'est pas dévote de profession, *elle n'est pas de même*, et qu'elle *le verrait tout nu depuis la tête jusqu'aux pieds sans émotion aucune*. Enfin elle fait son message, et il le reçoit avec une joie qui le décontenance et le jette un peu hors de son rôle : et c'est ici où l'on voit représentée, mieux que nulle part ailleurs, la force de l'amour, et les grands et beaux jeux que cette passion peut faire, par les effets involontaires qu'il produit dans l'âme de toutes la plus concertée.

A peine la dame paraît, que notre cagot la reçoit avec un empressement qui, bien qu'il ne soit pas fort grand, paraît extraordinaire dans un homme de sa figure. Après qu'ils sont assis, il commence par lui rendre grâces de l'occasion qu'elle lui donne de la voir en particulier. Elle témoigne qu'il y a longtemps qu'elle avait envie aussi de l'entretenir. Il continue par des excuses *des bruits qu'il fait tous les jours pour les visites qu'elle reçoit*, et la prie de ne pas croire *que ce qu'il en fait soit par haine qu'il ait pour elle*. Elle répond qu'elle est persuadée que *c'est le soin de son salut qui l'y oblige*. Il réplique que *ce n'est pas ce motif seul*, mais que *c'est, outre cela, par un zèle particulier* qu'il a pour elle; et, sur ce propos, se met à lui conter fleurette, en termes de dévotion mystique, d'une manière qui surprend terriblement cette femme, parce que, d'une part, il lui semble étrange que cet homme la cajole; et d'ailleurs il lui prouve si bien, par un raisonnement tiré de l'amour de Dieu, qu'il la doit aimer, qu'elle ne sait comment le blâmer. Bien des gens prétendent que l'usage de ces termes de dévotion, que l'hypocrite emploie dans cette occasion, est une profanation blâmable que le poëte en fait : d'autres disent qu'on ne peut l'en accuser qu'avec injustice, parce que ce n'est pas lui seul qui parle, mais l'acteur qu'il introduit ; de sorte qu'on ne saurait lui imputer cela, non plus qu'on ne doit pas lui imputer toutes les impertinences qu'avancent les personnages ridicules des comédies : qu'ainsi il faut voir l'effet que l'usage de ces termes de piété de l'acteur peut faire sur le spectateur, pour juger si cet usage est condamnable. Et, pour le faire avec ordre, il faut supposer, disent-ils, que le théâtre est l'école de l'homme, dans laquelle les poëtes, qui étaient les théologiens du paganisme, ont prétendu purger la volonté des passions par la tragédie, et guérir l'entendement des opinions erronées par la comédie ; que, pour arriver à ce but, ils ont cru que le plus sûr moyen était de proposer les exemples des vices qu'ils voulaient détruire ; s'imaginant, et, avec raison, qu'il était plus à propos, pour rendre les hommes sages, de montrer ce qu'il leur fallait éviter, que ce qu'ils devaient imiter. Ils allèguent des raisons admirables de ce principe, que je passe sous silence, de peur d'être trop long. Ils continuent, que c'est ce que les poëtes ont pratiqué, en introduisant des personnages passionnés dans la tragédie, et des personnages ridicules dans la comédie (ils parlent du ridicule dans le sens d'Aristote, d'Horace, de Cicéron, de Quintilien, et des autres maîtres, et non pas dans celui du peuple) : qu'ainsi, faisant profession de faire voir de méchantes choses, si l'on n'entre dans leur intention, rien n'est si aisé que de faire leur procès ; il faut donc considérer si ces défauts sont produits d'une manière à en rendre la considération utile aux spectateurs ; ce qui se réduit presque à savoir s'ils sont produits comme défauts, c'est-à-dire comme méchants et ridicules ; car dès là ils ne peuvent faire qu'un excellent effet. Or, c'est ce qui se trouve merveilleusement dans notre hypocrite en cet endroit ; car l'usage qu'il y fait des termes de piété est si horrible de soi, que, quand le poëte aurait apporté autant d'art à diminuer cette horreur naturelle qu'il en a apporté à la faire paraître dans toute sa force, il n'aurait pu empêcher que cela ne parût toujours fort odieux : de sorte que, cet obstacle levé, continuent-ils, l'usage de ces termes ne peut être regardé que de deux manières très-innocentes, et de nulle conséquence dangereuse ; l'une, comme un voile vénérable et révéré que l'hypocrite met au-devant de la chose qu'il dit, pour l'insinuer sans horreur, sous des termes qui énervent toute la première impression que cette chose pourrait faire dans l'esprit, de sa turpitude naturelle ; l'autre est, en considérant cet usage comme l'effet de l'habitude que les bigots ont prise de se servir de la dévotion, et de l'employer partout à leur avantage, afin de paraître agir toujours par elle ; habitude qui leur est très-utile, en ce que le peuple, que ces gens-là ont en vue, et sur qui les paroles peuvent tout, se préviendra toujours d'une opinion de sainteté et de vertu pour les gens qu'il verra parler ce langage, comme si accoutumés aux choses spirituelles, et si peu à celles du monde, que, pour traiter celles-ci, ils sont contraints d'emprunter les termes de celles-là. Et c'est ici, concluent enfin ces messieurs, où il faut remarquer l'injustice de la grande objection qu'on a toujours faite contre cette pièce, qui est que, décriant les apparences de la vertu, on rend suspects ceux qui, outre cela, en ont le fonds, aussi bien que ceux qui ne l'ont pas ; comme si ces apparences étaient les mêmes dans les uns que dans les autres ; que les véritables dévots fussent capables des affectations que cette pièce reprend dans les hypocrites, et que la vertu n'eût pas un dehors reconnaissable de même que le vice !

Voilà comme raisonnent ces gens-là ; je vous laisse à juger s'ils ont tort, et reviens à mon histoire. Les choses étant dans cet état, et, pendant ce dévotieux entretien, notre cagot s'approchant toujours de la dame, même sans y penser, à ce qu'il semble, à mesure qu'elle s'éloigne ; enfin il lui prend la main, comme par manière de geste, et pour lui faire quelque protestation qui exige d'elle une attention particulière; et, tenant cette main, il la presse si fort entre les siennes, qu'elle est contrainte de lui dire: *Que vous me serrez fort!* à quoi il répond soudain, à propos de ce qu'il disait, se recueillant et s'apercevant de son transport : *C'est par excès de zèle.* Un moment après il s'oublie de nouveau, et, promenant sa main sur le genou de la dame, elle lui dit, confuse de cette liberté, *ce que fait là sa main?* Il répond, aussi surpris que la première fois, qu'*il trouve son étoffe moelleuse;* et, pour rendre plus vraisemblable cette défaite, par un artifice fort naturel, il continue de considérer son ajustement, et s'attaque *à son collet, dont le point lui semble admirable.* Il y porte la main encore, pour le manier et le considérer de plus près; mais elle le repousse, plus honteuse que lui. Enfin, enflammé par tous ces petits commencements, par la présence d'une femme bien faite qu'il adore, et qui le traite avec beaucoup de civilité, et par les douceurs attachées à la première découverte d'une passion amoureuse, il lui fait sa déclaration dans les termes ci-dessus examinés; à quoi elle répond que, *bien qu'un tel aveu ait droit de la surprendre dans un homme aussi dévot que lui...* Il l'interrompt à ces mots, en s'écriant, avec un transport fort éloquent : *Ah! pour être dévot, on n'en est pas moins homme.* Et, continuant sur ce ton, il lui fait voir d'autre part les avantages qu'il y a à être aimée d'un homme comme lui; que le commun des gens du monde, cavaliers et autres, gardent mal un secret amoureux, et n'ont rien de plus pressé, après avoir reçu une faveur, que de s'en aller vanter; mais que, pour ceux de son espèce, *le soin,* dit-il, *que nous avons de notre renommée est un gage assuré pour la personne aimée; et l'on trouve avec nous, sans risquer son honneur, de l'amour sans scandale, et du plaisir sans peur.* De là, après quelques autres discours, revenant à son premier sujet, il conclut qu'*elle peut bien juger, considérant son air, qu'enfin tout homme est homme, et qu'un homme est de chair.* Il s'étend admirablement là-dessus, et lui fait si bien sentir son humanité et sa faiblesse pour elle, qu'il ferait presque pitié, s'il n'était interrompu par Damis, qui, sortant d'un cabinet voisin dont il a tout ouï, et voyant que la dame, sensible à cette pitié, promettait au cagot de ne rien dire, pourvu qu'il la servît dans l'affaire du mariage de Mariane, dit qu'*il faut que la chose éclate,* et qu'elle soit sue dans le monde. Panulphe paraît surpris, et demeure muet, mais pourtant sans être déconcerté. La dame prie Damis de ne rien dire ; mais il s'obstine dans son premier dessein. Sur cette contestation le mari arrivant, il lui conte tout. La dame avoue la vérité de ce qu'il dit, mais en le blâmant de le dire. Son mari les regarde l'un et l'autre d'un œil de courroux ; et, après leur avoir reproché, de toutes les manières les plus aigres qu'il se peut, *la fourbe mal conçue qu'ils lui veulent jouer* ; enfin, venant à l'hypocrite, qui cependant a médité son rôle, il le trouve qui, bien loin d'entreprendre de se justifier, par un excellent artifice, se condamne et s'accuse lui-même, en général et sans rien spécifier, de toutes sortes de crimes ; qu'il est *le plus grand des pécheurs, un méchant, un scélérat ; qu'ils ont raison de le traiter de la sorte ; qu'il doit être chassé de la maison comme un ingrat et un infâme ; qu'il mérite plus que cela ; qu'il n'est qu'un ver, qu'un néant : quelques gens jusqu'ici me croient homme de bien ; mais, mon frère, on se trompe, hélas ! je ne vaux rien.* Le bonhomme, charmé par cette humilité, s'emporte contre son fils d'une étrange sorte, l'appelant vingt fois *coquin !* Panulphe, qui le voit en beau chemin, l'anime encore davantage, en s'allant mettre à genoux devant Damis, et lui demandant pardon, sans dire de quoi. Le père s'y jette aussi, d'abord pour le relever, avec des rages extrêmes contre son fils. Enfin, après plusieurs injures, il veut l'obliger de se jeter *à genoux* devant monsieur Panulphe, et *lui demander pardon ;* mais Damis refusant de le faire, et aimant mieux quitter la place, il le chasse, et, *le déshéritant, lui donne sa malédiction.* Après, c'est à consoler monsieur Panulphe, lui faire cent satisfactions pour les autres, et enfin lui dire qu'*il lui donne sa fille en mariage*, et avec cela, qu'*il veut lui faire une donation de tout son bien; qu'un gendre vertueux comme lui vaut mieux qu'un fils fou* comme le sien. Après avoir exposé ce beau projet, il vient au bigot de plus près, et avec la plus grande humilité du monde, et tremblant d'être refusé, il lui demande fort respectueusement *s'il n'acceptera pas l'offre qu'il lui propose.* A quoi le dévot répond fort chrétiennement : *La volonté du ciel soit faite en toutes choses!* Cela étant arrêté de la sorte avec une joie extrême de la part du bonhomme, Panulphe le prie de trouver bon *qu'il ne parle plus à sa femme,* et de ne l'obliger plus à avoir aucun commerce avec elle : à quoi l'autre répond, donnant dans le piège que lui tend l'hypocrite, qu'*il veut, au contraire, qu'ils soient toujours ensemble en dépit de tout le monde.* Là-dessus ils s'en vont chez le notaire passer le contrat de mariage et la donation.

Au quatrième, le frère de la dame dit à Panulphe qu'il est bien aise de le rencontrer pour lui dire son sentiment sur tout ce qui se passe, et pour lui demander *s'il ne se croit pas obligé, comme chrétien, de pardonner à Damis,* bien loin de le faire déshériter. Panulphe lui répond que, *quant à lui, il lui pardonne de bon cœur; mais que l'intérêt du ciel ne lui permet pas d'en user autrement.* Pressé d'expliquer cet intérêt, il dit que s'il s'accommodait avec Damis et la dame, il donnerait sujet de croire qu'il est coupable; que les gens comme lui doivent avoir plus de soin que cela de leur réputation; et qu'enfin *on dirait qu'il les aurait recherchés de cette manière pour les obliger au silence.* Le frère, surpris d'un raisonnement si malicieux, insiste à lui demander *si, par un motif tel que celui-là, il croit pouvoir chasser de la maison le légitime héritier, et accepter le don extravagant que son père lui veut faire de son bien.* Le bigot répond à cela, que *s'il se rend facile à ses pieux desseins, c'est de peur que ce bien ne tombât en de mauvaises mains.* Le frère s'écrie là-dessus, avec un emportement fort naturel, qu'il faut laisser au ciel à empêcher la prospérité des méchants, et qu'il ne faut point *prendre son intérêt plus qu'il ne fait lui-même.* Il pousse quelque temps fort à propos cette excellente morale, et conclut enfin en disant au cagot, par forme de conseil : *Ne serait-il pas mieux qu'en personne discrète, vous fissiez de céans une honnête retraite?* Le bigot, qui se sent pressé et piqué trop sensiblement par cet avis, lui dit : *Monsieur, il est trois heures et demie, et certain devoir chrétien m'appelle en d'autres lieux,* et le quitte de cette sorte. Cette scène met dans un beau jour un des plus importants et des plus naturels caractères de la bigoterie, qui est de violer les droits les plus sacrés et les plus légitimes, tels que ceux des enfants sur le bien des pères, par des exceptions qui n'ont en effet d'autre fondement que l'intérêt particulier des bigots. La distinction subtile que le cagot fait du pardon du cœur avec celui de la conduite est aussi une autre marque naturelle de ces gens-là, et un avant-goût de sa théologie, qu'il expliquera ci-après en bonne occasion. Enfin, la manière dont il met fin à la conversation est un bel exemple de l'irraisonnabilité, pour ainsi dire, de ces bons messieurs, de qui on ne tire jamais rien en raisonnant, qui n'expliquent point les motifs de leur conduite, de peur de faire tort à leur dignité par cette espèce de soumission, et qui, par une exacte connaissance de la nature et de leur intérêt, ne veulent jamais agir que par l'autorité seule que leur donne l'opinion qu'on a de leur vertu.

Le frère demeuré seul, sa sœur vient avec Mariane et Dorine. A peine ont-ils parlé quelque temps de leurs affaires communes, que le mari arrive avec un papier en sa main, disant qu'*il tient de quoi les faire tous enrager.* C'est, je pense, le contrat de mariage ou la donation. D'abord Mariane se jette à ses genoux, et le harangue si bien, qu'elle le touche. On voit cela dans la mine du pauvre homme, et c'est ce qui est un trait admirable de l'entêtement ordinaire aux bigots, pour montrer comme ils se défont de toutes les inclinations naturelles et raisonnables; car celui-ci, se sentant attendrir, se ravise tout d'un coup, et se disant à soi-même, croyant faire une chose fort héroïque : *Ferme, ferme, mon cœur, point de faiblesse humaine!* Après cette belle résolution, il fait lever sa fille, et lui dit que *si elle cherche à s'humilier et à se mortifier dans un couvent, d'autant plus elle a d'aversion pour Panulphe, d'autant plus méritera-t-elle avec lui.* Je ne sais si c'est ici qu'il dit que Panulphe *est fort gentilhomme;* à quoi Dorine répond : *Il le dit.* Et sur cela le frère lui représente excellemment, à son ordinaire, *qu'il sied mal à ces sortes de gens de se vanter des avantages du monde.* Enfin, le discours retombant fort naturellement sur l'aventure de l'acte précédent, et sur l'imposture prétendue de Damis et de la dame, le mari, croyant les convaincre de la calomnie qu'il leur impute, objecte à sa femme que *si elle disait vrai,* et si effectivement elle venait d'être poussée par Panulphe sur une matière si délicate, *elle aurait été bien autrement émue qu'elle n'était,* et qu'elle était trop tranquille pour n'avoir pas médité de longue main cette pièce. Objection admirable dans la nature des bigots, qui n'ont qu'emportement en tout, et qui ne peuvent s'imaginer que personne ait plus de modération qu'eux. La dame répond excellemment, que *ce n'est pas en s'emportant qu'on réprime le mieux les folies de cette espèce, et que souvent un froid refus opère mieux que de dévisager les gens; qu'une honnête femme ne doit faire que rire de ces sortes d'offenses, et qu'on ne saurait mieux les punir qu'en les traitant de ridicules.* Après plusieurs discours de cette nature, tant d'elle que des autres, pour montrer la vérité de ce dont ils ont accusé Panulphe, le bonhomme persistant dans son incrédulité, on offre de lui faire voir ce qu'on lui dit. Il se moque longtemps de cette proposition, et s'emporte contre ceux qui la font, en détestant leur impudence. Pourtant, à force de lui répéter la même chose, et de lui demander *ce qu'il dirait s'il voyait ce qu'il ne peut croire*, ils le contraignent de répondre : *Je dirais, je dirais que... je ne dirais rien; car cela ne se peut.* Trait inimitable, ce me semble, pour représenter l'effet de la pensée d'une chose sur un esprit convaincu de l'impossibilité de cette chose. Cependant, on fait tant qu'on l'oblige à vouloir bien essayer ce qui en sera, ne fût-ce que pour avoir le plaisir de confondre les calomniateurs de son Panulphe : c'est à cette fin que le bonhomme s'y résout, après beaucoup de résistance. Le dessein de la dame, qu'elle expose alors, est, après avoir fait cacher son mari sous la table, de voir Panulphe reprendre l'entretien de leur conversation précédente, et l'obliger à se découvrir tout entier par la facilité qu'elle lui fera paraître : elle commande à Dorine de le faire venir; celle-ci, voulant faire faire réflexion à sa maîtresse sur la difficulté de son entreprise, lui dit qu'*il a de grands sujets de défiance extrême :* mais la dame répond divinement qu'*on est facilement trompé par ce qu'on aime;* principe qu'elle prouve admirablement dans la suite par expérience, et que le poëte a jeté exprès en avant, pour rendre plus vraisemblable ce qu'on doit voir.

Le mari placé dans sa cachette, et les autres sortis, elle reste seule avec lui, et lui tient à peu près ce discours : qu'*elle va faire un étrange personnage et peu ordinaire à une femme de bien, mais qu'elle y est contrainte, et que ce n'est qu'après avoir tenté en vain tous les autres remèdes; qu'il va entendre un langage assez dur à souffrir à un mari dans la bouche d'une femme, mais que c'est sa faute; qu'au reste l'affaire n'ira qu'aussi loin qu'il voudra, et que c'est à lui de l'interrompre où il jugera à propos.* Il se cache, et Panulphe vient. C'est ici où le poëte avait à travailler pour venir à bout de son dessein; aussi y a-t-il pensé par avance; et, prévoyant cette scène comme devant être son chef-d'œuvre, il a disposé les choses admirablement, pour la rendre parfaitement vraisemblable. C'est ce qu'il serait inutile d'expliquer, parce que tout cela paraît très-clairement par le discours même de la dame, qui se sert merveilleusement de tous les avantages de son sujet et de la disposition présente des choses, pour faire donner l'hypocrite dans le panneau. Elle commence par dire, *qu'il a vu combien elle a prié Damis de se taire, et le dessein où elle était de cacher l'affaire; que si elle ne l'a pas poussé plus fortement, il voit bien qu'elle a dû ne le pas faire par politique; qu'il a vu sa surprise à l'abord de son mari, quand Damis a tout conté* (ce qui était vrai; mais c'était pour l'impudence avec laquelle Panulphe avait d'abord soutenu et détourné la chose); *et comme elle a quitté la place, de douleur de le voir en danger de souffrir une telle confusion; qu'au reste, il peut bien juger par quel sentiment elle avait demandé de le voir en particulier, pour le prier si instamment de refuser l'offre qu'on lui fait de Mariane pour l'épouser; qu'elle ne s'y serait pas tant intéressée, et qu'il ne lui serait pas si terrible de le voir entre les bras d'une autre, si quelque chose de plus fort que la raison et l'intérêt de la famille ne s'en était mêlé; qu'une femme fait beaucoup, en effet, dans ses premières déclarations, que de promettre le secret; qu'elle reconnaît bien que c'est tout que cela, et qu'on ne saurait s'engager plus fortement.* Panulphe témoigne d'abord quelque doute, par des interrogations qui donnent lieu à la dame de dire toutes ces choses en y répondant; enfin, insensiblement ému par la présence d'une belle personne qu'il adore, qui effectivement avait reçu avec beaucoup de modération, de retenue et de bonté la déclaration de son amour, qui le cajole à présent, et qui le paie de raisons assez plausibles, il commence à s'aveugler, à se rendre, et à croire qu'il se peut faire que c'est tout de bon qu'elle parle, et qu'elle ressent ce qu'elle dit. Il conserve pourtant encore quelque jugement, comme il est impossible à un homme fort sensé de passer tout à fait d'une extrémité à l'autre; et, par un mélange admirable de passion et de défiance, il lui demande, après beaucoup de paroles, des assurances *réelles*, et des faveurs pour gages de la vérité de ses paroles; elle répond en biaisant, il réplique en pressant; enfin, après quelques façons, elle témoigne se rendre : il triomphe; et, voyant qu'elle ne lui objecte plus que le péché, il lui découvre le fond de sa morale, et tâche de lui faire comprendre qu'*il hait le péché autant et plus qu'elle ne fait;* mais que, dans l'affaire dont il s'agit entre eux, *le scandale en effet est la plus grande offense, et c'est une vertu de pécher en silence;* que, quand au fond de la chose, *il est avec le ciel des accommodements*. Et, après une longue déduction des adresses des directeurs modernes, il conclut que *quand on ne se peut sauver par l'action, on se met à couvert par son intention*. La pauvre dame, qui n'a plus rien à objecter, est bien en peine de ce que son mari ne sort point de sa cachette après lui avoir fait avec le pied tous les signes qu'elle a pu; enfin elle s'avise, pour achever de le persuader, et pour l'outrer tout à fait, de mettre le cagot sur son chapitre : elle lui dit donc, *qu'il voie à la porte s'il n'y a personne qui vienne ou qui écoute, et si par hasard son mari ne passerait point*. Il répond, en se disposant pourtant à lui obéir, que *son mari est un fat, un homme préoccupé* jusqu'à l'extravagance, et de sorte *qu'il est dans un état à tout voir sans rien croire*. Excellente adresse du poëte, qui a appris d'Aristote qu'il n'est rien de plus sensible que d'être méprisé par ceux que l'on estime, et qu'ainsi c'était la dernière corde qu'il fallait faire jouer; jugeant bien que le bonhomme souffrirait plus impatiemment d'être traité de ridicule et de fat par le saint frère, que de lui voir cajoler sa femme jusqu'au bout; quoique dans l'apparence première, et au jugement des autres, ce dernier outrage paraisse plus grand.

En effet, pendant que le galant va à la porte, le mari

sort de dessous la table, et se trouve droit devant l'hypocrite, quand il revient à la dame pour achever l'œuvre si heureusement acheminée. La surprise de Panulphe est extrême, se trouvant le bonhomme entre les bras, qui ne peut exprimer que confusément son étonnement et son admiration. La dame, conservant toujours le caractère d'honnêteté qu'elle a fait voir jusqu'ici, paraît honteuse de la fourbe qu'elle a faite au bigot, et lui en demande quelque sorte de pardon, en s'excusant sur la nécessité. Toutefois le bigot ne se trouble point, conserve toute sa froideur naturelle, et, ce qui est d'admirable, ose encore persister après cela à parler comme devant; et c'est où il faut reconnaître le suprême caractère de cette sorte de gens, de ne se démentir jamais quoi qui arrive; de soutenir à force d'impudence toutes les attaques de la fortune; n'avouer jamais avoir tort; détourner les choses avec le plus d'adresse qu'il se peut, mais toujours avec toute l'assurance imaginable; et tout cela parce que les hommes jugent des choses plus par les yeux que par la raison; que peu de gens étant capables de cet excès de fourberie, la plupart ne peuvent le croire; et qu'enfin on ne saurait dire combien les paroles peuvent sur les esprits des hommes.

Panulphe persiste donc dans sa manière accoutumée, et pour commencer à se justifier près de *son frère,* car il ose encore le nommer de la sorte, dit quelque chose du *dessein qu'il pouvait avoir* dans ce qui vient d'arriver; et sans doute il allait forger quelque excellente imposture, lorsque le mari, sans lui donner loisir de s'expliquer, épouvanté de son effronterie, *le chasse de sa maison, et lui commande d'en sortir.* Comme Panulphe voit que ses charmes ordinaires ont perdu leur vertu, sachant bien que quand une fois on est revenu de ces entêtements extrêmes, on n'y retombe jamais, et pour cela même voyant bien qu'il n'y a plus d'espérance pour lui, il change de batterie, et sans pourtant sortir de son personnage naturel de dévot, dont il voit bien dès là qu'il aura extrêmement besoin dans la grande affaire qu'il va entreprendre, mais seulement comme justement irrité de l'outrage qu'on fait à son innocence, il répond à ces menaces par d'autres plus fortes, et dit que *c'est à eux à vider la maison dont il est le maître* en vertu de la donation dont il a été parlé; et les quittant là-dessus, les laisse dans le plus grand de tous les étonnements, qui augmente encore lorsque le bonhomme se souvient d'une certaine cassette, dont il témoigne d'abord être en extrême peine, sans dire ce que c'est, étant trop pressé d'aller voir si elle est encore dans un lieu qu'il dit. Il y court, et sa femme le suit.

Le cinquième acte commence par le mari et le frère. le premier, étourdi de n'avoir point trouvé cette cassette, dit qu'elle est de grande conséquence, et que *la vie, l'honneur et la fortune de ses meilleurs amis, et peut-être la sienne propre, dépendent des papiers qui sont dedans.* Interrogé pourquoi il l'avait confiée à Panulphe, il répond que c'est *par principe de conscience;* que Panulphe lui fit entendre que *si on venait à lui demander ces papiers, comme tout se sait, il serait contraint de nier de les avoir pour ne pas trahir ses amis; que, pour éviter ce mensonge, il n'avait qu'à les remettre dans ses mains, où ils seraient autant dans sa disposition qu'auparavant; après quoi il pourrait, sans scrupule, nier hardiment de les avoir.* Enfin, le bonhomme explique merveilleusement à son beau-frère, par l'exemple de cette affaire, de quelle manière les bigots savent intéresser la conscience dans tout ce qu'ils font et ne font pas, et étendre leur empire par cette voie jusqu'aux choses les plus importantes et les plus éloignées de leur profession.

Le frère fait, dans ces perplexités, le personnage d'un véritable honnête homme, qui songe à réparer le mal arrivé, et ne s'amuse point à le reprocher à ceux qui l'ont causé, comme font la plupart des gens, surtout quand par hasard ils ont prévu ce qu'ils voient. Il examine mûrement les choses, et conclut, à la désolation commune, que *le fourbe étant armé de toutes ces différentes pièces, régulièrement, peut les perdre de toute manière*, et que c'est une affaire sans ressource. Sur cela le mari s'emporte pitoyablement, et conclut, par un raisonnement ordinaire aux gens de sa sorte, *qu'il ne se fiera jamais en homme de bien*. Ce que son beau-frère relève excellemment, en lui remontrant *sa mauvaise disposition d'esprit, qui lui fait juger de tout avec excès, et l'empêche de s'arrêter jamais dans le juste milieu, dans lequel seul se trouvent la justice, la raison et la vérité; que de même que l'estime et la considération qu'on doit avoir pour les véritables gens de bien ne doivent point passer jusqu'aux méchants qui savent se couvrir de quelque apparence de vertu, ainsi l'horreur qu'on doit avoir pour les méchants et les hypocrites ne doit point faire de tort aux véritables gens de bien, mais au contraire doit augmenter la vénération qui leur est due, quand on les connaît parfaitement*. Là-dessus la vieille arrive, et tous les autres; elle demande d'abord *quel bruit c'est qui court d'eux par le monde?* Son fils répond que c'est que *M. Panulphe le veut chasser de chez lui, et le dépouiller de tout son bien, parce qu'il l'a surpris caressant sa femme*. La suivante sur cela, qui n'est pas si honnête que le frère, ne peut s'empêcher de s'écrier : *Le pauvre homme!* comme le mari faisait au premier acte, touchant le même Panulphe. La vieille, encore entêtée du saint personnage, n'en veut rien croire : et sur cela enfile un long lieu commun *de la médisance et des méchantes langues*. Son fils lui dit qu'*il l'a vu*, et que ce n'est pas un ouï-dire; la vieille, qui ne l'écoute pas, et qui est charmée de la beauté de son lieu commun, ravie d'avoir une occasion illustre comme celle-là de le pousser bien loin, continue sa légende, et cela tout par les manières ordinaires aux gens de cet âge, des proverbes, des apophthegmes, des dictons du vieux temps, des exemples de sa jeunesse, et des citations de gens qu'elle a connus. Son fils a beau se tuer de lui répéter qu'*il l'a vu;*

elle, qui ne pense point à ce qu'il lui dit, mais seulement à ce qu'elle veut dire, ne s'écarte point de son premier chemin. Sur quoi la suivante, encore malicieusement, comme il convient à ce personnage, mais pourtant fort moralement, dit au mari, *qu'il est puni selon ses mérites, et que, comme il n'a point voulu croire longtemps ce qu'on lui disait, on ne veut point le croire lui-même à présent sur le même sujet.* Enfin la vieille, forcée de prêter l'oreille pour un moment, répond en s'opiniâtrant, que *quelquefois il faut tout voir pour bien juger, que l'intention est cachée, que la passion préoccupe, et fait paraître les choses autrement qu'elles ne sont, et qu'enfin il ne faut pas toujours croire tout ce qu'on voit; qu'ainsi, il fallait s'assurer mieux de la chose avant que de faire éclat.* Sur quoi son fils s'emportant, lui répond brusquement qu'*elle voudrait donc qu'il eût attendu pour éclater que Panulphe eût... Vous me feriez dire quelque sottise.* Manière admirablement naturelle de faire entendre avec bienséance une chose aussi délicate que celle-là.

Le pauvre homme serait encore à présent, que je crois, à persuader sa mère de la vérité de ce qu'il lui dit, et elle à le faire enrager, si quelqu'un ne heurtait à la porte. C'est un homme qui, à la manière obligeante, honnête, caressante et civile dont il aborde la compagnie, soi-disant venir de la part de M. Panulphe, semble être là pour demander pardon, et accommoder toutes choses avec douceur, bien loin d'y être pour sommer toute la famille, dans la personne du chef, de vider la maison au plus tôt : car enfin, comme il se déclare lui-même, *il s'appelle Loyal, et depuis trente ans il est sergent à verge en dépit de l'envie;* mais tout cela, comme j'ai dit, avec le plus grand respect et la plus tendre amitié du monde. Ce personnage est un supplément admirable du caractère bigot, et fait voir comme il en est de toutes professions, et qui sont liés ensemble bien plus étroitement que ne le sont les gens de bien, parce qu'étant plus intéressés, ils considèrent davantage, et connaissent mieux combien ils se peuvent être utiles les uns aux autres dans les occasions : ce qui est l'âme de la cabale. Cela se voit bien clairement dans cette scène, car cet homme, qui a tout l'air de ce qu'il est, c'est-à-dire du plus raffiné fourbe de sa profession, ce qui n'est pas peu de chose; cet homme, dis-je, y fait l'acte du monde le plus sanglant, avec toutes les façons qu'un homme de bien pourrait faire le plus obligeant ; et cette détestable manière sert encore au but des Panulphes pour ne se faire point d'affaires nouvelles, et au contraire mettre les autres dans le tort par cette conduite si honnête en apparence, et si barbare en effet. Ce caractère est si beau, que je ne saurais en sortir ; aussi le poëte, pour le faire jouer plus longtemps, a employé toutes les adresses de son art : il lui fait dire plusieurs choses d'un ton et d'une force différente par les diverses personnes qui composent la compagnie, pour le faire répondre à toutes selon son but; même pour le faire davantage parler, il le fait proposer et offrir une espèce de grâce, qui est un délai d'exécution, mais accompagné de circonstances plus choquantes que ne serait un ordre absolu. Enfin il sort; et à peine la vieille s'est-elle écriée : *Je ne sais plus que dire, et suis tout ébaubie*, et les autres ont-ils fait réflexion sur leur aventure, que Valère, l'amant de Mariane, entre et donne avis au mari que *Panulphe, par le moyen des papiers qu'il a entre les mains, l'a fait passer pour criminel d'État près du prince; qu'il sait cette nouvelle par l'officier même qui a l'ordre de l'arrêter, lequel a bien voulu lui rendre ce service que de l'en avertir; que son carrosse est à la porte avec mille louis, pour prendre la fuite*. Sans autre délibération, on oblige le mari à le suivre; mais, comme ils sortent, ils rencontrent Panulphe avec l'officier qui les arrêtent. Chacun éclate contre l'hypocrite en reproches de diverses manières ; à quoi, étant pressé, il répond que *la fidélité qu'il doit au prince est plus forte sur lui que toute autre considération*. Mais le frère de la dame répliquant à cela, et lui demandant *pourquoi, si son beau-frère est criminel, il a attendu pour le déférer qu'il l'eût surpris voulant corrompre la fidélité de sa femme?* Cette attaque le mettant hors de défense, il prie l'officier *de le délivrer de toutes ces criailleries, et de faire sa charge* : ce que l'autre lui accorde, mais *en le faisant prisonnier lui-même.* De quoi, tout le monde étant surpris, l'officier rend raison, et cette raison est le dénoûment. Avant que je vous le déclare, permettez-moi de vous faire remarquer que l'esprit de tout cet acte, et son seul effet et but jusqu'ici, n'a été que de représenter les affaires de cette pauvre famille dans la dernière désolation par la violence et l'impudence de l'imposteur, jusque-là qu'il paraît que c'est une affaire sans ressource dans les formes, de sorte qu'à moins de quelque dieu qui y mette la main, c'est-à-dire de la machine, comme parle Aristote, tout est déploré.

L'officier déclare donc que *le prince, ayant pénétré dans le cœur du fourbe par une lumière toute particulière aux souverains par-dessus les autres hommes, et s'étant informé de toutes choses sur sa délation, avait découvert l'imposture, et reconnu que cet homme était le même dont, sous un autre nom, il avait déjà ouï parler, et savait une longue histoire toute tissue des plus étranges friponneries et des plus noires aventures dont il ait jamais été parlé; que nous vivons sous un règne où rien ne peut échapper à la lumière du prince, où la calomnie est confondue par sa seule présence, et où l'hypocrisie est autant en horreur dans son esprit, qu'elle est accréditée parmi ses sujets; que cela étant, il a, d'autorité absolue, annulé tous les actes favorables à l'imposteur, et fera rendre tout ce dont il était saisi; et qu'enfin c'est ainsi qu'il reconnaît les services que le bonhomme a rendus autrefois à l'État dans les armées, pour montrer que rien n'est perdu près de lui, et que son équité, lorsque moins on y pense, des bonnes actions donne la récompense.* Il me semble que, si dans tout le reste de la pièce l'auteur a égalé tous les anciens et surpassé tous les modernes, on peut dire que dans ce dénoûment il s'est surpassé lui-même, n'y ayant rien de plus grand, de plus magnifique et de plus merveilleux, et cependant rien de plus naturel, de plus heureux et de plus juste, puisqu'on peut dire que, s'il était permis d'oser faire le caractère de l'âme de notre grand monarque, ce serait sans doute dans cette plénitude de lumières, cette prodigieuse pénétration d'esprit, et ce discernement merveilleux de toutes choses qu'on le ferait consister : tant il est vrai, s'écrient ici ces messieurs dont j'ai pris à tâche de vous rapporter les sentiments, tant il est vrai, disent-ils, que le prince est digne du poëte, comme le poëte est digne du prince!

Achevons notre pièce en deux mots, et voyons comme les caractères y sont produits dans toutes leurs faces. Le mari, voyant toutes choses changées, suivant le naturel des âmes faibles, insulte au misérable Panulphe; mais son beau-frère le reprend fortement, *en souhaitant au contraire à ce malheureux qu'il fasse un bon usage de ce revers de fortune, et qu'au lieu des punitions qu'il mérite, il reçoive du ciel la grâce d'une véritable pénitence, qu'il n'a pas méritée.* Conclusion, à ce que disent ceux que les bigots font passer pour athées, digne d'un ouvrage si saint, qui n'étant qu'une instruction très-chrétienne de la véritable dévotion, ne devait pas finir autrement que par l'exemple le plus parfait qu'on ait peut-être jamais proposé, de la plus sublime de toutes les vertus évangéliques, qui est le pardon des ennemis.

Voilà, monsieur, quelle est la pièce qu'on a défendue. Il se peut faire qu'on ne voit pas le venin parmi les fleurs, et que les yeux des puissances sont plus épurés que ceux du vulgaire : si cela est, il semble qu'il est encore de la charité des religieux persécuteurs du misérable Panulphe, de faire discerner le poison que les autres avalent faute de le connaître. A cela près, je ne me mêle point de juger des choses de cette délicatesse, je crains trop de me faire des affaires, comme vous savez; c'est pourquoi je me contenterai de vous communiquer deux réflexions qui me sont venues dans l'esprit, qui ont peut-être été faites par peu de gens, et qui, ne touchant point le fond de la question, peuvent être proposées sans manquer au respect que tous les gens de bien doivent avoir pour les jugements des puissances légitimes.

La première est sur l'étrange disposition d'esprit, touchant cette comédie, de certaines gens qui, supposant ou croyant de bonne foi qu'il ne s'y fait ni dit rien qui puisse en particulier faire aucun méchant effet, ce qui est le point de la question, la condamnent toutefois en général, à cause seulement qu'il y est parlé de la religion, et que le théâtre, disent-ils, n'est pas un lieu où il la faille enseigner.

Il faut être bien enragé contre Molière pour tomber dans un égarement si visible; et il n'est point de si chétif lieu commun où l'ardeur de critiquer et de mordre ne se puisse retrancher, après avoir osé faire son fort d'une si misérable et si ridicule défense. Quoi! si on produit la vérité avec toute la dignité qui doit l'accompagner partout; si on a prévu et évité jusqu'aux effets les moins fâcheux qui pouvaient arriver, même par accident, de la peinture du vice; si on a pris contre la corruption des esprits du siècle toutes les précautions qu'une connaissance parfaite de la saine antiquité, une vénération solide pour la religion, une méditation profonde de la nature de l'âme, une expérience de plusieurs années, et qu'un travail effroyable ont pu fournir, il se trouvera après cela des gens capables d'un contre-sens si horrible, que de proscrire un ouvrage qui est le résultat de tant d'excellents préparatifs, par cette seule raison qu'il est nouveau de voir exposer la religion dans une salle de comédie, pour bien, pour dignement, pour discrètement, nécessairement et utilement qu'on le fasse! Je ne feins pas de vous avouer que ce sentiment me paraît un des plus considérables effets de la corruption du siècle où nous vivons : c'est par ce principe de fausse bienséance qu'on relègue la raison et la vérité dans des pays barbares et peu fréquentés, qu'on les borne dans les écoles et dans les églises, où leur puissante vertu est presque inutile, parce qu'elles n'y sont recherchées que de ceux qui les aiment et qui les connaissent; et que, comme si on se défiait de leur force et de leur autorité, on n'ose les commettre où elles peuvent rencontrer leurs ennemis. C'est pourtant là qu'elles doivent paraître; c'est dans les lieux les plus profanes, dans les places publiques, les tribunaux, les palais des grands seulement, que se trouve la matière de leur triomphe; et comme elles ne sont, à proprement parler, vérité et raison que quand elles convainquent les esprits, et qu'elles en chassent les ténèbres de l'erreur et de l'ignorance par leur lumière toute divine, on peut dire que leur essence consiste dans leur action; que ces lieux où leur opération est le plus nécessaire sont leurs lieux naturels; et qu'ainsi c'est les détruire en quelque façon que les réduire à ne paraître que parmi leurs adorateurs. Mais passons plus avant.

Il est certain que la religion n'est que la perfection de la raison, du moins pour la morale, qu'elle la purifie, qu'elle l'élève, et qu'elle dissipe seulement les ténèbres que le péché d'origine a répandues dans le lieu de sa demeure; enfin, que la religion n'est qu'une raison plus parfaite. Ce serait être dans le plus déplorable aveuglement des païens que de douter de cette vérité. Cela étant, et puisque les philosophes les plus sensuels n'ont jamais douté que la raison ne nous fût donnée par la nature pour nous conduire en toutes choses par ses lumières; puisqu'elle doit être partout aussi présente à notre âme que l'œil à notre corps, et qu'il n'y a point d'acceptions de personnes, de temps ni de lieux auprès d'elle, qui peut douter qu'il n'en soit de même de la religion; que cette lumière divine, infinie comme elle est par essence, ne doive faire briller partout sa clarté; et qu'ainsi que Dieu remplit tout de lui-même sans aucune distinction, et ne dédaigne pas d'être aussi présent dans les lieux du monde les plus infâmes que dans les lieux augustes et les plus sacrés, aussi les vérités saintes qu'il lui a plu de manifester aux hommes ne puissent être publiées dans tous les temps et dans tous les lieux où il se trouve des oreilles pour les entendre, et des cœurs pour recevoir la grâce qui fait les chérir?

Loin donc, loin d'une âme vraiment chrétienne ces indignes ménagements et ces cruelles bienséances qui voudraient nous empêcher de travailler à la sanctification de nos frères partout où nous le pouvons. La charité ne souffre point de bornes : tous lieux, tous temps lui sont bons pour agir et faire du bien. Elle n'a point d'égard à sa dignité, quand il y va de son intérêt ; et comment pourrait-elle en avoir, puisque cet intérêt consistant, comme il fait, à convertir les méchants, il faut qu'elle les cherche pour les combattre, et qu'elle ne peut les trouver, pour l'ordinaire, que dans des lieux indignes d'elle?

Il ne faut pas donc qu'elle dédaigne de paraître dans ces lieux, et qu'elle ait si mauvaise opinion d'elle-même que de penser qu'elle puisse être avilie en s'humiliant. Les grands du monde peuvent avoir ces basses considérations, eux de qui toute la dignité est empruntée et relative, et qui ne doivent être vus que de loin et dans toute leur parure, pour conserver leur autorité, de peur qu'étant vus de près et à nu, on ne découvre leurs taches, et qu'on ne reconnaisse leur petitesse naturelle. Qu'ils ménagent avec avarice le faible caractère de grandeur qu'ils peuvent avoir ; qu'ils choisissent scrupuleusement les jours qui les font davantage briller; qu'ils se gardent bien de se commettre jamais en des lieux qui ne contribuent pas à les faire paraître élevés et parfaits, à la bonne heure : mais que la charité redoute les mêmes inconvénients ; que cette souveraine des âmes chrétiennes appréhende de voir sa dignité diminuée en quelque lieu qu'il lui plaise de se montrer, c'est ce qui ne se peut penser sans crime; et, comme on a dit autrefois, que plutôt que Caton fût vicieux, l'ivrognerie serait une vertu, on peut dire, avec bien plus de raison, que les lieux les plus infâmes seraient dignes de la présence de cette reine, plutôt que sa présence dans ces lieux pût porter aucune atteinte à sa dignité.

En effet, monsieur, car ne croyez pas que j'avance ici des paradoxes, c'est elle qui les rend dignes d'elle, ces lieux si indignes en eux-mêmes : elle fait, quand il lui plaît, un temple d'un palais, un sanctuaire d'un théâtre, et un séjour de bénédictions et de grâces d'un lieu de débauche et d'abomination. Il n'est rien de si profane qu'elle ne sanctifie, de si corrompu qu'elle ne purifie, de si méchant qu'elle ne rectifie, rien de si extraordinaire, de si inusité et de si nouveau qu'elle ne justifie. Tel est le privilége de la vérité produite par cette vertu, le fondement et l'âme de toutes les autres vertus.

Je sais que le principe que je prétends établir a ses modifications comme tous les autres ; mais je soutiens qu'il est toujours vrai et constant, quand il ne s'agit que de parler comme ici. La religion a ses lieux et ses temps affectés pour ses sacrifices, ses cérémonies et ses autres mystères ; on ne peut les transporter ailleurs sans crime : mais ses vérités, qui se produisent par la parole, sont de tous temps et de tous lieux, parce que le parler étant nécessaire en tout et partout, il est toujours plus utile et plus saint de l'employer à publier la vérité et à prêcher la vertu, qu'à quelque autre sujet que ce soit.

L'antiquité, si sage en toutes choses, ne l'a pas été moins dans celle-ci que dans les autres ; et les païens, qui n'avaient pas moins de respect pour leur religion que nous en avons pour la nôtre, n'ont pas craint de la produire sur leurs théâtres ; au contraire, connaissant de quelle importance il était de l'imprimer dans l'esprit du peuple, ils ont cru sagement ne pouvoir mieux lui en persuader la vérité que par les spectacles, qui lui sont si agréables. C'est pour cela que leurs dieux paraissent si souvent sur la scène ; que les dénoûments, qui sont les endroits les plus importants du poëme, ne se faisaient presque jamais, de leur temps, que par quelque divinité, et qu'il n'y avait point de pièce qui ne fût une agréable leçon et une preuve exemplaire de la clémence ou de la justice du ciel envers les hommes. Je sais bien qu'on me répondra que notre religion a des occasions affectées pour cet effet, et que la leur n'en avait point; mais, outre qu'on ne saurait écouter la vérité trop souvent et en trop de lieux, l'agréable manière de l'insinuer au théâtre est un avantage si grand par-dessus les lieux où elle paraît avec toute son austérité, qu'il n'y a pas lieu de douter, naturellement parlant, dans lequel des deux elle fait plus d'impression.

Ce fut pour toutes ces raisons que nos pères, dont la simplicité avait autant de rapport avec l'Évangile que notre raffinement en est éloigné, voulant profiter, à l'édification du peuple, de son inclination naturelle pour les spectacles, instituèrent premièrement la comédie pour représenter la passion du Sauveur du monde et semblables sujets pieux. Que si la corruption qui s'est glissée dans les mœurs, depuis ce temps heureux, a passé jusqu'au théâtre, et l'a rendu aussi profane qu'il devait être sacré, pourquoi, si nous sommes assez heureux pour que le ciel ait fait naître dans nos temps quelque génie capable de lui rendre sa première sainteté, pourquoi l'empêcherons-nous, et ne permettrons-nous pas une chose que nous procurerions avec ardeur, si la charité régnait dans nos âmes, et s'il n'y avait pas tant de besoin qu'il y en a aujourd'hui parmi nous de décrier l'hypocrisie et de prêcher la véritable dévotion?

La seconde de mes réflexions est sur un fruit véritablement accidentel, mais aussi très-important, que non-seulement je crois qu'on peut tirer de la représentation de *l'Imposteur*, mais même qui en arriverait infailliblement. C'est que jamais il ne s'est frappé un plus rude coup contre tout ce qui s'appelle galanterie solide, en termes honnêtes, que cette pièce; et que, si quelque chose est capable de mettre la fidélité des mariages à l'abri des artifices de ses corrupteurs, c'est assurément cette comédie, parce que les voies les plus ordinaires et les plus fortes par où on a coutume d'attaquer les femmes y sont tournées en ridicule d'une manière si vive et si puissante, qu'on paraîtrait sans doute ridicule quand on voudrait les employer après cela, et par conséquent on ne réussirait pas.

Quelques-uns trouveront peut-être étrange ce que j'avance ici; mais je les prie de n'en pas juger souverainement qu'ils n'aient vu représenter la pièce, ou du moins de s'en remettre à ceux qui l'ont vue : car, bien loin que ce que je viens d'en rapporter suffise pour cela, je doute même si la lecture tout entière pourrait faire juger tout l'effet que produit sa représentation. Je sais encore qu'on me dira que le vice dont je parle étant le plus naturel de tous, ne manquera jamais de charmes capables de surmonter tout ce que cette comédie y pourrait attacher de ridicule; mais je réponds à cela deux choses : l'une, que, dans l'opinion de tous les gens qui connaissent le monde, ce péché, moralement parlant, est le plus universel qu'il puisse être; l'autre, que cela procède beaucoup plus, surtout dans les femmes, des mœurs, de la liberté et de la légèreté de notre nation, que d'aucun penchant naturel, étant certain que, de toutes les civilisées, il n'en est point qui y soit moins portée par le tempérament que la Française. Cela supposé, je suis persuadé que le degré de ridicule où cette pièce ferait paraître tous les entretiens et les raisonnements, qui sont les préludes naturels de la galanterie du tête à tête, qui est la dangereuse; je prétends, dis-je, que ce caractère de ridicule, qui serait inséparablement attaché à ces voies et à ces acheminements de corruption, par cette représentation, serait assez puissant et assez fort pour contre-balancer l'attrait qui fait donner dans le panneau les trois quarts des femmes qui y donnent.

C'est ce que je vous ferai voir plus clair que le jour, quand vous voudrez ; car, comme il faut pour cela traiter à fond du ridicule, qui est une des plus sublimes matières de la véritable morale, et que cela ne se peut sans quelque longueur, et sans examiner des questions un peu trop spéculatives pour cette lettre, je ne pense pas devoir l'entreprendre ici. Mais il me semble que je vous vois plaindre de ma circonspection à votre accoutumée, et trouver mauvais que je ne vous dise pas absolument tout ce que je pense : il faut donc vous contenter tout à fait ; et voici ce que vous demandez.

Quoique la nature nous ait fait naître capables de connaître la raison pour la suivre, pourtant, jugeant bien que, si elle n'y attachait quelque marque sensible qui nous rendît cette connaissance facile, notre faiblesse et notre paresse nous priveraient de l'effet d'un si rare avantage, elle a voulu donner à cette raison quelque sorte de forme extérieure et de dehors reconnaissable. Cette forme est, en général, quelque motif de joie, et quelque matière de plaisir que notre âme trouve dans tout objet moral. Or, ce plaisir, quand il vient des choses raisonnables, n'est autre que cette complaisance délicieuse qui est excitée dans notre esprit par la connaissance de la vérité et de la vertu ; et quand il vient de la vue de l'ignorance et de l'erreur, c'est-à-dire de ce qui manque de raison, c'est proprement le sentiment par lequel nous jugeons quelque chose ridicule. Or, comme la raison produit dans l'âme une joie mêlée d'estime, le ridicule y produit une joie mêlée de mépris, parce que toute connaissance qui arrive à l'âme produit nécessairement dans l'entendement un sentiment d'estime ou de mépris, comme dans la volonté un mouvement d'amour ou de haine.

Le ridicule est donc la forme extérieure et sensible que la providence de la nature a attachée à tout ce qui est déraisonnable, pour nous en faire apercevoir, et nous obliger à le fuir. Pour connaître ce ridicule, il faut connaître la raison dont il signifie le défaut et voir en quoi elle consiste. Son caractère n'est autre, dans le fond, que la convenance, et sa marque sensible la bienséance, c'est-à-dire le fameux *Quod decet* des anciens : de sorte que la bienséance est, à l'égard de la convenance, ce que les platoniciens disent que la beauté est à l'égard de la bonté, c'est-à-dire qu'elle en est la fleur, le dehors, le corps et l'apparence extérieure ; que la bienséance est la raison apparente, et que la convenance est la raison essentielle. De là vient que ce qui sied bien est toujours fondé sur quelque raison de convenance, comme l'indécence sur quelque disconvenance, c'est-à-dire le ridicule sur quelque manque de raison. Or, si la disconvenance est l'essence du ridicule, il est aisé de voir pourquoi la galanterie de Panulphe paraît ridicule, et l'hypocrisie en général aussi ; car ce n'est qu'à cause que les actions secrètes des bigots ne conviennent pas à l'idée que leur dévote grimace et l'austérité de leurs discours ont fait former d'eux au public.

Mais, quand cela ne suffirait pas, la suite de la représentation met dans la dernière évidence ce que je dis ; car le mauvais effet que la galanterie de Panulphe y produit le fait paraître si fort et si clairement ridicule, que le spectateur le moins intelligent en demeure pleinement convaincu. La raison de cela est que, selon mon principe, nous estimons ridicule ce qui manque extrêmement de raison. Or, quand des moyens produisent une fin fort différente de celle pour quoi on les emploie, nous supposons avec juste sujet qu'on en a fait le choix avec peu de raison, parce que nous avons cette prévention générale, qu'il y a des voies partout, et que, quand on manque de réussir, c'est faute d'avoir choisi les bonnes. Ainsi, parce qu'on voit que Panulphe ne persuade pas sa dame, on conclut que les moyens dont il se sert ont une grande disconvenance avec sa fin, et par conséquent qu'il est ridicule de s'en servir.

Or, non-seulement la galanterie de Panulphe ne convient pas à sa mortification apparente, et ne fait pas l'effet qu'il prétend, ce qui le rend ridicule, comme vous venez de voir ;

mais cette galanterie est extrême, aussi bien que cette mortification, et fait le plus méchant effet qu'elle pouvait faire : ce qui le rend extrêmement ridicule, comme il était nécessaire pour en tirer le fruit que je prétends.

Vous me direz qu'il paraît bien, par tout ce que je viens de dire, que les raisonnements et les manières de Panulphe semblent ridicules, mais qu'il ne s'ensuit pas qu'elles le semblassent dans un autre, parce que, selon ce que j'ai établi, le ridicule étant quelque chose de relatif, puisque c'est une espèce de disconvenance, la raison pourquoi ces manières ne conviennent pas à Panulphe n'aurait pas lieu dans un homme du monde qui ne serait pas dévot de profession comme lui, et par conséquent ne seraient pas ridicules dans cet homme comme dans lui.

Je réponds à cela, que l'excès du ridicule que ces manières ont dans Panulphe, fait que toutes les fois qu'elles se présenteront au spectateur dans quelque autre occasion, elles lui sembleront assurément ridicules, quoique peut-être elles ne le seront pas tant dans cet autre sujet que dans Panulphe; mais c'est que l'âme, naturellement avide de joie, se laisse ravir nécessairement à la première vue des choses qu'elle a conçues une fois comme extrêmement ridicules, et qui lui rafraîchissent l'idée du plaisir très-sensible qu'elle a goûté cette première fois. Or, dans cet état, l'âme n'est pas capable de faire la différence du sujet où elle voit ces objets ridicules, avec celui où elle les a premièrement vus. Je veux dire qu'une femme qui sera pressée par les mêmes raisons que Panulphe emploie, ne peut s'empêcher d'abord de les trouver ridicules, et n'a garde de faire réflexion sur la différence qu'il y a entre l'homme qui lui parle et Panulphe, et de raisonner sur cette différence, comme il faudrait qu'elle fît pour ne pas trouver ces raisons aussi ridicules qu'elles lui ont semblé, quand elle les a vu proposer à Panulphe.

La raison de cela est que notre imagination, qui est le

réceptacle naturel du ridicule, selon sa manière ordinaire d'agir, en attache si fortement le caractère au matériel, dans quoi elle le voit, comme sont ici les paroles et les manières de Panulphe, qu'en quelque autre lieu, quoique plus décent, que nous trouvions ces mêmes manières, nous sommes d'abord frappés d'un souvenir de cette première fois, si elle a fait une impression extraordinaire, lequel, se mêlant mal à propos avec l'occasion présente, et partageant l'âme à force de plaisir qu'il lui donne, confond les deux occasions en une, et transporte dans la dernière tout ce qui nous a charmés et nous a donné de la joie dans la première; ce qui n'est autre que le ridicule de cette première.

Ceux qui ont étudié la nature de l'âme et le progrès de ses opérations morales ne s'étonneront pas de cette forme de procéder, si irrégulière dans le fond, et qu'elle prenne ainsi le change, et attribue de cette sorte à l'un ce qui ne convient qu'à l'autre : mais enfin c'est une suite nécessaire de la violente et forte impression qu'elle a reçue une fois d'une chose, et de ce qu'elle ne reconnaît d'abord et ne juge les objets que par la première apparence de ressemblance qu'ils ont avec ce qu'elle a connu auparavant, et qui frappe d'abord les sens.

Cela est si vrai, et telle est la force de la prévention, que je croirais prouver suffisamment ce que je prétends, en vous faisant simplement remarquer que les raisonnements de Panulphe, qui sont les moyens qu'il emploie pour venir à son but, étant imprimés dans l'esprit de quiconque a vu cette pièce, comme ridicules, ainsi que je l'ai prouvé, et par conséquent comme mauvais moyens ; naturellement parlant, toute femme près de qui on voudra les employer, après cela, les rendra inutiles en y résistant, par la seule prévention où cette pièce l'aura mise, qu'ils sont inutiles en eux-mêmes.

Que si pourtant, malgré tout ce que je viens de dire, on veut que l'âme, après le premier mouvement qui lui fait embrasser avec empressement la plus légère image de ridicule, revienne à soi, et fasse à la fin la différence des sujets, du moins m'avouerez-vous que ce retour ne se fait pas d'abord ; qu'elle a besoin d'un temps considérable pour faire tout le chemin qu'il faut qu'elle fasse pour se désabuser de cette première impression, et qu'il est quelques instants où la vue d'un objet qui a paru extrêmement ridicule dans quelque autre lieu le représente encore comme tel, quoique peut-être il ne le soit pas dans celui-ci.

Or, ces premiers instants sont de grande considération dans ces matières, et font presque tout l'effet que ferait une extrême durée, parce qu'ils rompent toujours la chaîne de la passion et le cours de l'imagination, qui doit tenir l'âme attachée dès le commencement jusqu'au bout d'une entreprise amoureuse afin qu'elle réussisse, et parce que le sentiment du ridicule, étant le plus froid de tous, amortit et éteint absolument cette agréable émotion et cette douce et bénigne chaleur qui doit animer l'âme dans ces occasions. Que le sentiment du ridicule soit le plus froid de tous : il paraît bien, parce que c'est un pur jugement plaisant et enjoué d'une chose proposée. Or, il n'est rien de plus sérieux que tout ce qui a quelque teinture de passion : donc, il n'y a rien de plus opposé au sentiment passionné d'une joie amoureuse que le plaisir spirituel que donne le ridicule.

Si je cherchais matière à philosopher, je pourrais vous dire, pour achever de vous convaincre de l'importance des premiers instants en matière de ridicule, que l'extrême attachement de l'âme pour ce qui lui donne du plaisir, comme le ridicule des choses qu'elle voit, ne lui permet pas de raisonner pour se priver de ce plaisir, et, par conséquent, qu'elle a une répugnance naturelle à cesser de considérer comme ridicule ce qu'elle a une fois considéré comme tel : et c'est peut-être pour cette raison que, comme il arrive souvent, nous ne saurions traiter sérieusement de certaines choses, pour les avoir d'abord envisagées de quelque côté ou ridicule, ou seulement qui a rapport à quelque idée de ridicule que nous avions, et qui nous l'a rafraîchie. Combien donc, à plus forte raison, cette première impression fait-elle le même effet dans les occasions aussi sérieuses que celles-ci! Car, comme je viens de le remarquer, il ne faut point dire que ce soient des affaires à être traitées en riant, n'y ayant rien de plus sérieux que ces sortes d'entreprises : ce que je veux bien répéter, parce qu'il est fort important pour mon but; et rien qui soit plus tôt démonté par le moindre mélange de ridicule, comme les experts le peuvent témoigner; et tout cela, parce que le sentiment du ridicule est le plus choquant, le plus rebutant et le plus odieux de tous les sentiments de l'âme.

Mais s'il est généralement désagréable, il l'est particulièrement pour un homme amoureux, qui est le cas de notre question. Il est peu d'honnêtes gens qui ne soient convaincus par expérience de cette vérité; aussi est-il bien aisé de la prouver. La raison en est que, comme il n'y a rien qui nous plaise tant à voir en autrui qu'un sentiment passionné, ce qui est peut-être le plus grand principe de la véritable rhétorique, aussi n'y a-t-il rien qui déplaise plus que la froideur et l'apathie qui accompagnent le sentiment du ridicule, surtout dans une personne qu'on aime : de sorte qu'il est plus avantageux d'en être haï, parce que, quelque passion qu'une femme ait pour vous, elle est toujours favorable, étant toujours une marque que vous êtes capable de la toucher, qu'elle vous estime, et qu'elle est bien aise que vous l'aimiez; au lieu que ne la toucher point du tout, et lui être indifférent, à plus forte raison lui paraître méprisable, pour peu que ce soit, c'est toujours être à son égard dans un néant le plus cruel du monde, quand elle est tout au vôtre : de sorte que, pour peu qu'un homme ait de courage, ou d'autre voie ouverte pour revenir à la liberté et à la raison, la moindre marque qu'il aura de paraître ridicule le guérira absolument, ou du moins e troublera et le mettra en désordre, et par conséquent hors d'état de pousser une femme à bout pour cette fois, et elle de même en sûreté quant à lui ; ce qui est le but de ma réflexion.

Mais non-seulement, quand l'impression première de ridicule qui se fait dans l'esprit d'une femme, lorsqu'elle voit les mêmes raisonnements de Panulphe dans la bouche d'un homme du monde, s'effacerait absolument dans la suite par la réflexion qu'elle ferait sur la différence qu'il y a de Panulphe à l'homme qui lui parle : non-seulement, dis-je, quand cela arriverait, cette première impression ne laisserait pas de produire tout l'effet que je prétends, comme je l'ai prouvé ; mais il est même faux qu'elle puisse être effacée entièrement, parce que, outre que ces raisonnements paraissent ridicules, comme je l'ai fait voir, ils le sont en effet, et ont toujours réellement quelque degré de ridicule dans la bouche de qui que ce soit, s'ils n'en ont pas partout un aussi grand que dans Panulphe. La raison de cela est que, si le ridicule consiste dans quelque disconvenance, il s'ensuit que tout mensonge, déguisement, fourberie, dissimulation, toute apparence différente du fond, enfin toute contrariété entre actions qui procèdent d'un même principe, est essentiellement ridicule. Or, tous les galants qui se servent des mêmes persuasions que Panulphe sont, en quelque degré, dissimulés et hypocrites comme lui ; car il n'en est point qui voulût avouer en public les sentiments qu'il déclare en particulier à une femme qu'il veut perdre : ce qu'il faudrait qui fût, pour qu'il fût vrai de dire que ses sentiments de tête-à-tête n'ont aucune disconvenance avec ceux dont il fait profession publique, et, par conséquent, aucune indécence, ni aucun ridicule ; et le premier fondement de tout cela est ce que j'ai établi dès l'entrée de cette réflexion, que la providence de la nature a voulu que tout ce qui est méchant eût quelque degré de ridicule, pour redresser nos voies par cette apparence de défaut de raison, et pour piquer notre orgueil naturel par le mépris qu'excite nécessairement ce défaut, quand il est apparent comme il est par le ridicule; et c'est de là que vient l'extrême force du ridicule sur l'esprit humain, comme de cette force procède l'effet que je prétends. Car la connaissance du défaut de raison d'une chose que nous donne l'apparence de ridicule qui est en elle, nous fait la mésestimer nécessairement, parce que nous croyons que la raison doit régler tout. Or, ce mépris est un sentiment relatif, de même que toute espèce d'orgueil, c'est-à-dire qui consiste dans une comparaison de la chose mésestimée avec nous, au désavantage de la personne dans qui nous voyons cette chose, et à notre avantage : car, quand nous voyons une action ridicule, la connaissance que nous avons du ridicule de cette action nous élève au-dessus de celui qui l'a faite, parce que, d'une part, personne n'agissant irraisonnablement à son su, nous jugeons que l'homme qui l'a faite ignore qu'elle soit déraisonnable, et la croit raisonnable; donc il est dans l'erreur et dans l'ignorance, que naturellement nous estimons des maux. D'ailleurs, par cela même que nous connaissons son erreur, par cela même nous en sommes exempts : donc, nous sommes en cela plus éclairés, plus parfaits, enfin plus que lui. Or, cette connaissance d'être plus qu'un autre est fort agréable à la nature. De là vient que le mépris qui enferme cette connaissance est toujours accompagné de joie : or, cette joie et ce mépris composent le mouvement qu'excite le ridicule dans ceux qui le voient ; et comme ces deux sentiments sont fondés sur les deux plus anciennes et plus essentielles maladies du genre humain, l'orgueil et la complaisance dans les maux d'autrui, il n'est pas étrange que le sentiment du ridicule soit si fort, et qu'il ravisse l'âme comme il fait, elle qui, se défiant à bon droit de sa propre excellence, depuis le péché d'origine, cherche de tous côtés avec avidité de quoi la persuader aux autres et à soi-même par des comparaisons qui lui soient avantageuses, c'est-à-dire par la considération des défauts d'autrui.

Enfin il ne faut pas, pour dernière objection, qu'on me dise que tous les sentiments que j'attribue aux gens, et sur lesquels je fonde mon raisonnement dans tout ce discours, ne se sentent pas comme je les dis, car ce n'est que dans les occasions qu'il paraît si on les a, ou non : ce n'est pas qu'alors même on s'aperçoive de les avoir, mais c'est seulement que l'on fait des actes qui supposent nécessairement qu'on les a; et c'est la manière d'agir naturelle et générale de notre âme, qui ne s'avoue jamais à soi-même la moitié de ses propres mouvements, qui marque rarement le chemin qu'elle fait, et que l'on ne pourrait point marquer aussi, si on ne le découvrait, et si on ne le prouvait de cette sorte par la lumière et par la force du raisonnement.

Voilà, Monsieur, la preuve de ma réflexion : ce n'est pas à moi à juger si elle est bonne ; mais je sais bien que, si elle l'est, l'importance en est sans doute extrême; et s'il faut estimer les remèdes d'autant plus que les maladies sont incurables, vous m'avouerez que cette comédie est une excellente chose à cet égard, puisque tous les autres efforts qui se font contre la galanterie sont absolument vains. En effet, les prédicateurs foudroient, les confesseurs exhortent, les pasteurs menacent, les bonnes âmes gémissent, les parents, les maris et les maîtres veillent sans cesse, et font des efforts continuels, aussi grands qu'inutiles, pour brider l'impétuosité du torrent d'impureté qui ravage la France : et cependant c'est être ridicule dans le monde que de ne s'y laisser pas entraîner, et les uns ne font pas moins de gloire d'aimer l'incontinence, que les autres en font de la reprendre. Le désordre ne procède d'autre cause que de l'opinion impie où la plupart des gens du monde sont aujourd'hui, que ce péché est moralement indifférent, et que c'est un point où la religion contrarie directement la raison naturelle. Or pouvait-on combattre cette opinion perverse plus fortement qu'en découvrant la turpitude naturelle de ces bas attachements, et faisant voir, par les seules lumières de la nature, comme dans cette comédie, que non-seulement cette passion est criminelle, injuste et déraisonnable, mais même qu'elle l'est extrêmement, puisque c'est jusqu'à en paraître ridicule? Voilà, Monsieur, quels sont les dangereux effets qu'il y avait juste sujet d'appréhender que la représentation de *l'Imposteur* ne produisît. Je n'en dirai pas davantage, la chose parle d'elle-même.

Je rends apparemment un très-mauvais service à Molière par cette réflexion, quoique ce ne soit pas mon dessein, parce que je lui fais des ennemis d'autant de galants qu'il y en a dans Paris, qui ne sont pas peut-être les personnes les moins éclairées ni les moins puissantes; mais qu'il ne s'en prenne qu'à lui-même. Cela ne lui arriverait pas, si, suivant les pas des premiers comiques et des modernes qui l'ont précédé, il exerçait sur son théâtre une censure impudente, indiscrète et mal réglée, sans aucun soin des mœurs; au lieu de négliger, comme il a fait en faveur de la vertu et de la vérité, toutes les lois de la coutume et de l'usage du beau monde, et d'attaquer ses plus chères maximes et les franchises les plus privilégiées jusque dans eurs derniers retranchements.

Voilà, Monsieur, ce que vous avez souhaité de moi. Gardez-vous bien de croire, pour tout ce que je viens de dire, que je m'intéresse en aucune manière dans l'histoire que je vous ai contée, et de prendre pour l'effet de quelque opinion préméditée l'effort que j'ai fait pour vous plaire : je parle sur les suppositions que je forge, et seulement pour me donner matière de vous entretenir plus longtemps, comme je sais que vous le voulez. A cela près, peu m'importe qui que ce soit qui ait raison; car, quoique cette affaire me paraisse peut-être assez de conséquence, j'en vois tant d'autres de cette sorte aujourd'hui, qui sont ou traitées de bagatelles, ou réglées par des principes tout autres qu'il faudrait, que, n'étant pas assez fort pour résister aux mauvais exemples du siècle, je m'accoutume insensiblement, Dieu merci, à rire de tout comme les autres, et à ne regarder toutes les choses qui se passent dans le monde que comme les diverses scènes de la grande comédie qui se joue sur la terre entre les hommes.

Je suis,

Monsieur,

Votre, etc.

Le 20 août 1667.

FIN DE LA LETTRE SUR L'IMPOSTEUR.

AMPHITRYON.

COMÉDIE EN TROIS ACTES.

13 janvier 1668.

A SON ALTESSE

SÉRÉNISSIME

MONSEIGNEUR LE PRINCE.

MONSEIGNEUR,

N'en déplaise à nos beaux esprits, je ne vois rien de plus ennuyeux que les épîtres dédicatoires; et Votre Altesse Sérénissime trouvera bon, s'il lui plaît, que je ne suive point ici le style de ces messieurs-là, et refuse de me servir de deux ou trois misérables pensées qui ont été tournées et retournées tant de fois, qu'elles sont usées de tous les côtés. Le nom du grand Condé est un nom trop glorieux pour le traiter comme on fait tous les autres noms. Il ne faut l'appliquer, ce nom illustre, qu'à des emplois qui soient dignes de lui; et, pour dire de belles choses, je voudrais parler de le mettre à la tête d'une armée plutôt qu'à la tête d'un livre; et je conçois bien mieux ce qu'il est capable de faire en l'opposant aux forces des ennemis de cet État, qu'en l'opposant à la critique des ennemis d'une comédie.

Ce n'est pas, Monseigneur, que la glorieuse approbation de Votre Altesse Sérénissime ne fût une puissante protection pour toutes ces sortes d'ouvrages, et qu'on ne soit persuadé des lumières de votre esprit autant que de l'intrépidité de votre cœur et de la grandeur de votre âme. On sait, par toute la terre, que l'éclat de votre mérite n'est point renfermé dans les bornes de cette valeur indomptable qui se fait des adorateurs chez ceux mêmes qu'elle surmonte; qu'il s'étend, ce mérite, jusques aux connaissances les plus fines et les plus relevées, et que les décisions de votre jugement sur tous les ouvrages d'esprit ne manquent point d'être suivies par le sentiment des plus délicats. Mais on sait aussi, Monseigneur, que toutes ces glorieuses approbations dont nous nous vantons au public ne nous coûtent rien à faire imprimer; et que ce sont des choses dont nous disposons comme nous voulons. On sait, dis-je, qu'une épître dédicatoire dit tout ce qu'il lui plaît, et qu'un auteur est en pouvoir d'aller saisir les personnes les plus augustes, et de parer de leurs grands noms les premiers feuillets de son livre; qu'il a la liberté de s'y donner, autant qu'il veut, l'honneur de leur estime, et de se faire des protecteurs qui n'ont jamais songé à l'être.

Je n'abuserai, Monseigneur, ni de votre nom, ni de vos bontés, pour combattre les censeurs de l'*Amphitryon*, et m'attribuer une gloire que je n'ai pas peut-être méritée : et je ne prends la liberté de vous offrir ma comédie que pour avoir lieu de vous dire que je regarde incessamment, avec une profonde vénération, les grandes qualités que vous joignez au sang auguste dont vous tenez le jour, et que je suis, Monseigneur, avec tout le respect possible, et tout le zèle imaginable,

De Votre Altesse Sérénissime,

Le très-humble, très-obéissant et très-obligé serviteur,

MOLIÈRE.

PERSONNAGES DU PROLOGUE.

MERCURE.
LA NUIT.

PERSONNAGES DE LA COMÉDIE.

JUPITER, sous la forme d'Amphitryon.
MERCURE, sous la forme de Sosie.
AMPHITRYON, général des Thébains.
ALCMÈNE, femme d'Amphitryon.
CLÉANTHIS, suivante d'Alcmène et femme de Sosie.
SOSIE, valet d'Amphitryon.
ARGATIPHONTIDAS,
NAUCRATÈS,
POLIDAS,
PAUSICLÈS, } capitaines thébains.

Noms des acteurs qui ont joué d'original dans *Amphitryon*.

JUPITER.	La Thorillière.
MERCURE.	Du Croisy.
AMPHITRYON.	La Grange.
ALCMÈNE.	Mlle Molière.
SOSIE.	Molière.
ARGATIPHONTIDAS.	Châteauneuf.

La scène est à Thèbes, devant la maison d'Amphitryon.

AMPHITRYON.

PROLOGUE.

MERCURE, sur un nuage; LA NUIT, dans un char traîné par deux chevaux.

MERCURE.
Tout beau! charmante Nuit, daignez vous arrêter,
Il est certain secours que de vous on désire;
    Et j'ai deux mots à vous dire
    De la part de Jupiter.
LA NUIT.
Ah! ah! c'est vous, seigneur Mercure!
Qui vous eût deviné là, dans cette posture?
MERCURE.
Ma foi, me trouvant las, pour ne pouvoir fournir
Aux différents emplois où Jupiter m'engage,
Je me suis doucement assis sur ce nuage,
    Pour vous attendre venir.
LA NUIT.
Vous vous moquez, Mercure, et vous n'y songez pas;
Sied-il bien à des dieux de dire qu'ils sont las?
MERCURE.
Les dieux sont-ils de fer?
LA NUIT.
        Non; mais il faut sans cesse

Garder le décorum de la divinité.
Il est de certains mots dont l'usage rabaisse
  Cette sublime qualité ;
  Et que, pour leur indignité,
 Il est bon qu'aux hommes on laisse.

    MERCURE.

 A votre aise vous en parlez ;
Et vous avez, la belle, une chaise roulante
Où, par deux bons chevaux, en dame nonchalante,
Vous vous faites traîner partout où vous voulez.
 Mais de moi ce n'est pas de même :
Et je ne puis vouloir, dans mon destin fatal,
  Aux poëtes assez de mal
 De leur impertinence extrême,
  D'avoir, par une injuste loi
 Dont on veut maintenir l'usage,
  A chaque dieu, dans son emploi,
 Donné quelque allure en partage ;
  Et de me laisser à pied, moi,
  Comme un messager de village ;
Moi qui suis, comme on sait, en terre et dans les cieux,
Le fameux messager du souverain des dieux ;
  Et qui, sans rien exagérer,
  Par tous les emplois qu'il me donne,
  Aurais besoin, plus que personne,
  D'avoir de quoi me voiturer.

    LA NUIT.

 Que voulez-vous faire à cela ?
 Les poëtes font à leur guise.
 Ce n'est pas la seule sottise
 Qu'on voit faire à ces messieurs-là.
Mais contre eux toutefois votre âme à tort s'irrite,
Et vos ailes aux pieds sont un don de leurs soins.

    MERCURE.

 Oui, mais pour aller plus vite,

PROLOGUE.

Est-ce qu'on s'en lasse moins?

LA NUIT.

Laissons cela, seigneur Mercure,
Et sachons ce dont il s'agit.

MERCURE.

C'est Jupiter, comme je vous l'ai dit,
Qui de votre manteau veut la faveur obscure,
Pour certaine douce aventure
Qu'un nouvel amour lui fournit.
Ses pratiques, je crois, ne vous sont pas nouvelles :
Bien souvent pour la terre il néglige les cieux;
Et vous n'ignorez pas que ce maître des dieux
Aime à s'humaniser pour des beautés mortelles,
Et sait cent tours ingénieux
Pour mettre à bout les plus cruelles.
Des yeux d'Alcmène il a senti les coups;
Et tandis qu'au milieu des béotiques plaines
Amphitryon, son époux,
Commande aux troupes thébaines,
Il en a pris la forme, et reçoit là-dessous
Un soulagement à ses peines,
Dans la possession des plaisirs les plus doux.
L'état des mariés à ses feux est propice :
L'hymen ne les a joints que depuis quelques jours;
Et la jeune chaleur de leurs tendres amours
A fait que Jupiter à ce bel artifice
S'est avisé d'avoir recours.
Son stratagème ici se trouve salutaire :
Mais près de maint objet chéri,
Pareil déguisement serait pour ne rien faire,
Et ce n'est pas partout un bon moyen de plaire
Que la figure d'un mari.

LA NUIT.

J'admire Jupiter, et je ne comprends pas
Tous les déguisements qui lui viennent en tête.

MERCURE.

Il veut goûter par là toutes sortes d'états ;
    Et c'est agir en dieu qui n'est pas bête.
Dans quelque rang qu'il soit des mortels regardé,
    Je le tiendrais fort misérable,
S'il ne quittait jamais sa mine redoutable,
Et qu'au faîte des cieux il fût toujours guindé.
Il n'est point, à mon gré, de plus sotte méthode
Que d'être emprisonné toujours dans sa grandeur ;
Et surtout, aux transports de l'amoureuse ardeur,
La haute qualité devient fort incommode.
Jupiter, qui sans doute en plaisirs se connaît,
Sait descendre du haut de sa gloire suprême ;
    Et, pour entrer dans tout ce qui lui plaît,
        Il sort tout à fait de lui-même,
Et ce n'est plus alors Jupiter qui paraît.

LA NUIT.

Passe encor de le voir, de ce sublime étage,
    Dans celui des hommes venir,
Prendre tous les transports que leur cœur peut fournir,
    Et se faire à leur badinage,
Si, dans les changements où son humeur l'engage,
A la nature humaine il s'en voulait tenir.
    Mais de voir Jupiter taureau,
    Serpent, cygne, ou quelque autre chose,
    Je ne trouve point cela beau,
Et ne m'étonne pas si parfois on en cause.

MERCURE.

    Laissons dire tous les censeurs :
    Tels changements ont leurs douceurs
    Qui passent leur intelligence.
Ce dieu sait ce qu'il fait aussi bien là qu'ailleurs,
Et, dans les mouvements de leurs tendres ardeurs,
Les bêtes ne sont pas si bêtes que l'on pense.

PROLOGUE.

LA NUIT.

Revenons à l'objet dont il a les faveurs.
Si, par son stratagème, il voit sa flamme heureuse,
Que peut-il souhaiter, et qu'est-ce que je puis?

MERCURE.

Que vos chevaux par vous au petit pas réduits,
Pour satisfaire aux vœux de son âme amoureuse,
    D'une nuit si délicieuse
    Fassent la plus longue des nuits;
Qu'à ses transports vous donniez plus d'espace,
Et retardiez la naissance du jour
    Qui doit avancer le retour
    De celui dont il tient la place.

LA NUIT.

    Voilà sans doute un bel emploi
    Que le grand Jupiter m'apprête!
    Et l'on donne un nom fort honnête
    Au service qu'il veut de moi!

MERCURE.

    Pour une jeune déesse,
    Vous êtes bien du bon temps!
    Un tel emploi n'est bassesse
    Que chez les petites gens.
Lorsque dans un haut rang on a l'heur de paraître,
    Tout ce qu'on fait est toujours bel et bon;
    Et, suivant ce qu'on peut être,
    Les choses changent de nom.

LA NUIT.

    Sur de pareilles matières
    Vous en savez plus que moi,
    Et, pour accepter l'emploi,
    J'en veux croire vos lumières.

MERCURE.

    Hé! là, là, madame la Nuit,
    Un peu doucement, je vous prie;

Vous avez dans le monde un bruit[1]
De n'être pas si renchérie.
On vous fait confidente, en cent climats divers,
De beaucoup de bonnes affaires ;
Et je crois, à parler à sentiments ouverts,
Que nous ne nous en devons guères.

LA NUIT.

Laissons ces contrariétés,
Et demeurons ce que nous sommes.
N'apprêtons point à rire aux hommes,
En nous disant nos vérités.

MERCURE.

Adieu. Je vais là-bas, dans ma commission,
Dépouiller promptement la forme de Mercure,
Pour y vêtir la figure
Du valet d'Amphytrion.

LA NUIT.

Moi, dans cet hémisphère, avec ma suite obscure,
Je vais faire une station.

MERCURE.

Bonjour, la Nuit.

LA NUIT.

Adieu, Mercure.

(Mercure descend de son nuage en terre, et la Nuit passe dans son char.)

FIN DU PROLOGUE.

---

[1] *Bruit* pour une réputation.

ACTE PREMIER.

SCÈNE I.

SOSIE, seul.

Qui va là? Heu? Ma peur à chaque pas s'accroît.
    Messieurs, ami de tout le monde.
    Ah! quelle audace sans seconde
    De marcher à l'heure qu'il est!
    Que mon maître, couvert de gloire,
    Me joue ici d'un vilain tour!
Quoi! si pour son prochain il avait quelque amour,
M'aurait-il fait partir par une nuit si noire?
Et, pour me renvoyer annoncer son retour
    Et le détail de sa victoire,
Ne pouvait-il pas bien attendre qu'il fût jour?
    Sosie, à quelle servitude
    Tes jours sont-ils assujettis!
    Notre sort est beaucoup plus rude
    Chez les grands que chez les petits.
Ils veulent que pour eux tout soit, dans la nature,
    Obligé de s'immoler.
Jour et nuit, grêle, vent, péril, chaleur, froidure,
    Dès qu'ils parlent, il faut voler.
    Vingt ans d'assidu service

> N'en obtiennent rien pour nous :
> Le moindre petit caprice
> Nous attire leur courroux.
> Cependant notre âme insensée
> S'acharne au vain honneur de demeurer près d'eux,
> Et s'y veut contenter de la fausse pensée
> Qu'ont tous les autres gens, que nous sommes heureux.
> Vers la retraite en vain la raison nous appelle,
> En vain notre dépit quelquefois y consent;
> Leur vue a sur notre zèle
> Un ascendant trop puissant;
> Et la moindre faveur d'un coup d'œil caressant
> Nous rengage de plus belle.
> Mais enfin, dans l'obscurité,
> Je vois notre maison, et ma frayeur s'évade.
> Il me faudrait, pour l'ambassade,
> Quelque discours prémédité.
> Je dois aux yeux d'Alcmène un portrait militaire
> Du grand combat qui met nos ennemis à bas :
> Mais comment diantre le faire,
> Si je ne m'y trouvai pas?
> N'importe, parlons-en, et d'estoc et de taille,
> Comme oculaire témoin.
> Combien de gens font-ils des récits de bataille
> Dont ils se sont tenus fort loin!
> Pour jouer mon rôle sans peine,
> Je le veux un peu repasser.
> Voici la chambre où j'entre en courrier que l'on mène;
> Et cette lanterne est Alcmène,
> A qui je me dois adresser.

(Sosie pose sa lanterne à terre, et lui adresse son compliment.)

> Madame, Amphitryon, mon maître et votre époux...
> (Bon! beau début!) l'esprit toujours plein de vos charmes,
> M'a voulu choisir entre tous
> Pour vous donner avis du succès de ses armes,

ACTE I. SCÈNE I.

Et du désir qu'il a de se voir près de vous...
 « Ah ! vraiment, mon pauvre Sosie,
 A te revoir j'ai de la joie au cœur. »
  Madame, ce m'est trop d'honneur,
  Et mon destin doit faire envie.
(Bien répondu!) « Comment se porte Amphitryon ? »
  Madame, en homme de courage,
Dans les occasions où la gloire l'engage.
 (Fort bien ! belle conception !)
 « Quand viendra-t-il, par son retour charmant,
  Rendre mon âme satisfaite ? »
Le plus tôt qu'il pourra, madame, assurément ;
 Mais bien plus tard que son cœur ne souhaite.
(Ah !) « Mais quel est l'état où la guerre l'a mis ?
Que dit-il ? que fait-il ? Contente un peu mon âme. »
  Il dit moins qu'il ne fait, madame,
  Et fait trembler les ennemis.
(Peste ! où prend mon esprit toutes ces gentillesses ?)
« Que font les révoltés ? dis-moi, quel est leur sort ? »
Ils n'ont pu résister, madame, à notre effort ;
  Nous les avons taillés en pièces,
  Mis Ptérélas leur chef à mort,
Pris Télèbe d'assaut ; et déjà dans le port
  Tout retentit de nos prouesses.
« Ah ! quel succès ! ô dieux ! Qui l'eût pu jamais croire ?
Raconte-moi, Sosie, un tel événement. »
Je le veux bien, madame ; et, sans m'enfler de gloire,
  Du détail de cette victoire
  Je puis parler très-savamment.
  Figurez-vous donc que Télèbe [1],
  Madame, est de ce côté ;
  (Sosie marque les lieux sur sa main ou à terre.)
  C'est une ville, en vérité,

---

[1] Télèbe, ancienne capitale de l'île de Taphiés, voisine d'Ithaque.

Aussi grande quasi que Thèbe.
La rivière est comme là.
Ici nos gens se campèrent;
Et l'espace que voilà,
Nos ennemis l'occupèrent.
Sur un haut, vers cet endroit,
Était leur infanterie;
Et plus bas, du côté droit,
Était la cavalerie.
Après avoir aux dieux adressé les prières,
Tous les ordres donnés, on donne le signal :
Les ennemis, pensant nous tailler des croupières,
Firent trois pelotons de leurs gens à cheval;
Mais leur chaleur par nous fut bientôt réprimée,
Et vous allez voir comme quoi.
Voilà notre avant-garde à bien faire animée ;
Là, les archers de Créon, notre roi ;
Et voici le corps d'armée,
(On fait un peu de bruit.)
Qui d'abord... Attendez, le corps d'armée a peur;
J'entends quelque bruit, ce me semble.

SCÈNE II.

MERCURE, SOSIE.

MERCURE, sous la forme de Sosie, sortant de la maison d'Amphitryon.

Sous ce minois qui lui ressemble,
Chassons de ces lieux ce causeur,
Dont l'abord importun troublerait la douceur
Que nos amants goûtent ensemble.

SOSIE, sans voir Mercure.

Mon cœur tant soit peu se rassure,

Et je pense que ce n'est rien.
Crainte pourtant de sinistre aventure,
Allons chez nous achever l'entretien.

MERCURE, à part.

Tu seras plus fort que Mercure,
Ou je t'en empêcherai bien.

SOSIE, sans voir Mercure.

Cette nuit en longueur me semble sans pareille.
Il faut, depuis le temps que je suis en chemin,
Ou que mon maître ait pris le soir pour le matin,
Ou que trop tard au lit le blond Phébus sommeille,
Pour avoir trop pris de son vin.

MERCURE, à part.

Comme avec irrévérence
Parle des dieux ce maraud!
Mon bras saura bien tantôt
Châtier cette insolence;
Et je vais m'égayer avec lui comme il faut,
En lui volant son nom avec sa ressemblance.

SOSIE, apercevant Mercure d'un peu loin.

Ah! par ma foi, j'avais raison :
C'est fait de moi, chétive créature!
Je vois devant notre maison
Certain homme dont l'encolure
Ne me présage rien de bon.
Pour faire semblant d'assurance,
Je veux chanter un peu d'ici.

(Il chante.)

MERCURE.

Qui donc est ce coquin qui prend tant de licence
Que de chanter et m'étourdir ainsi?

(A mesure que Mercure parle, la voix de Sosie s'affaiblit peu à peu.)

Veut-il qu'à l'étriller ma main un peu s'applique?

SOSIE, à part.

Cet homme assurément n'aime pas la musique.

MERCURE.

Depuis plus d'une semaine
Je n'ai trouvé personne à qui rompre les os;
La vigueur de mon bras se perd dans le repos;
　　Et je cherche quelque dos
　　Pour me remettre en haleine.

SOSIE, à part.

　　Quel diable d'homme est-ce-ci?
De mortelles frayeurs je sens mon âme atteinte.
　Mais pourquoi trembler tant aussi?
Peut-être a-t-il dans l'âme autant que moi de crainte,
　　Et que le drôle parle ainsi
Pour me cacher sa peur sous une audace feinte.
Oui, oui, ne souffrons point qu'on nous croie un oison :
Si je ne suis hardi, tâchons de le paraître.
　　Faisons-nous du cœur par raison :
Il est seul, comme moi; je suis fort, j'ai bon maître,
　　Et voilà notre maison.

MERCURE.

Qui va là?

SOSIE.

　　Moi.

MERCURE.

　　Qui, moi?

SOSIE.

(A part.)

　　Moi! Courage, Sosie.

MERCURE.

Quel est ton sort? dis-moi.

SOSIE.

　　D'être homme, et de parler.

MERCURE.

Es-tu maître, ou valet?

SOSIE.

　　Comme il me prend envie.

MERCURE.

Où s'adressent tes pas?

SOSIE.

Où j'ai dessein d'aller.

MERCURE.

Ah! ceci me déplaît.

SOSIE.

J'en ai l'âme ravie.

MERCURE.

Résolûment, par force ou par amour,
 Je veux savoir de toi, traître,
Ce que tu fais, d'où tu viens avant jour,
 Où tu vas, à qui tu peux être.

SOSIE.

Je fais le bien et le mal tour à tour;
Je viens de là, vais là; j'appartiens à mon maître.

MERCURE.

Tu montres de l'esprit, et je te vois en train
De trancher avec moi de l'homme d'importance.
Il me prend un désir, pour faire connaissance,
 De te donner un soufflet de ma main.

SOSIE.

A moi-même?

MERCURE.

A toi-même; et t'en voilà certain.

(Mercure donne un soufflet à Sosie.)

SOSIE.

Ah! ah! c'est tout de bon.

MERCURE.

Non, ce n'est que pour rire,
Et répondre à tes quolibets.

SOSIE.

Tudieu! l'ami, sans vous rien dire,
Comme vous baillez des soufflets!

MERCURE.

Ce sont là de mes moindres coups,

De petits soufflets ordinaires.
SOSIE.

Si j'étais aussi prompt que vous,
Nous ferions de belles affaires.
MERCURE.
Tout cela n'est encor rien :
Nous verrons bien autre chose.
Pour y faire quelque pause,
Poursuivons notre entretien.
SOSIE.

Je quitte la partie.

(Sosie veut s'en aller.)

MERCURE, arrêtant Sosie.
Où vas-tu ?
SOSIE.
Que t'importe ?
MERCURE.
Je veux savoir où tu vas.
SOSIE.
Me faire ouvrir cette porte.
Pourquoi retiens-tu mes pas ?
MERCURE.
Si jusqu'à l'approcher tu pousses ton audace,
Je fais sur toi pleuvoir un orage de coups.
SOSIE.
Quoi ! tu veux par ta menace,
M'empêcher d'entrer chez nous ?
MERCURE.
Comment ! chez nous ?
SOSIE.
Oui, chez nous.
MERCURE.
O le traître !
Tu te dis de cette maison ?

SOSIE.

Fort bien. Amphitryon n'en est-il pas le maître?

MERCURE.

Hé bien! que fait cette raison?

SOSIE.

Je suis son valet.

MERCURE.

Toi?

SOSIE.

Moi.

MERCURE.

Son valet?

SOSIE.

Sans doute.

MERCURE.

Valet d'Amphitryon?

SOSIE.

D'Amphitryon, de lui.

MERCURE.

Ton nom est?...

SOSIE.

Sosie.

MERCURE.

Heu! comment?

SOSIE.

Sosie.

MERCURE.

Écoute,
Sais-tu que de ma main je t'assomme aujourd'hui?

SOSIE.

Pourquoi? De quelle rage est ton âme saisie?

MERCURE.

Qui te donne, dis-moi, cette témérité
De prendre le nom de Sosie?

SOSIE.

Moi, je ne le prends point, je l'ai toujours porté.

MERCURE.

O le mensonge horrible, et l'impudence extrême !
Tu m'oses soutenir que Sosie est ton nom ?

SOSIE.

Fort bien ; je le soutiens, par la grande raison
Qu'ainsi l'a fait des dieux la puissance suprême ;
Et qu'il n'est pas en moi de pouvoir dire non,
 Et d'être un autre que moi-même.

MERCURE.

Mille coups de bâton doivent être le prix
 D'une pareille effronterie.

SOSIE, *battu par Mercure.*

Justice, citoyens ! Au secours ! je vous prie.

MERCURE.

Comment ! bourreau, tu fais des cris !

SOSIE.

De mille coups tu me meurtris,
Et tu ne veux pas que je crie ?

MERCURE.

C'est ainsi que mon bras...

SOSIE.

    L'action ne vaut rien.
Tu triomphes de l'avantage
Que te donne sur moi mon manque de courage ;
 Et ce n'est pas en user bien.
 C'est pure fanfaronnerie
De vouloir profiter de la poltronnerie
 De ceux qu'attaque notre bras.
Battre un homme à jeu sûr n'est pas d'une belle âme ;
 Et le cœur est digne de blâme
 Contre les gens qui n'en ont pas.

MERCURE.

Hé bien ! es-tu Sosie à présent ? qu'en dis-tu ?

ACTE I. SCÈNE II.

SOSIE.

Tes coups n'ont point en moi fait de métamorphose;
Et tout le changement que je trouve à la chose,
C'est d'être Sosie battu.

MERCURE, menaçant Sosie.

Encor! Cent autres coups pour cette autre impudence.

SOSIE.

De grâce, fais trêve à tes coups.

MERCURE.

Fais donc trêve à ton insolence.

SOSIE.

Tout ce qu'il te plaira; je garde le silence.
La dispute est par trop inégale entre nous.

MERCURE.

Es-tu Sosie encor? dis, traître!

SOSIE.

Hélas! je suis ce que tu veux :
Dispose de mon sort tout au gré de tes vœux;
Ton bras t'en a fait le maître.

MERCURE.

Ton nom était Sosie, à ce que tu disais?

SOSIE.

Il est vrai, jusqu'ici j'ai cru la chose claire;
Mais ton bâton sur cette affaire,
M'a fait voir que je m'abusais.

MERCURE.

C'est moi qui suis Sosie, et tout Thèbes l'avoue :
Amphitryon jamais n'en eut d'autre que moi.

SOSIE.

Toi, Sosie?

MERCURE.

Oui, Sosie; et si quelqu'un s'y joue,
Il peut bien prendre garde à soi.

SOSIE, à part.

Ciel! me faut-il ainsi renoncer à moi-même,

Et par un imposteur me voir voler mon nom?
    Que son bonheur est extrême
    De ce que je suis poltron !
Sans cela, par la mort !...

MERCURE.

                Entre tes dents, je pense,
    Tu murmures je ne sais quoi.

SOSIE.

Non. Mais, au nom des dieux, donne-moi la licence
    De parler un moment à toi.

MERCURE.

Parle.

SOSIE.

        Mais promets-moi, de grâce,
    Que les coups n'en seront point.
    Signons une trêve.

MERCURE.

            Passe;
    Va, je t'accorde ce point.

SOSIE.

Qui te jette, dis-moi, dans cette fantaisie?
Que te reviendra-t-il de m'enlever mon nom?
Et peux-tu faire enfin, quand tu serais démon,
Que je ne sois pas moi, que je ne sois Sosie?

MERCURE, levant le bâton sur Sosie.

Comment? tu peux...?

SOSIE.

            Ah! tout doux :
    Nous avons fait trêve aux coups.

MERCURE.

Quoi! pendard, imposteur, coquin !

SOSIE.

                Pour des injures,
    Dis-m'en tant que tu voudras;
    Ce sont légères blessures,

ACTE I. SCÈNE II.

Et je ne m'en fâche pas.
MERCURE.
Tu te dis Sosie?
SOSIE.
Oui. Quelque conte frivole...
MERCURE.
Sus, je romps notre trêve, et reprends ma parole.
SOSIE.
N'importe. Je ne puis m'anéantir pour toi,
Et souffrir un discours si loin de l'apparence.
Être ce que je suis est-il en ta puissance?
   Et puis-je cesser d'être moi?
S'avisa-t-on jamais d'une chose pareille?
Et peut-on démentir cent indices pressants?
   Rêvé-je? Est-ce que je sommeille?
Ai-je l'esprit troublé par des transports puissants?
   Ne sens-je pas bien que je veille?
   Ne suis-je pas dans mon bon sens?
Mon maître Amphitryon ne m'a-t-il pas commis
A venir en ces lieux vers Alcmène sa femme?
Ne lui dois-je pas faire, en lui vantant sa flamme,
Un récit de ses faits contre nos ennemis?
Ne suis-je pas du port arrivé tout à l'heure?
   Ne tiens-je pas une lanterne en main?
Ne te trouvé-je pas devant notre demeure?
Ne t'y parlé-je pas d'un esprit tout humain?
Ne te tiens-tu pas fort de ma poltronnerie,
   Pour m'empêcher d'entrer chez nous?
N'as-tu pas sur mon dos exercé ta furie?
   Ne m'as-tu pas roué de coups?
  Ah! tout cela n'est que trop véritable;
   Et, plût au ciel, le fût-il moins!
Cesse donc d'insulter au sort d'un misérable;
Et laisse à mon devoir s'acquitter de ses soins.

MERCURE.

Arrête, ou sur ton dos le moindre pas attire
Un assommant éclat de mon juste courroux.
  Tout ce que tu viens de dire
   Est à moi, hormis les coups.

SOSIE.

Ce matin, du vaisseau, plein de frayeur en l'âme,
Cette lanterne sait comme je suis parti.
Amphitryon, du camp, vers Alcmène sa femme
M'a-t-il pas envoyé ?

MERCURE.

   Vous en avez menti.
C'est moi qu'Amphitryon députe vers Alcmène,
Et qui du port persique arrive de ce pas ;
Moi, qui viens annoncer la valeur de son bras,
Qui nous fait remporter une victoire pleine,
Et de nos ennemis a mis le chef à bas.
C'est moi qui suis Sosie enfin, de certitude,
  Fils de Dave, honnête berger ;
Frère d'Arpage, mort en pays étranger ;
  Mari de Cléanthis la prude,
  Dont l'humeur me fait enrager ;
Qui dans Thèbe ai reçu mille coups d'étrivière,
  Sans en avoir jamais dit rien ;
Et jadis en public fus marqué par derrière,
  Pour être trop homme de bien.

SOSIE, bas, à part.

Il a raison. A moins d'être Sosie,
 On ne peut pas savoir tout ce qu'il dit ;
Et, dans l'étonnement dont mon âme est saisie,
Je commence, à mon tour, à le croire un petit.
En effet, maintenant que je le considère,
 Je vois qu'il a de moi taille, mine, action.
  Faisons-lui quelque question,

Afin d'éclaircir ce mystère.
(Haut.)
Parmi tout le butin fait sur nos ennemis,
Qu'est-ce qu'Amphitryon obtient pour son partage?

MERCURE.

Cinq fort gros diamants en nœud proprement mis,
Dont leur chef se parait comme d'un rare ouvrage.

SOSIE.

A qui destine-t-il un si riche présent?

MERCURE.

A sa femme; et sur elle il le veut voir paraître.

SOSIE.

Mais où, pour l'apporter, est-il mis à présent?

MERCURE.

Dans un coffret scellé des armes de mon maître.

SOSIE, à part.

Il ne ment pas d'un mot à chaque repartie;
Et de moi je commence à douter tout de bon.
Près de moi, par la force, il est déjà Sosie;
Il pourrait bien encor l'être par la raison.
Pourtant, quand je me tâte et que je me rappelle,
  Il me semble que je suis moi.
Où puis-je rencontrer quelque clarté fidèle,
  Pour démêler ce que je vois?
Ce que j'ai fait tout seul, et que n'a vu personne,
A moins d'être moi-même, on ne le peut savoir;
Par cette question il faut que je l'étonne;
C'est de quoi le confondre, et nous allons le voir.
(Haut.)
Lorsqu'on était aux mains, que fis-tu dans nos tentes,
  Où tu courus seul te fourrer?

MERCURE.

D'un jambon...

SOSIE, bas, à part.

L'y voilà!

MERCURE.

Que j'allai déterrer
Je coupai bravement deux tranches succulentes,
Dont je sus fort bien me bourrer;
Et, joignant à cela d'un vin que l'on ménage,
Et dont, avant le goût, les yeux se contentaient,
Je pris un peu de courage
Pour nos gens qui se battaient.

SOSIE, bas, à part.

Cette preuve sans pareille
En sa faveur conclut bien;
Et l'on n'y peut dire rien,
S'il n'était dans la bouteille.

(Haut.)

Je ne saurais nier, aux preuves qu'on m'expose,
Que tu ne sois Sosie, et j'y donne ma voix.
Mais, si tu l'es, dis-moi qui tu veux que je sois?
Car enfin faut-il bien que je sois quelque chose.

MERCURE.

Quand je ne serai plus Sosie,
Sois-le, j'en demeure d'accord;
Mais, tant que je le suis, je te garantis mort,
Si tu prends cette fantaisie.

SOSIE.

Tout cet embarras met mon esprit sur les dents,
Et la raison à ce qu'on voit s'oppose.
Mais il faut terminer enfin par quelque chose;
Et le plus court pour moi, c'est d'entrer là dedans.

MERCURE.

Ah! tu prends donc, pendard, goût à la bastonnade?

SOSIE, battu par Mercure.

Ah! qu'est-ce ci, grands dieux! il frappe un ton plus fort,
Et mon dos pour un mois en doit être malade.
Laissons ce diable d'homme, et retournons au port.
O juste ciel! j'ai fait une ambassade!

MERCURE, seul.

Enfin je l'ai fait fuir, et, sous ce traitement,
De beaucoup d'actions il a reçu la peine;
Mais je vois Jupiter, que fort civilement
    Reconduit l'amoureuse Alcmène.

SCÈNE III.

JUPITER, sous la forme d'Amphitryon; ALCMÈNE, CLÉANTHIS, MERCURE.

JUPITER.

Défendez, chère Alcmène, aux flambeaux d'approcher.
Ils m'offrent des plaisirs en m'offrant votre vue;
Mais ils pourraient ici découvrir ma venue,
    Qu'il est à propos de cacher.
Mon amour, que gênaient tous ces soins éclatants
Où me tenait lié la gloire de nos armes,
Aux devoirs de ma charge a volé les instants
    Qu'il vient de donner à vos charmes.
Ce vol, qu'à vos beautés mon cœur a consacré,
Pourrait être blâmé dans la bouche publique,
    Et j'en veux pour témoin unique
    Celle qui peut m'en savoir gré.

ALCMÈNE.

Je prends, Amphitryon, grande part à la gloire
Que répandent sur vous vos illustres exploits;
    Et l'éclat de votre victoire
Sait toucher de mon cœur les sensibles endroits.
  Mais quand je vois que cet honneur fatal
    Éloigne de moi ce que j'aime,
Je ne puis m'empêcher, dans ma tendresse extrême,
    De lui vouloir un peu de mal,

Et d'opposer mes vœux à cet ordre suprême
  Qui des Thébains vous fait le général.
C'est une douce chose, après une victoire,
Que la gloire où l'on voit ce qu'on aime élevé;
Mais, parmi les périls mêlés à cette gloire,
Un triste coup, hélas! est bientôt arrivé.
De combien de frayeurs a-t-on l'âme blessée,
  Au moindre choc dont on entend parler!
Voit-on, dans les horreurs d'une telle pensée,
    Par où jamais se consoler
    Du coup dont on est menacée?
Et de quelque laurier qu'on couronne un vainqueur,
Quelque part que l'on ait à cet honneur suprême,
Vaut-il ce qu'il en coûte aux tendresses d'un cœur
Qui peut, à tout moment, trembler pour ce qu'il aime?

JUPITER.

Je ne vois rien en vous dont mon feu ne s'augmente;
Tout y marque à mes yeux un cœur bien enflammé;
Et c'est, je vous l'avoue, une chose charmante
De trouver tant d'amour dans un objet aimé.
Mais, si je l'ose dire, un scrupule me gêne,
Aux tendres sentiments que vous me faites voir;
Et, pour les bien goûter, mon amour, chère Alcmène,
Voudrait n'y voir entrer rien de votre devoir;
Qu'à votre seule ardeur, qu'à ma seule personne,
Je dusse les faveurs que je reçois de vous;
Et que la qualité que j'ai de votre époux
    Ne fût point ce qui me les donne.

ALCMÈNE.

C'est de ce nom pourtant que l'ardeur qui me brûle
    Tient le droit de paraître au jour;
Et je ne comprends rien à ce nouveau scrupule
    Dont s'embarrasse votre amour.

JUPITER.

Ah! ce que j'ai pour vous d'ardeur et de tendresse

  Passe aussi celle d'un époux ;
Et vous ne savez pas, dans des moments si doux,
  Quelle en est la délicatesse.
Vous ne concevez point qu'un cœur bien amoureux
Sur cent petits égards s'attache avec étude,
  Et se fait une inquiétude
  De la manière d'être heureux.
  En moi, belle et charmante Alcmène,
Vous voyez un mari, vous voyez un amant;
Mais l'amant seul me touche, à parler franchement,
Et je sens, près de vous, que le mari le gêne.
Cet amant, de vos vœux jaloux au dernier point,
Souhaite qu'à lui seul votre cœur s'abandonne;
  Et sa passion ne veut point
  De ce que le mari lui donne.
Il veut de pure source obtenir vos ardeurs,
Et ne veut rien tenir des nœuds de l'hyménée;
Rien d'un fâcheux devoir qui fait agir les cœurs,
Et par qui, tous les jours, des plus chères faveurs
  La douceur est empoisonnée.
Dans le scrupule enfin dont il est combattu,
Il veut, pour satisfaire à sa délicatesse,
Que vous le sépariez d'avec ce qui le blesse;
Que le mari ne soit que pour votre vertu;
Et que de votre cœur, de bonté revêtu,
L'amant ait tout l'amour et toute la tendresse.

     ALCMÈNE.

  Amphitryon, en vérité,
 Vous vous moquez de tenir ce langage,
 Et j'aurais peur qu'on ne vous crût pas sage,
  Si de quelqu'un vous étiez écouté.

     JUPITER.

  Ce discours est plus raisonnable,
  Alcmène, que vous ne pensez.
Mais un plus long séjour me rendrait trop coupable,

Et du retour au port les moments sont pressés.
Adieu. De mon devoir l'étrange barbarie
   Pour un temps m'arrache de vous;
Mais, belle Alcmène, au moins. quand vous verrez l'époux,
   Songez à l'amant, je vous prie.

ALCMÈNE.

Je ne sépare point ce qu'unissent les dieux;
Et l'époux et l'amant me sont fort précieux.

SCÈNE IV.

MERCURE, CLÉANTHIS.

CLÉANTHIS, à part.

O ciel! que d'aimables caresses
   D'un époux ardemment chéri!
   Et que mon traître de mari
Est loin de toutes ces tendresses!

MERCURE, à part.

   La Nuit, qu'il me faut avertir,
   N'a plus qu'à plier tous ses voiles;
   Et, pour effacer les étoiles,
Le Soleil de son lit peut maintenant sortir.

CLÉANTHIS, arrêtant Mercure.

   Quoi! c'est ainsi que l'on me quitte!

MERCURE.

   Et comment donc? Ne veux-tu pas
   Que de mon devoir je m'acquitte,
Et que d'Amphitryon j'aille suivre les pas?

CLÉANTHIS.

   Mais avec cette brusquerie,
   Traître! de moi te séparer!

MERCURE.

   Le beau sujet de fâcherie!

ACTE I. SCÈNE IV.

Nous avons tant de temps ensemble à demeurer!
CLÉANTHIS.
Mais quoi! partir ainsi d'une façon brutale,
Sans me dire un seul mot de douceur pour régale!
MERCURE.
Diantre! où veux-tu que mon esprit
T'aille chercher des fariboles?
Quinze ans de mariage épuisent les paroles;
Et, depuis un long temps, nous nous sommes tout dit.
CLÉANTHIS.
Regarde, traître, Amphitryon;
Vois combien pour Alcmène il étale de flamme;
Et rougis, là-dessus, du peu de passion
Que tu témoignes pour ta femme.
MERCURE.
Hé! mon dieu! Cléanthis, ils sont encore amants.
Il est certain âge où tout passe;
Et ce qui leur sied bien dans ces commencements,
En nous, vieux mariés, aurait mauvaise grâce.
Il nous ferait beau voir attachés, face à face,
A pousser les beaux sentiments!
CLÉANTHIS.
Quoi! suis-je hors d'état, perfide, d'espérer
Qu'un cœur auprès de moi soupire?
MERCURE.
Non, je n'ai garde de le dire;
Mais je suis trop barbon pour oser soupirer,
Et je ferais crever de rire.
CLÉANTHIS.
Mérites-tu, pendard, cet insigne bonheur
De te voir pour épouse une femme d'honneur?
MERCURE.
Mon dieu! tu n'es que trop honnête;
Ce grand honneur ne me vaut rien.
Ne sois point si femme de bien,

Et me romps un peu moins la tête.
CLÉANTHIS.
Comment! de trop bien vivre on te voit me blâmer?
MERCURE.
La douceur d'une femme est tout ce qui me charme;
Et ta vertu fait un vacarme
Qui ne cesse de m'assommer.
CLÉANTHIS.
Il te faudrait des cœurs pleins de fausses tendresses,
De ces femmes aux beaux et louables talents,
Qui savent accabler leurs maris de caresses,
Pour leur faire avaler l'usage des galants.
MERCURE.
Ma foi, veux-tu que je te dise?
Un mal d'opinion ne touche que les sots;
Et je prendrais pour ma devise :
« Moins d'honneur, et plus de repos. »
CLÉANTHIS.
Comment! tu souffrirais, sans nulle répugnance,
Que j'aimasse un galant avec toute licence?
MERCURE.
Oui, si je n'étais plus de tes cris rebattu,
Et qu'on te vît changer d'humeur et de méthode.
J'aime mieux un vice commode
Qu'une fatigante vertu.
Adieu, Cléanthis, ma chère âme;
Il me faut suivre Amphitryon.
CLÉANTHIS, seule.
Pourquoi, pour punir cet infâme,
Mon cœur n'a-t-il assez de résolution?
Ah! que, dans cette occasion,
J'enrage d'être honnête femme?

FIN DU PREMIER ACTE.

ACTE DEUXIÈME.

SCÈNE I.

AMPHITRYON, SOSIE.

AMPHITRYON.

Viens çà, bourreau, viens çà. Sais-tu, maître fripon,
Qu'à te faire assommer ton discours peut suffire?
Et que, pour te traiter comme je le désire,
    Mon courroux n'attend qu'un bâton?

SOSIE.

    Si vous le prenez sur ce ton,
    Monsieur, je n'ai plus rien à dire;
    Et vous aurez toujours raison.

AMPHITRYON.

Quoi! tu veux me donner pour des vérités, traître!
Des contes que je vois d'extravagance outrés?

SOSIE.

Non : je suis le valet, et vous êtes le maître;
Il n'en sera, monsieur, que ce que vous voudrez.

AMPHITRYON.

Çà, je veux étouffer le courroux qui m'enflamme,
Et, tout du long, t'ouïr sur ta commission.
    Il faut, avant que voir ma femme,
Que je débrouille ici cette confusion.
Rappelle tous tes sens, rentre bien dans ton âme,
Et réponds mot pour mot à chaque question.

SOSIE.

Mais, de peur d'incongruité,
Dites-moi, de grâce, à l'avance,
De quel air il vous plaît que ceci soit traité.
Parlerai-je, monsieur, selon ma conscience,
Ou comme auprès des grands on le voit usité ?
Faut-il dire la vérité,
Ou bien user de complaisance ?

AMPHITRYON.

Non ; je ne te veux obliger
Qu'à me rendre de tout un compte fort sincère.

SOSIE.

Bon. C'est assez, laissez-moi faire ;
Vous n'avez qu'à m'interroger.

AMPHITRYON.

Sur l'ordre que tantôt je t'avais su prescrire...

SOSIE.

Je suis parti, les cieux d'un noir crêpe voilés,
Pestant fort contre vous dans ce fâcheux martyre,
Et maudissant vingt fois l'ordre dont vous parlez.

AMPHITRYON.

Comment, coquin !

SOSIE.

Monsieur, vous n'avez rien qu'à dire,
Je mentirai, si vous voulez.

AMPHITRYON.

Voilà comme un valet pour nous montre du zèle !
Passons. Sur le chemin que t'est-il arrivé ?

SOSIE.

D'avoir une frayeur mortelle
Au moindre objet que j'ai trouvé.

AMPHITRYON.

Poltron !

SOSIE.

En nous formant, nature a ses caprices ;

Divers penchants en nous elle fait observer :
Les uns à s'exposer trouvent mille délices ;
   Moi j'en trouve à me conserver.

AMPHITRYON.

Arrivant au logis?...

SOSIE.

      J'ai, devant notre porte,
En moi-même voulu répéter un petit
   Sur quel ton et de quelle sorte
Je ferais du combat le glorieux récit.

AMPHITRYON.

Ensuite?

SOSIE.

  On m'est venu troubler et mettre en peine.

AMPHITRYON.

Et qui?

SOSIE.

  Sosie; un moi, de vos ordres jaloux,
Que vous avez du port envoyé vers Alcmène,
Et qui de nos secrets a connaissance pleine,
   Comme le moi qui parle à vous.

AMPHITRYON.

Quels contes!

SOSIE.

  Non, monsieur, c'est la vérité pure :
Ce moi, plus tôt que moi, s'est au logis trouvé,
   Et j'étais venu, je vous jure,
   Avant que je fusse arrivé.

AMPHITRYON.

D'où peut procéder, je te prie,
Ce galimatias maudit?
Est-ce un songe? est-ce ivrognerie,
Aliénation d'esprit,
Ou méchante plaisanterie?

SOSIE.

Non, c'est la chose comme elle est,
  Et point du tout conte frivole;
Je suis homme d'honneur, j'en donne ma parole;
  Et vous m'en croirez, s'il vous plaît.
Je vous dis que, croyant n'être qu'un seul Sosie,
  Je me suis trouvé deux chez nous;
Et que de ces deux moi, piqués de jalousie,
L'un est à la maison, et l'autre est avec vous;
Que le moi que voici, chargé de lassitude,
A trouvé l'autre moi frais, gaillard et dispos,
  Et n'ayant d'autre inquiétude
  Que de battre, et casser des os.

AMPHITRYON.

Il faut être, je le confesse,
D'un esprit bien posé, bien tranquille, bien doux,
Pour souffrir qu'un valet de chansons me repaisse.

SOSIE.

Si vous vous mettez en courroux,
  Plus de conférence entre nous;
  Vous savez que d'abord tout cesse.

AMPHITRYON.

Non, sans emportement je te veux écouter,
Je l'ai promis. Mais dis, en bonne conscience,
Au mystère nouveau que tu me viens conter
  Est-il quelque ombre d'apparence?

SOSIE.

Non; vous avez raison, et la chose à chacun
  Hors de créance doit paraître.
  C'est un fait à n'y rien connaître,
Un conte extravagant, ridicule, importun :
  Cela choque le sens commun;
  Mais cela ne laisse pas d'être.

AMPHITRYON.

Le moyen d'en rien croire, à moins qu'être insensé?

SOSIE.

Je ne l'ai pas cru, moi, sans une peine extrême.
Je me suis d'être deux senti l'esprit blessé,
Et longtemps d'imposteur j'ai traité ce moi-même.
Mais à me reconnaître enfin il m'a forcé;
J'ai vu que c'était moi, sans aucun stratagème :
Des pieds jusqu'à la tête il est comme moi fait,
Beau, l'air noble, bien pris, les manières charmantes;
 Enfin, deux gouttes de lait
 Ne sont pas plus ressemblantes;
Et, n'était que ses mains sont un peu trop pesantes,
 J'en serais fort satisfait.

AMPHITRYON.

A quelle patience il faut que je m'exhorte!
Mais enfin, n'es-tu pas entré dans la maison?

SOSIE.

Bon, entré! Hé! de quelle sorte?
Ai-je jamais voulu entendre de raison?
Et ne me suis-je pas interdit notre porte?

AMPHITRYON.

Comment donc?

SOSIE.

 Avec un bâton,
Dont mon dos sent encore une douleur très-forte.

AMPHITRYON.

On t'a battu?

SOSIE.

 Vraiment!

AMPHITRYON.

Et qui?

SOSIE.

 Moi.

AMPHITRYON.

 Toi, te battre?

SOSIE.

Oui, moi; non pas le moi d'ici,
Mais le moi du logis qui frappe comme quatre.

AMPHITRYON.

Te confonde le ciel de me parler ainsi!

SOSIE.

Ce ne sont point des badinages.
Le moi que j'ai trouvé tantôt
Sur le moi qui vous parle a de grands avantages;
Il a le bras fort, le cœur haut :
J'en ai reçu des témoignages;
Et ce diable de moi m'a rossé comme il faut :
C'est un drôle qui fait des rages.

AMPHITRYON.

Achevons. As-tu vu ma femme?

SOSIE.

Non.

AMPHITRYON.

Pourquoi?

SOSIE.

Par une raison assez forte.

AMPHITRYON.

Qui t'a fait y manquer, maraud? Explique-toi.

SOSIE.

Faut-il le répéter vingt fois de même sorte?
Moi, vous dis-je, ce moi plus robuste que moi;
Ce moi qui s'est de force emparé de la porte;
Ce moi qui m'a fait filer doux;
Ce moi qui le seul moi veut être;
Ce moi de moi-même jaloux;
Ce moi vaillant dont le courroux
Au moi poltron s'est fait connaître;
Enfin ce moi qui suis chez nous;
Ce moi qui s'est montré mon maître;
Ce moi qui m'a roué de coups.

AMPHITRYON.

Il faut que ce matin, à force de trop boire,
Il se soit troublé le cerveau.

SOSIE.

Je veux être pendu, si j'ai bu que de l'eau!
A mon serment on m'en peut croire.

AMPHITRYON.

Il faut donc qu'au sommeil tes sens se soient portés,
Et qu'un songe fâcheux, dans ses confus mystères,
T'ait fait voir toutes les chimères
Dont tu me fais des vérités.

SOSIE.

Tout aussi peu. Je n'ai point sommeillé,
Et n'en ai même aucune envie.
Je vous parle bien éveillé :
J'étais bien éveillé ce matin, sur ma vie,
Et bien éveillé même était l'autre Sosie,
Quand il m'a si bien étrillé.

AMPHITRYON.

Suis-moi, je t'impose silence.
C'est trop me fatiguer l'esprit;
Et je suis un vrai fou d'avoir la patience
D'écouter d'un valet les sottises qu'il dit.

SOSIE, à part.

Tous les discours sont des sottises,
Partant d'un homme sans éclat :
Ce seraient paroles exquises
Si c'était un grand qui parlât.

AMPHITRYON.

Entrons sans davantage attendre.
Mais Alcmène paraît avec tous ses appas;
En ce moment, sans doute, elle ne m'attend pas,
Et mon abord la va surprendre.

SCÈNE II.

ALCMÈNE, AMPHITRYON, CLÉANTHIS, SOSIE.

ALCMÈNE, sans voir Amphitryon.

Allons pour mon époux, Cléanthis, vers les dieux,
  Nous acquitter de nos hommages,
Et les remercier des succès glorieux
Dont Thèbes, par son bras, goûte les avantages.
(Apercevant Amphitryon.)
O dieux!

AMPHITRYON.

  Fasse le ciel qu'Amphitryon vainqueur
  Avec plaisir soit revu de sa femme;
  Et que ce jour favorable à ma flamme,
Vous redonne à mes yeux avec le même cœur!
  Que j'y retrouve autant d'ardeur
  Que vous en rapporte mon âme!

ALCMÈNE.

Quoi! de retour sitôt?

AMPHITRYON.

  Certes, c'est en ce jour
Me donner de vos feux un mauvais témoignage :
  Et ce « Quoi! sitôt de retour? »
En ces occasions n'est guère le langage
  D'un cœur bien enflammé d'amour.
  J'osais me flatter en moi-même
  Que loin de vous j'aurais trop demeuré.
L'attente d'un retour ardemment désiré
Donne à tous les instants une longueur extrême;
  Et l'absence de ce qu'on aime,
Quelque peu qu'elle dure, a toujours trop duré.

ACTE II. SCÈNE II.

ALCMÈNE.

Je ne vois...

AMPHITRYON.

Non, Alcmène, à son impatience
On mesure le temps en de pareils états;
Et vous comptez les moments de l'absence
En personne qui n'aime pas.
Lorsque l'on aime comme il faut,
Le moindre éloignement nous tue,
Et ce dont on chérit la vue
Ne revient jamais assez tôt.
De votre accueil, je le confesse,
Se plaint ici mon amoureuse ardeur;
Et j'attendais de votre cœur
D'autres transports de joie et de tendresse.

ALCMÈNE.

J'ai peine à comprendre sur quoi
Vous fondez les discours que je vous entends faire;
Et si vous vous plaignez de moi,
Je ne sais pas, de bonne foi,
Ce qu'il faut pour vous satisfaire.
Hier au soir, ce me semble, à votre heureux retour,
On me vit témoigner une joie assez tendre,
Et rendre aux soins de votre amour
Tout ce que de mon cœur vous aviez lieu d'attendre.

AMPHITRYON.

Comment?

ALCMÈNE.

Ne fis-je pas éclater à vos yeux
Les soudains mouvements d'une entière allégresse?
Et le transport d'un cœur peut-il s'expliquer mieux,
Au retour d'un époux qu'on aime avec tendresse?

AMPHITRYON.

Que me dites-vous là?

ALCMÈNE.

Que même votre amour
Montra de mon accueil une joie incroyable;
Et que, m'ayant quittée à la pointe du jour,
　Je ne vois pas qu'à ce soudain retour
　　Ma surprise soit si coupable.

AMPHITRYON.

Est-ce que du retour que j'ai précipité
Un songe, cette nuit, Alcmène, dans votre âme
　A prévenu la vérité?
Et que, m'ayant peut-être en dormant bien traité,
　Votre cœur se croit vers ma flamme
　　Assez amplement acquitté?

ALCMÈNE.

Est-ce qu'une vapeur, par sa malignité,
　Amphitryon, a, dans votre âme,
Du retour d'hier au soir brouillé la vérité?
Et que du doux accueil duquel je m'acquittai
　Votre cœur prétend à ma flamme
　　Ravir toute l'honnêteté?

AMPHITRYON.

Cette vapeur, dont vous me régalez,
　Est un peu, ce me semble, étrange.

ALCMÈNE.

C'est ce qu'on peut donner pour change
　Au songe dont vous me parlez.

AMPHITRYON.

A moins d'un songe, on ne peut pas, sans doute,
Excuser ce qu'ici votre bouche me dit.

ALCMÈNE.

A moins d'une vapeur qui vous trouble l'esprit,
On ne peut pas sauver ce que de vous j'écoute.

AMPHITRYON.

Laissons un peu cette vapeur, Alcmène.

ALCMÈNE.

Laissons un peu ce songe, Amphitryon.

AMPHITRYON.

Sur le sujet dont il est question
Il n'est guère de jeu que trop loin on ne mène.

ALCMÈNE.

Sans doute; et, pour marque certaine,
Je commence à sentir un peu d'émotion.

AMPHITRYON.

Est-ce donc que par là vous voulez essayer
A réparer l'accueil dont je vous ai fait plainte?

ALCMÈNE.

Est-ce donc que par cette feinte
Vous désirez vous égayer?

AMPHITRYON.

Ah! de grâce, cessons, Alcmène, je vous prie,
Et parlons sérieusement.

ALCMÈNE.

Amphitryon, c'est trop pousser l'amusement;
Finissons cette raillerie.

AMPHITRYON.

Quoi! vous osez me soutenir en face
Que plus tôt qu'à cette heure on m'ait ici pu voir?

ALCMÈNE.

Quoi! vous voulez nier avec audace
Que dès hier en ces lieux vous vîntes sur le soir?

AMPHITRYON.

Moi! je vins hier?

ALCMÈNE.

Sans doute, et, dès avant l'aurore,
Vous vous en êtes retourné.

AMPHITRYON, à part.

Ciel! un pareil débat s'est-il pu voir encore?
Et qui de tout ceci ne serait étonné?
Sosie!

SOSIE.

Elle a besoin de six grains d'ellébore ;
Monsieur, son esprit est tourné.

AMPHITRYON.

Alcmène, au nom de tous les dieux,
Ce discours a d'étranges suites !
Reprenez vos sens un peu mieux,
Et pensez à ce que vous dites.

ALCMÈNE.

J'y pense mûrement aussi ;
Et tous ceux du logis ont vu votre arrivée.
J'ignore quel motif vous fait agir ainsi ;
Mais si la chose avait besoin d'être prouvée,
S'il était vrai qu'on pût ne s'en souvenir pas,
De qui puis-je tenir, que de vous, la nouvelle
  Du dernier de tous vos combats,
Et les cinq diamants que portait Ptérélas,
  Qu'a fait dans la nuit éternelle
  Tomber l'effort de votre bras ?
En pourrait-on vouloir un plus sûr témoignage ?

AMPHITRYON.

Quoi ! je vous ai déjà donné
Le nœud de diamants que j'eus pour mon partage,
  Et que je vous ai destiné ?

ALCMÈNE.

Assurément. Il n'est pas difficile
De vous en bien convaincre.

AMPHITRYON.

Et comment ?

ALCMÈNE, montrant le nœud de diamants à sa ceinture.

Le voici.

AMPHITRYON.

Sosie !

SOSIE, tirant de sa poche un coffret.

Elle se moque, et je le tiens ici ;

Monsieur, la feinte est inutile.
AMPHITRYON, regardant le coffret.
Le cachet est entier.
ALCMÈNE, présentant à Amphitryon le nœud de diamants.
Est-ce une vision ?
Tenez. Trouverez-vous cette preuve assez forte ?
AMPHITRYON.
Ah ciel ! ô juste ciel !
ALCMÈNE.
Allez, Amphitryon,
Vous vous moquez d'en user de la sorte ;
Et vous en devriez avoir confusion.
AMPHITRYON.
Romps vite ce cachet.
SOSIE, ayant ouvert le coffret.
Ma foi, la place est vide.
Il faut que, par magie, on ait su le tirer,
Ou bien que de lui-même il soit venu, sans guide,
Vers celle qu'il a su qu'on en voulait parer.
AMPHITRYON, à part.
O dieux, dont le pouvoir sur les choses préside,
Quelle est cette aventure, et qu'en puis-je augurer
Dont mon amour ne s'intimide ?
SOSIE, à Amphitryon.
Si sa bouche dit vrai, nous avons même sort,
Et de même que moi, monsieur, vous êtes double.
AMPHITRYON.
Tais-toi.
ALCMÈNE.
Sur quoi vous étonner si fort ?
Et d'où peut naître ce grand trouble ?
AMPHITRYON, à part.
O ciel ! quel étrange embarras !
Je vois des incidents qui passent la nature,
Et mon honneur redoute une aventure

Que mon esprit ne comprend pas.
####### ALCMÈNE.
Songez-vous, en tenant cette preuve sensible,
A me nier encor votre retour pressé?
####### AMPHITRYON.
Non; mais, à ce retour, daignez, s'il est possible,
Me conter ce qui s'est passé.
####### ALCMÈNE.
Puisque vous demandez un récit de la chose,
Vous voulez dire donc que ce n'était pas vous?
####### AMPHITRYON.
Pardonnez-moi; mais j'ai certaine cause
Qui me fait demander ce récit entre nous.
####### ALCMÈNE.
Les soucis importants qui vous peuvent saisir
Vous ont-ils fait si vite en perdre la mémoire?
####### AMPHITRYON.
Peut-être; mais enfin vous me ferez plaisir
De m'en dire toute l'histoire.
####### ALCMÈNE.
L'histoire n'est pas longue. A vous je m'avançai,
Pleine d'une aimable surprise;
Tendrement je vous embrassai,
Et témoignai ma joie à plus d'une reprise.
####### AMPHITRYON, à part.
Ah! d'un si doux accueil, je me serais passé.
####### ALCMÈNE.
Vous me fîtes d'abord ce présent d'importance,
Que du butin conquis vous m'aviez destiné.
Votre cœur avec véhémence
M'étala de ses feux toute la violence,
Et les soins importuns qui l'avaient enchaîné,
L'aise de me revoir, les tourments de l'absence,
Tout le souci que son impatience
Pour le retour s'était donné;

Et jamais votre amour, en pareille occurrence,
Ne me parut si tendre et si passionné.

AMPHITRYON, à part.

Peut-on plus vivement se voir assassiné!

ALCMÈNE.

Tous ces transports, toute cette tendresse,
Comme vous croyez bien, ne me déplaisaient pas;
 Et, s'il faut que je le confesse,
Mon cœur, Amphitryon, y trouvait mille appas.

AMPHITRYON.

Ensuite, s'il vous plaît?

ALCMÈNE.

Nous nous entrecoupâmes
De mille questions qui pouvaient nous toucher.
On servit. Tête à tête ensemble nous soupâmes;
Et, le souper fini, nous nous fûmes coucher.

AMPHITRYON.

Ensemble?

ALCMÈNE.

Assurément. Quelle est cette demande?

AMPHITRYON, à part.

Ah! c'est ici le coup le plus cruel de tous,
Et dont à s'assurer tremblait mon feu jaloux.

ALCMÈNE.

D'où vous vient, à ce mot, une rougeur si grande?
Ai-je fait quelque mal de coucher avec vous?

AMPHITRYON.

Non, ce n'était pas moi, pour ma douleur sensible;
Et qui dit qu'hier ici mes pas se sont portés,
 Dit, de toutes les faussetés,
 La fausseté la plus horrible.

ALCMÈNE.

Amphitryon!

AMPHITRYON.

Perfide!

ALCMÈNE.

Ah! quel emportement!

AMPHITRYON.

Non, non, plus de douceur et plus de déférence :
Ce revers vient à bout de toute ma constance,
Et mon cœur ne respire, en ce fatal moment,
　　Et que fureur et que vengeance.

ALCMÈNE.

De qui donc vous venger? et quel manque de foi
　Vous fait ici me traiter de coupable?

AMPHITRYON.

　Je ne sais pas, mais ce n'était pas moi :
Et c'est un désespoir qui de tout rend capable.

ALCMÈNE.

Allez, indigne époux, le fait parle de soi,
　　Et l'imposture est effroyable.
　　C'est trop me pousser là-dessus,
Et d'infidélité me voir trop condamnée.
　Si vous cherchez, dans ces transports confus,
Un prétexte à briser les nœuds d'un hyménée
　　Qui me tient à vous enchaînée,
　　　Tous ces détours sont superflus;
　　　Et me voilà déterminée
A souffrir qu'en ce jour nos liens soient rompus.

AMPHITRYON.

Après l'indigne affront que l'on me fait connaître,
C'est bien à quoi, sans doute, il faut vous préparer :
C'est le moins qu'on doit voir; et les choses peut-être
　　Pourront n'en pas là demeurer.
Le déshonneur est sûr, mon malheur m'est visible,
Et mon amour en vain voudrait me l'obscurcir;
Mais le détail encor ne m'en est pas sensible,
Et mon juste courroux prétend s'en éclaircir.
Votre frère déjà peut hautement répondre
Que, jusqu'à ce matin, je ne l'ai point quitté :

Je m'en vais le chercher, afin de vous confondre
Sur ce retour qui m'est faussement imputé.
Après, nous percerons jusqu'au fond d'un mystère
  Jusques à présent inouï ;
Et, dans les mouvements d'une juste colère,
  Malheur à qui m'aura trahi !

SOSIE.

Monsieur...

AMPHITRYON.

  Ne m'accompagne pas,
Et demeure ici pour m'attendre.

CLÉANTHIS, à Alcmène.

Faut-il ?...

ALCMÈNE.

  Je ne puis rien entendre :
Laisse-moi seule, et ne suis point mes pas.

SCÈNE III.

CLÉANTHIS, SOSIE.

CLÉANTHIS, à part.

Il faut que quelque chose ait brouillé sa cervelle,
  Mais le frère sur-le-champ
  Finira cette querelle.

SOSIE, à part.

C'est ici pour mon maître un coup assez touchant,
  Et son aventure est cruelle.
Je crains fort pour mon fait quelque chose approchant,
Et je m'en veux, tout doux, éclaircir avec elle.

CLÉANTHIS, à part.

Voyez s'il me viendra seulement aborder !
Mais je veux m'empêcher de rien faire paraître.

SOSIE, *à part.*

La chose quelquefois est fâcheuse à connaître,
    Et je tremble à la demander.
Ne vaudrait-il point mieux, pour ne rien hasarder,
    Ignorer ce qu'il en peut être ?
    Allons, tout coup vaille, il faut voir,
    Et je ne m'en saurais défendre.
    La faiblesse humaine est d'avoir
    Des curiosités d'apprendre
    Ce qu'on ne voudrait pas savoir.
Dieu te gard', Cléanthis !

CLÉANTHIS.

            Ah ! ah ! tu t'en avises,
    Traître, de t'approcher de nous !

SOSIE.

Mon dieu ! qu'as-tu ? Toujours on te voit en courroux,
    Et sur rien tu te formalises.

CLÉANTHIS.

Qu'appelles-tu sur rien ? Dis.

SOSIE.

            J'appelle sur rien
Ce qui sur rien s'appelle en vers ainsi qu'en prose,
    Et rien, comme tu le sais bien,
    Veut dire rien, ou peu de chose.

CLÉANTHIS.

    Je ne sais qui me tient, infâme,
    Que je ne t'arrache les yeux,
Et ne t'apprenne où va le courroux d'une femme.

SOSIE.

    Holà ! D'où te vient donc ce transport furieux ?

CLÉANTHIS.

Tu n'appelles donc rien le procédé, peut-être,
    Qu'avec moi ton cœur a tenu ?

SOSIE.

    Et quel ?

ACTE II. SCÈNE III.

CLÉANTHIS.

Quoi! tu fais l'ingénu?
Est-ce qu'à l'exemple du maître
Tu veux dire qu'ici tu n'es pas revenu?

SOSIE.

Non, je sais fort bien le contraire;
Mais je ne t'en fais pas le fin,
Nous avions bu de je ne sais quel vin,
Qui m'a fait oublier tout ce que j'ai pu faire.

CLÉANTHIS.

Tu crois peut-être excuser par ce trait...

SOSIE.

Non, tout de bon, tu m'en peux croire.
J'étais dans un état où je puis avoir fait
Des choses dont j'aurais regret,
Et dont je n'ai nulle mémoire.

CLÉANTHIS.

Tu ne te souviens point du tout de la manière
Dont tu m'as su traiter, étant venu du port?

SOSIE.

Non plus que rien. Tu peux m'en faire le rapport :
Je suis équitable et sincère,
Et me condamnerai moi-même, si j'ai tort.

CLÉANTHIS.

Comment! Amphitryon m'ayant su disposer,
Jusqu'à ce que tu vins, j'avais poussé ma veille;
Mais je ne vis jamais une froideur pareille :
De ta femme il fallut moi-même t'aviser;
Et lorsque je fus te baiser,
Tu détournas le nez, et me donnas l'oreille.

SOSIE.

Bon!

CLÉANTHIS.

Comment, bon?

SOSIE.

Mon dieu! tu ne sais pas pourquoi,
Cléanthis, je tiens ce langage :
J'avais mangé de l'ail, et fis en homme sage,
De détourner un peu mon haleine de toi.

CLÉANTHIS.

Je te sus exprimer des tendresses de cœur;
Mais à tous mes discours tu fus comme une souche;
Et jamais un mot de douceur
Ne te put sortir de la bouche.

SOSIE.

Courage!

CLÉANTHIS.

Enfin ma flamme eut beau s'émanciper,
Sa chaste ardeur en toi ne trouva rien que glace;
Et, dans un tel retour, je te vis la tromper
Jusqu'à faire refus de prendre au lit la place
Que les lois de l'hymen t'obligent d'occuper.

SOSIE.

Quoi! je ne couchai point?

CLÉANTHIS.

Non, lâche.

SOSIE.

Est-il possible?

CLÉANTHIS.

Traître! il n'est que trop assuré.
C'est de tous les affronts l'affront le plus sensible;
Et, loin que ce matin ton cœur l'ait réparé,
Tu t'es d'avec moi séparé
Par des discours chargés d'un mépris tout visible.

SOSIE.

Vivat Sosie!

CLÉANTHIS.

Hé quoi! ma plainte a cet effet!
Tu ris après ce bel ouvrage?

SOSIE.
Que je suis de moi satisfait!
CLÉANTHIS.
Exprime-t-on ainsi le regret d'un outrage?
SOSIE.
Je n'aurais jamais cru que j'eusse été si sage.
CLÉANTHIS.
Loin de te condamner d'un si perfide trait,
Tu m'en fais éclater la joie en ton visage!
SOSIE.
Mon dieu! tout doucement. Si je parais joyeux,
Crois que j'en ai dans l'âme une raison très-forte,
Et que, sans y penser, je ne fis jamais mieux
Que d'en user tantôt avec toi de la sorte.
CLÉANTHIS.
Traître! te moques-tu de moi?
SOSIE.
Non, je te parle avec franchise.
En l'état où j'étais, j'avais certain effroi
Dont, avec ton discours, mon âme s'est remise.
Je m'appréhendais fort, et craignais qu'avec toi
Je n'eusse fait quelque sottise.
CLÉANTHIS.
Quelle est cette frayeur? et sachons donc pourquoi.
SOSIE.
Les médecins disent, quand on est ivre,
Que de sa femme on se doit abstenir,
Et que dans cet état il ne peut provenir
Que des enfants pesants, et qui ne sauraient vivre.
Vois, si mon cœur n'eût su de froideur se munir,
Quels inconvénients auraient pu s'en ensuivre!
CLÉANTHIS.
Je me moque des médecins,
Avec leurs raisonnements fades :
Qu'ils règlent ceux qui sont malades,

Sans vouloir gouverner les gens qui sont bien sains.
 Ils se mêlent de trop d'affaires,
De prétendre tenir nos chastes feux gênés;
 Et sur les jours caniculaires
Ils nous donnent encore, avec leurs lois sévères,
 De cent sots contes par le nez.

SOSIE.

Tout doux.

CLÉANTHIS.

 Non, je soutiens que cela conclut mal;
Ces raisons sont raisons d'extravagantes têtes.
Il n'est ni vin ni temps qui puisse être fatal
A remplir le devoir de l'amour conjugal;
 Et les médecins sont des bêtes.

SOSIE.

Contre eux, je t'en suplie, apaise ton courroux;
Ce sont d'honnêtes gens, quoi que le monde en dise.

CLÉANTHIS.

Tu n'es pas où tu crois; en vain tu files doux :
Ton excuse n'est point une excuse de mise;
Et je me veux venger tôt ou tard, entre nous,
De l'air dont chaque jour je vois qu'on me méprise.
Des discours de tantôt je garde tous les coups,
Et tâcherai d'user, lâche et perfide époux,
De cette liberté que ton cœur m'a permise.

SOSIE.

Quoi?

CLÉANTHIS.

 Tu m'as dit tantôt que tu consentais fort,
 Lâche, que j'en aimasse un autre.

SOSIE.

Ah! pour cet article, j'ai tort.
Je m'en dédis; il y va trop du nôtre.
Garde-toi bien de suivre ce transport.

CLÉANTHIS.

Si je puis une fois pourtant
Sur mon esprit gagner la chose...

SOSIE.

Fais à ce discours quelque pause.
Amphitryon revient, qui me paraît content.

SCÈNE IV.

JUPITER, CLÉANTHIS, SOSIE.

JUPITER, à part.

Je viens prendre le temps de rapaiser Alcmène,
De bannir les chagrins que son cœur veut garder,
Et donner à mes feux, dans ce soin qui m'amène,
　Le doux plaisir de se raccommoder.
(A Cléanthis.)
Alcmène est là-haut, n'est-ce pas?

CLÉANTHIS.

Oui, pleine d'une inquiétude
Qui cherche de la solitude;
Et qui m'a défendu d'accompagner ses pas.

JUPITER.

Quelque défense qu'elle ait faite,
Elle ne sera pas pour moi.

SCÈNE V.

CLÉANTHIS, SOSIE.

CLÉANTHIS.

Son chagrin, à ce que je voi,
A fait une prompte retraite.

SOSIE.

Que dis-tu, Cléanthis, de ce joyeux maintien,
Après son fracas effroyable?

CLÉANTHIS.

Que si toutes nous faisions bien,
Nous donnerions tous les hommes au diable;
Et que le meilleur n'en vaut rien.

SOSIE.

Cela se dit dans le courroux;
Mais aux hommes par trop vous êtes accrochées;
Et vous seriez, ma foi, toutes bien empêchées,
Si le diable les prenait tous.

CLÉANTHIS.

Vraiment...

SOSIE.

Les voici. Taisons-nous.

SCÈNE VI.

JUPITER, ALCMÈNE, CLÉANTHIS, SOSIE.

JUPITER.

Voulez-vous me désespérer?
Hélas! arrêtez, belle Alcmène!

ALCMÈNE.

Non, avec l'auteur de ma peine
Je ne puis du tout demeurer.

JUPITER.

De grâce!

ALCMÈNE.

Laissez-moi.

JUPITER.

Quoi!

ALCMÈNE.

Laissez-moi, vous dis-je.

JUPITER, bas, à part.

Ses pleurs touchent mon âme, et sa douleur m'afflige.
(Haut.)
Souffrez que mon cœur...

ALCMÈNE.

Non, ne suivez point mes pas.

JUPITER.

Où voulez-vous aller?

ALCMÈNE.

Où vous ne serez pas.

JUPITER.

Ce vous est une attente vaine.
Je tiens à vos bontés par un nœud trop serré,
Pour pouvoir un moment en être séparé.
Je vous suivrai partout, Alcmène.

ALCMÈNE.

Et moi, partout je vous fuirai.

JUPITER.

Je suis donc bien épouvantable!

ALCMÈNE.

Plus qu'on ne peut dire, à mes yeux.
Oui, je vous vois comme un monstre effroyable,
Un monstre cruel, furieux,
Et dont l'approche est redoutable;

Comme un monstre à fuir en tous lieux.
Mon cœur souffre, à vous voir, une peine incroyable :
C'est un supplice qui m'accable :
Et je ne vois rien sous les cieux
D'affreux, d'horrible, d'odieux,
Qui ne me fût plus que vous supportable.

JUPITER.

En voilà bien, hélas! que votre bouche dit.

ALCMÈNE.

J'en ai dans le cœur davantage;
Et pour s'exprimer tout, ce cœur a du dépit
De ne point trouver de langage.

JUPITER.

Hé! que vous a donc fait ma flamme,
Pour me pouvoir, Alcmène, en monstre regarder?

ALCMÈNE.

Ah! juste ciel! cela peut-il se demander?
Et n'est-ce pas pour mettre à bout une âme?

JUPITER.

Ah! d'un esprit plus adouci...

ALCMÈNE.

Non, je ne veux du tout vous voir, ni vous entendre.

JUPITER.

Avez-vous bien le cœur de me traiter ainsi?
Est-ce là cet amour si tendre
Qui devait tant durer, quand je vins hier ici?

ALCMÈNE.

Non, non, ce ne l'est pas; et vos lâches injures
En ont autrement ordonné.
Il n'est plus, cet amour tendre et passionné;
Vous l'avez dans mon cœur, par cent vives blessures,
Cruellement assassiné.
C'est en sa place un courroux inflexible,
Un vif ressentiment, un dépit invincible,
Un désespoir d'un cœur justement animé,

Qui prétend vous haïr, pour cet affront sensible,
Autant qu'il est d'accord de vous avoir aimé;
 Et c'est haïr autant qu'il est possible.

JUPITER.

Hélas! que votre amour n'avait guère de force,
Si de si peu de chose on le peut voir mourir!
Ce qui n'était que jeu doit-il faire un divorce?
Et d'une raillerie a-t-on lieu de s'aigrir?

ALCMÈNE.

 Ah! c'est cela dont je suis offensée,
 Et que ne peut pardonner mon courroux :
 Des véritables traits d'un mouvement jaloux
  Je me trouverais moins blessée.
  La jalousie a des impressions
  Dont bien souvent la force nous entraîne;
 Et l'âme la plus sage, en ces occasions,
   Sans doute avec assez de peine
   Répond de ses émotions.
L'emportement d'un cœur qui peut s'être abusé
A de quoi ramener une âme qu'il offense;
 Et dans l'amour qui lui donne naissance,
Il trouve au moins, malgré toute sa violence,
  Des raisons pour être excusé.
De semblables transports, contre un ressentiment,
Pour défense toujours ont ce qui les fait naître;
   Et l'on donne grâce aisément
   A ce dont on n'est pas le maître.
   Mais, que de gayeté de cœur,
On passe aux mouvements d'une fureur extrême;
Que sans cause, l'on vienne, avec tant de rigueur,
   Blesser la tendresse et l'honneur
   D'un cœur qui chèrement nous aime,
  Ah! c'est un coup trop cruel en lui-même,
   Et que jamais n'oubliera ma douleur.

JUPITER.

Oui, vous avez raison, Alcmène, il se faut rendre.
Cette action sans doute est un crime odieux.
　　Je ne prétends plus le défendre ;
Mais souffrez que mon cœur s'en défende à vos yeux,
　　Et donne au vôtre à qui se prendre
　　De ce transport injurieux.
　A vous en faire un aveu véritable,
　L'époux, Alcmène, a commis tout le mal ;
C'est l'époux qu'il vous faut regarder en coupable :
L'amant n'a point de part à ce transport brutal,
Et de vous offenser son cœur n'est point capable ;
Il a pour vous, ce cœur, pour jamais y penser,
　　Trop de respect et de tendresse.
Et si de faire rien à vous pouvoir blesser
　　Il avait eu la coupable faiblesse,
De cent coups à vos yeux il voudrait le percer.
Mais l'époux est sorti de ce respect soumis
　　Où pour vous on doit toujours être ;
A son dur procédé l'époux s'est fait connaître,
Et par le droit d'hymen il s'est cru tout permis.
Oui, c'est lui qui sans doute est criminel vers vous.
Lui seul a maltraité votre aimable personne.
　　Haïssez, détestez l'époux,
　　J'y consens, et vous l'abandonne :
Mais, Alcmène, sauvez l'amant de ce courroux
　　Qu'une telle offense vous donne.
　　N'en jetez pas sur lui l'effet ;
　　Démêlez-le un peu du coupable :
　　Et, pour être enfin équitable,
Ne le punissez point de ce qu'il n'a pas fait.

ALCMÈNE.

　　Ah ! toutes ces subtilités
　　N'ont que des excuses frivoles ;
　　Et pour les esprits irrités

ACTE II. SCÈNE VI.

Ce sont des contre-temps que de telles paroles.
Ce détour ridicule est en vain pris par vous.
Je ne distingue rien en celui qui m'offense,
   Tout y devient l'objet de mon courroux ;
     Et dans sa juste violence,
  Sont confondus et l'amant et l'époux.
Tous deux de même sorte occupent ma pensée ;
Et des mêmes couleurs, par mon âme blessée,
   Tous deux ils sont peints à mes yeux :
Tous deux sont criminels, tous deux m'ont offensée,
    Et tous deux me sont odieux.

         JUPITER.

   Hé bien ! puisque vous le voulez,
   Il faut donc me charger du crime.
Oui, vous avez raison lorsque vous m'immolez
A vos ressentiments, en coupable victime.
Un trop juste dépit contre moi vous anime ;
Et tout ce grand courroux qu'ici vous étalez
Ne me fait endurer qu'un tourment légitime.
  C'est avec droit que mon abord vous chasse ;
    Et que de me fuir en tous lieux
     Votre colère me menace.
  Je dois vous être un objet odieux.
Vous devez me vouloir un mal prodigieux.
Il n'est aucune horreur que mon forfait ne passe,
    D'avoir offensé vos beaux yeux.
C'est un crime à blesser les hommes et les dieux ;
Et je mérite enfin, pour punir cette audace,
   Que contre moi votre haine ramasse
    Tous ses traits les plus furieux.
   Mais mon cœur vous demande grâce ;
Pour vous la demander je me jette à genoux,
Et la demande au nom de la plus vive flamme
   Du plus tendre amour dont une âme
   Puisse jamais brûler pour vous.

Si votre cœur, charmante Alcmène,
Me refuse la grâce où j'ose recourir,
Il faut qu'une atteinte soudaine
M'arrache, en me faisant mourir,
Aux dures rigueurs d'une peine
Que je ne saurais plus souffrir.
Oui, cet état me désespère.
Alcmène, ne présumez pas
Qu'aimant, comme je fais, vos célestes appas,
Je puisse vivre un jour avec votre colère.
Déjà de ces moments la barbare longueur
Fait, sous des atteintes mortelles,
Succomber tout mon triste cœur;
Et de mille vautours les blessures cruelles
N'ont rien de comparable à ma vive douleur.
Alcmène, vous n'avez qu'à me le déclarer :
S'il n'est point de pardon que je doive espérer,
Cette épée aussitôt, par un coup favorable,
Va percer à vos yeux le cœur d'un misérable,
Ce cœur, ce traître cœur, trop digne d'expirer,
Puisqu'il a pu fâcher un objet adorable :
Heureux, en descendant au ténébreux séjour,
Si de votre courroux mon trépas vous ramène,
Et ne laisse en votre âme, après ce triste jour,
Aucune impression de haine,
Au souvenir de mon amour!
C'est tout ce que j'attends pour faveur souveraine.

ALCMÈNE.

Ah! trop cruel époux!

JUPITER.

Dites, parlez, Alcmène.

ALCMÈNE.

Faut-il encor pour vous conserver des bontés,
Et vous voir m'outrager par tant d'indignités?

JUPITER.

Quelque ressentiment qu'un outrage nous cause,
Tient-il contre un remords d'un cœur bien enflammé?

ALCMÈNE.

Un cœur bien plein de flamme à mille morts s'expose,
Plutôt que de vouloir fâcher l'objet aimé.

JUPITER.

Plus on aime quelqu'un, moins on trouve de peine...

ALCMÈNE.

Non, ne m'en parlez point; vous méritez ma haine.

JUPITER.

Vous me haïssez donc?

ALCMÈNE.

J'y fais tout mon effort;
Et j'ai dépit de voir que toute votre offense
Ne puisse de mon cœur jusqu'à cette vengeance
Faire encore aller le transport.

JUPITER.

Mais pourquoi cette violence,
Puisque, pour vous venger, je vous offre ma mort?
Prononcez-en l'arrêt, et j'obéis sur l'heure.

ALCMÈNE.

Qui ne saurait haïr, peut-il vouloir qu'on meure?

JUPITER.

Et moi, je ne puis vivre, à moins que vous quittiez
Cette colère qui m'accable,
Et que vous m'accordiez le pardon favorable
Que je vous demande à vos pieds.
Résolvez ici l'un des deux,
Ou de punir, ou bien d'absoudre.

ALCMÈNE.

Hélas! ce que je puis résoudre
Paraît bien plus que je ne veux.
Pour vouloir soutenir le courroux qu'on me donne,
Mon cœur a trop su me trahir :

Dire qu'on ne saurait haïr,
N'est-ce pas dire qu'on pardonne?

JUPITER.

Ah! belle Alcmène, il faut que, comblé d'allégresse...

ALCMÈNE.

Laissez. Je me veux mal de mon trop de faiblesse.

JUPITER.

Va, Sosie, et dépêche-toi,
Voir dans les doux transports dont mon âme est charmée,
Ce que tu trouveras d'officiers de l'armée,
Et les invite à dîner avec moi.

(Bas, à part.)

Tandis que d'ici je le chasse,
Mercure y remplira sa place.

SCÈNE VII.

CLÉANTHIS, SOSIE.

SOSIE.

Hé bien! tu vois, Cléanthis, ce ménage.
Veux-tu qu'à leur exemple ici
Nous fassions entre nous un peu de paix aussi,
Quelque petit rapatriage?

CLÉANTHIS.

C'est pour ton nez, vraiment! cela se fait ainsi.

SOSIE.

Quoi! tu ne veux pas?

CLÉANTHIS.

Non.

SOSIE.

Il ne m'importe guère.

Tant pis pour toi.
####### CLÉANTHIS.
Là, là, revien.
####### SOSIE.
Non, morbleu ! je n'en ferai rien,
Et je veux être, à mon tour, en colère.
####### CLÉANTHIS.
Va, va, traître, laisse-moi faire ;
On se lasse parfois d'être femme de bien.

FIN DU DEUXIÈME ACTE.

ACTE TROISIÈME.

SCÈNE 1.

AMPHITRYON, seul.

Oui, sans doute, le sort tout exprès me le cache;
Et des tours que je fais, à la fin, je suis las.
Il n'est point de destin plus cruel, que je sache.
Je ne saurais trouver, portant partout mes pas,
    Celui qu'à chercher je m'attache;
Et je trouve tous ceux que je ne cherche pas.
Mille fâcheux cruels, qui ne pensent pas l'être,
De nos faits avec moi, sans beaucoup me connaître,
Viennent se réjouir, pour me faire enrager.
Dans l'embarras cruel du souci qui me blesse,
De leurs embrassements et de leur allégresse
Sur mon inquiétude ils viennent tous charger.
    En vain à passer je m'apprête,
    Pour fuir leurs persécutions;
Leur tuante amitié de tous côtés m'arrête;
Et tandis qu'à l'ardeur de leurs expressions
    Je réponds d'un geste de tête,
Je leur donne tout bas cent malédictions.
Ah! qu'on est peu flatté de louange, d'honneur,
Et de tout ce que donne une grande victoire,

ACTE III. SCÈNE I.

Lorsque dans l'âme on souffre une vive douleur !
Et que l'on donnerait volontiers cette gloire
    Pour avoir le repos du cœur !
    Ma jalousie, à tout propos,
    Me promène sur ma disgrâce ;
    Et plus mon esprit y repasse,
Moins j'en puis débrouiller le funeste chaos.
Le vol des diamants n'est pas ce qui m'étonne ;
On lève les cachets, qu'on ne l'aperçoit pas ;
Mais le don qu'on veut qu'hier j'en vins faire en personne
Est ce qui fait ici mon cruel embarras.
La nature parfois produit des ressemblances
Dont quelques imposteurs ont pris droit d'abuser ;
Mais il est hors de sens que, sous ces apparences,
Un homme pour époux se puisse supposer ;
Et dans tous ces rapports sont mille différences
Dont se peut une femme aisément aviser.
    Des charmes de la Thessalie
On vante de tout temps les merveilleux effets ;
Mais les contes fameux qui partout en sont faits
Dans mon esprit toujours ont passé pour folie ;
Et ce serait du sort une étrange rigueur,
    Qu'au sortir d'une ample victoire
    Je fusse contraint de les croire
    Aux dépens de mon propre honneur.
Je veux la retâter sur ce fâcheux mystère,
Et voir si ce n'est point une vaine chimère
Qui sur ses sens troublés ait su prendre crédit.
    Ah ! fasse le ciel équitable
    Que ce penser soit véritable,
Et que pour mon bonheur, elle ait perdu l'esprit !

SCÈNE II.

MERCURE, AMPHITRYON.

MERCURE, dans le balcon de la maison d'Amphitryon, sans être vu ni entendu d'Amphitryon.

Comme l'amour ici ne m'offre aucun plaisir,
Je m'en veux faire au moins qui soient d'autre nature,
Et je vais égayer mon sérieux loisir
A mettre Amphitryon hors de toute mesure.
Cela n'est pas d'un dieu bien plein de charité;
Mais aussi n'est-ce pas ce dont je m'inquiète;
    Et je me sens, par ma planète,
    A la malice un peu porté.

AMPHITRYON.

D'où vient donc qu'à cette heure on ferme cette porte?

MERCURE.

Holà! tout doucement. Qui frappe?

AMPHITRYON, sans voir Mercure.
Moi.

MERCURE.

Qui, moi?

AMPHITRYON, apercevant Mercure qu'il prend pour Sosie.

Ah! ouvre.

MERCURE.

Comment, ouvre! et qui donc es-tu, toi
Qui fais tant de vacarme et parles de la sorte?

AMPHITRYON.

Quoi! tu ne me connais pas?

MERCURE.

Non,
Et n'en ai pas la moindre envie.

AMPHITRYON, à part.

Tout le monde perd-il aujourd'hui la raison?
Est-ce un mal répandu? Sosie! holà! Sosie!

MERCURE.

Hé bien, Sosie! oui, c'est mon nom;
As-tu peur que je ne l'oublie?

AMPHITRYON.

Me vois-tu bien?

MERCURE.

Fort bien. Qui peut pousser ton bras
A faire une rumeur si grande?
Et que demandes-tu là-bas?

AMPHITRYON.

Moi, pendard! ce que je demande?

MERCURE.

Que ne demandes-tu donc pas?
Parle, si tu veux qu'on t'entende.

AMPHITRYON.

Attends, traître : avec un bâton
Je vais là-haut me faire entendre,
Et de bonne façon t'apprendre
A m'oser parler sur ce ton.

MERCURE.

Tout beau! si pour heurter tu fais la moindre instance,
Je t'enverrai d'ici des messagers fâcheux.

AMPHITRYON.

O ciel! vit-on jamais une telle insolence!
La peut-on concevoir d'un serviteur, d'un gueux?

MERCURE.

Hé bien! qu'est-ce? M'as-tu tout parcouru par ordre?
M'as-tu de tes gros yeux assez considéré?
Comme il les écarquille, et paraît effaré!
Si des regards on pouvait mordre,
Il m'aurait déja déchiré.

AMPHITRYON.

Moi-même je frémis de ce que tu t'apprêtes
   Avec ces impudents propos.
Que tu grossis pour toi d'effroyables tempêtes!
Quels orages de coups vont fondre sur ton dos!

MERCURE.

L'ami, si de ces lieux tu ne veux disparaître,
Tu pourras y gagner quelque contusion.

AMPHITRYON.

Ah! tu sauras, maraud, à ta confusion,
Ce que c'est qu'un valet qui s'attaque à son maître.

MERCURE.

Toi, mon maître?

AMPHITRYON.

     Oui, coquin! M'oses-tu méconnaître?

MERCURE.

Je n'en reconnais point d'autre qu'Amphitryon.

AMPHITRYON.

Et cet Amphitryon, qui, hors moi, le peut être?

MERCURE.

Amphitryon?

AMPHITRYON.

   Sans doute.

MERCURE.

     Ah! quelle vision!
Dis-nous un peu, quel est le cabaret honnête
   Où tu t'es coiffé le cerveau?

AMPHITRYON.

Comment! encore!

MERCURE.

    Était-ce un vin à faire fête!

AMPHITRYON.

 Ciel!

MERCURE.

Était-il vieux, ou nouveau?

AMPHITRYON.

Que de coups!

MERCURE.

Le nouveau donne fort dans la tête,
Quand on le veut boire sans eau.

AMPHITRYON.

Ah! je t'arracherai cette langue, sans doute.

MERCURE.

Passe, mon cher ami, crois-moi;
Que quelqu'un ici ne t'écoute.
Je respecte le vin. Va-t'en, retire-toi;
Et laisse Amphitryon dans les plaisirs qu'il goûte.

AMPHITRYON.

Comment! Amphitryon est là dedans?

MERCURE.

Fort bien;
Qui, couvert des lauriers d'une victoire pleine,
Est auprès de la belle Alcmène,
A jouir des douceurs d'un aimable entretien.
Après le démêlé d'un amoureux caprice,
Ils goûtent le plaisir de s'être rajustés.
Garde-toi de troubler leurs douces privautés,
Si tu ne veux qu'il ne punisse
L'excès de tes témérités.

SCÈNE III.

AMPHITRYON, seul.

Ah! quel étrange coup m'a-t-il porté dans l'âme!
En quel trouble cruel jette-t-il mon esprit!
Et si les choses sont comme le traître dit,
Où vois-je ici réduits mon honneur et ma flamme!

A quel parti me doit résoudre ma raison?
　Ai-je l'éclat ou le secret à prendre?
Et dois-je, en mon courroux, renfermer ou répandre
　　Le déshonneur de ma maison?
Ah! faut-il consulter dans un affront si rude?
Je n'ai rien à prétendre et rien à ménager;
　　Et toute mon inquiétude
　　Ne doit aller qu'à me venger.

SCÈNE IV.

AMPHITRYON, SOSIE; NAUCRATÈS et POLIDAS,
dans le fond du théâtre.

SOSIE, à Amphitryon.

Monsieur, avec mes soins, tout ce que j'ai pu faire,
C'est de vous amener ces messieurs que voici.

AMPHITRYON.

Ah! vous voilà!

SOSIE.

　　Monsieur.

AMPHITRYON.

　　　　Insolent! téméraire!

SOSIE.

Quoi?

AMPHITRYON.

　Je vous apprendrai de me traiter ainsi.

SOSIE.

Qu'est-ce donc? qu'avez-vous?

AMPHITRYON, mettant l'épée à la main.

　　　　Ce que j'ai, misérable?

SOSIE, à Naucratès et à Polidas.

　Holà, messieurs! venez donc tôt.

ACTE III. SCÈNE IV.

NAUCRATÈS, à Amphitryon.

Ah! de grâce, arrêtez!

SOSIE.

De quoi suis-je coupable?

AMPHITRYON.

Tu me le demandes, maraud?
(A Naucratès.)
Laissez-moi satisfaire un courroux légitime.

SOSIE.

Lorsque l'on pend quelqu'un, on lui dit pourquoi c'est.

NAUCRATÈS, à Amphitryon.

Daignez nous dire au moins quel peut être son crime.

SOSIE.

Messieurs, tenez bon, s'il vous plaît.

AMPHITRYON.

Comment! il vient d'avoir l'audace
De me fermer ma porte au nez,
Et de joindre encor la menace
A mille propos effrénés!
(Voulant le frapper.)
Ah! coquin!

SOSIE, tombant à genoux.

Je suis mort.

NAUCRATÈS, à Amphitryon.

Calmez cette colère.

SOSIE.

Messieurs!

POLIDAS, à Sosie.

Qu'est-ce?

SOSIE.

M'a-t-il frappé?

AMPHITRYON.

Non, il faut qu'il ait le salaire

Des mots où tout à l'heure il s'est émancipé.

SOSIE.

Comment cela se peut-il faire,
Si j'étais par votre ordre autre part occupé?
Ces messieurs sont ici pour rendre témoignage
Qu'à dîner avec vous je les viens d'inviter.

NAUCRATÈS.

Il est vrai qu'il nous vient de faire ce message,
Et n'a point voulu nous quitter.

AMPHITRYON.

Qui t'a donné cet ordre?

SOSIE.

Vous.

AMPHITRYON.

Et quand?

SOSIE.

Après votre paix faite,
Au milieu des transports d'une âme satisfa
D'avoir d'Alcmène apaisé le courroux.

(Sosie se relève.)

AMPHITRYON.

O ciel! chaque instant, chaque pas
Ajoute quelque chose à mon cruel martyre;
Et, dans ce fatal embarras,
Je ne sais plus que croire ni que dire.

NAUCRATÈS.

Tout ce que de chez vous il vient de nous conter
Surpasse si fort la nature,
Qu'avant que de rien faire et de vous emporter,
Vous devez éclaircir toute cette aventure.

AMPHITRYON.

Allons; vous y pourrez seconder mon effort;
Et le ciel à propos ici vous a fait rendre.
Voyons quelle fortune en ce jour peut m'attendre.

Débrouillons ce mystère, et sachons notre sort.
  Hélas! je brûle de l'apprendre,
  Et je le crains plus que la mort.
(Amphitryon frappe à la porte de sa maison.)

SCÈNE V.

JUPITER, AMPHITRYON, NAUCRATÈS, POLIDAS, SOSIE.

JUPITER.

  Quel bruit à descendre m'oblige ?
  Et qui frappe en maître où je suis ?

AMPHITRYON.

Que vois-je? justes dieux!

NAUCRATÈS.

             Ciel! quel est ce prodige?
Quoi! deux Amphitryons ici nous sont produits!

AMPHITRYON, à part.

Mon âme demeure transie!
Hélas! je n'en puis plus, l'aventure est à bout;
  Ma destinée est éclaircie,
  Et ce que je vois me dit tout.

NAUCRATÈS.

Plus mes regards sur eux s'attachent fortement,
Plus je trouve qu'en tout l'un à l'autre est semblable.

SOSIE, passant du côté de Jupiter.

  Messieurs, voici le véritable;
L'autre est un imposteur digne de châtiment.

POLIDAS.

  Certes, ce rapport admirable
  Suspend ici mon jugement.

AMPHITRYON.

C'est trop être éludés par un fourbe exécrable;

Il faut avec ce fer rompre l'enchantement.

NAUCRATÈS, à Amphitryon, qui a mis l'épée à la main.

Arrêtez.

AMPHITRYON.

Laissez-moi.

NAUCRATÈS.

Dieux! que voulez-vous faire?

AMPHITRYON.

Punir d'un imposteur les lâches trahisons.

JUPITER.

Tout beau! l'emportement est fort peu nécessaire;
Et lorsque de la sorte on se met en colère,
On fait croire qu'on a de mauvaises raisons.

SOSIE.

Oui, c'est un enchanteur qui porte un caractère,
Pour ressembler aux maîtres des maisons.

AMPHITRYON, à Sosie.

Je te ferai, pour ton partage,
Sentir par mille coups ces propos outrageants.

SOSIE.

Mon maître est homme de courage,
Et ne souffrira point que l'on batte ses gens.

AMPHITRYON.

Laissez-moi m'assouvir dans mon courroux extrême,
Et laver mon affront au sang d'un scélérat.

NAUCRATÈS, arrêtant Amphitryon.

Nous ne souffrirons point cet étrange combat
D'Amphitryon contre lui-même.

AMPHITRYON.

Quoi! mon honneur de vous reçoit ce traitement!
Et mes amis d'un fourbe embrassent la défense!
Loin d'être les premiers à prendre ma vengeance,
Eux-mêmes font obstacle à mon ressentiment!

NAUCRATÈS.

Que voulez-vous qu'à cette vue

ACTE III. SCÈNE V.

　　Fassent nos résolutions,
　　Lorsque par deux Amphitryons
Toute notre chaleur demeure suspendue?
A vous faire éclater notre zèle aujourd'hui
Nous craignons de faillir et de vous méconnaître.
Nous voyons bien en vous Amphitryon paraître,
Du salut des Thébains le glorieux appui ;
Mais nous le voyons tous aussi paraître en lui,
Et ne saurions juger dans lequel il peut être.
　　Notre parti n'est point douteux,
Et l'imposteur par nous doit mordre la poussière ;
Mais ce parfait rapport le cache entre vous deux ;
　　Et c'est un coup trop hasardeux
　　Pour l'entreprendre sans lumière.
　　Avec douceur laissez-nous voir
　De quel côté peut être l'imposture ;
Et, dès que nous aurons démêlé l'aventure,
Il ne nous faudra point dire notre devoir.

JUPITER.

Oui, vous avez raison ; et cette ressemblance
A douter de tous deux vous peut autoriser.
Je ne m'offense point de vous voir en balance ;
Je suis plus raisonnable, et sais vous excuser.
L'œil ne peut entre nous faire de différence,
Et je vois qu'aisément on s'y peut abuser.
Vous ne me voyez point témoigner de colère,
　　Point mettre l'épée à la main ;
C'est un mauvais moyen d'éclaircir ce mystère,
Et j'en puis trouver un plus doux et plus certain.
　　L'un de nous est Amphitryon ;
Et tous deux à vos yeux nous le pouvons paraître.
C'est à moi de finir cette confusion ;
Et je prétends me faire à tous si bien connaître,
Qu'aux pressantes clartés de ce que je puis être
Lui-même soit d'accord du sang qui m'a fait naître,

Et n'ait plus de rien dire aucune occasion.
C'est aux yeux des Thébains que je veux avec vous
De la vérité pure ouvrir la connaissance;
Et la chose sans doute est assez d'importance
    Pour affecter la circonstance
    De l'éclaircir aux yeux de tous.
Alcmène attend de moi ce public témoignage ;
Sa vertu, que l'éclat de ce désordre outrage,
Veut qu'on la justifie, et j'en vais prendre soin.
C'est à quoi mon amour envers elle m'engage;
Et des plus nobles chefs je fais un assemblage
Pour l'éclaircissement dont sa gloire a besoin.
Attendant avec vous ces témoins souhaités,
    Ayez, je vous prie, agréable
    De venir honorer la table
    Où vous a Sosie invités.

SOSIE.

Je ne me trompais pas; messieurs, ce mot termine
    Toute l'irrésolution :
    Le véritable Amphitryon
    Est l'Amphitryon où l'on dîne[1].

AMPHITRYON.

O ciel! puis-je plus bas me voir humilié !
Quoi! faut-il que j'entende ici, pour mon martyre,
Tout ce que l'imposteur, à mes yeux, vient de dire ;
Et que, dans la fureur que ce discours m'inspire,
    On me tienne le bras lié !

NAUCRATÈS, à Amphitryon.

Vous vous plaignez à tort. Permettez-nous d'attendre
    L'éclaircissement qui doit rendre
    Les ressentiments de saison.
    Je ne sais pas s'il impose;
    Mais il parle sur la chose

---

[1] Ce mot est passé en proverbe.

Comme s'il avait raison.

AMPHITRYON.

Allez, faibles amis, et flattez l'imposture :
Thèbes en a pour moi de tout autres que vous;
Et je vais en trouver qui, partageant l'injure,
Sauront prêter la main à mon juste courroux.

JUPITER.

Hé bien! je les attends, et saurai décider
   Le différend en leur présence.

AMPHITRYON.

Fourbe, tu crois par là peut-être t'évader;
Mais rien ne te saurait sauver de ma vengeance.

JUPITER.

  A ces injurieux propos
  Je ne daigne à présent répondre;
  Et tantôt je saurai confondre
  Cette fureur avec deux mots.

AMPHITRYON.

Le ciel même, le ciel ne t'y saurait soustraire;
Et jusques aux enfers j'irai suivre tes pas.

JUPITER.

  Il ne sera pas nécessaire;
Et l'on verra tantôt que je ne fuirai pas.

AMPHITRYON, à part.

Allons, courons, avant que d'avec eux il sorte,
Assembler des amis qui suivent mon courroux;
  Et chez moi venons à main forte
  Pour le percer de mille coups.

SCÈNE VI.

JUPITER, NAUCRATÈS, POLIDAS, SOSIE.

JUPITER.

Point de façons, je vous conjure;
Entrons vite dans la maison.

NAUCRATÈS.

Certes, toute cette aventure
Confond le sens et la raison.

SOSIE.

Faites trêve, messieurs, à toutes vos surprises,
Et, pleins de joie, allez tabler jusqu'à demain.
(Seul.)
Que je vais m'en donner! et me mettre en beau train
De raconter nos vaillantises!
Je brûle d'en venir aux prises;
Et jamais je n'eus tant de faim.

SCÈNE VII.

MERCURE, SOSIE.

MERCURE.

Arrête. Quoi! tu viens ici mettre ton nez,
Impudent fleureur de cuisine?

SOSIE.

Ah! de grâce, tout doux.

MERCURE.

Ah! vous y retournez!

Je vous ajusterai l'échine.

SOSIE.

Hélas! brave et généreux moi,
Modère-toi, je t'en supplie.
Sosie, épargne un peu Sosie,
Et ne te plais point tant à frapper dessus toi.

MERCURE.

Qui de t'appeler de ce nom
A pu te donner la licence?
Ne t'en ai-je pas fait une expresse défense,
Sous peine d'essuyer mille coups de bâton?

SOSIE.

C'est un nom que tous deux nous pouvons à la fois
   Posséder sous un même maître.
Pour Sosie en tous lieux on sait me reconnaître;
    Je souffre bien que tu le sois,
    Souffre aussi que je le puisse être.
    Laissons aux deux Amphitryons
    Faire éclater des jalousies ;
    Et parmi leurs contentions,
Faisons en bonne paix vivre les deux Sosies.

MERCURE.

Non, c'est assez d'un seul; et je suis obstiné
   A ne point souffrir de partage.

SOSIE.

Du pas devant sur moi tu prendras l'avantage :
Je serai le cadet, et tu seras l'aîné.

MERCURE.

Non ! un frère incommode, et n'est pas de mon goût,
   Et je veux être fils unique.

SOSIE.

   O cœur barbare et tyrannique !
Souffre qu'au moins je sois ton ombre.

MERCURE.

      Point du tout.

SOSIE.

Que d'un peu de pitié ton âme s'humanise !
En cette qualité souffre-moi près de toi :
Je te serai partout une ombre si soumise,
  Que tu seras content de moi.

MERCURE.

Point de quartier; immuable est la loi.
Si d'entrer là dedans tu prends encor l'audace,
  Mille coups en seront le fruit.

SOSIE.

  Las ! à quelle étrange disgrâce,
  Pauvre Sosie, es-tu réduit !

MERCURE.

  Quoi ! ta bouche se licencie
A te donner encore un nom que je défends !

SOSIE.

  Non, ce n'est pas moi que j'entends ;
  Et je parle d'un vieux Sosie
  Qui fut jadis de mes parents,
  Qu'avec très-grande barbarie,
A l'heure du dîner, l'on chassa de céans.

MERCURE.

Prends garde de tomber dans cette frénésie,
Si tu veux demeurer au nombre des vivants.

SOSIE, à part.

Que je te rosserais si j'avais du courage,
Double fils de putain, de trop d'orgueil enflé !

MERCURE.

Que dis-tu ?

SOSIE.

  Rien.

MERCURE.

    Tu tiens, je crois, quelque langage.

SOSIE.

Demandez, je n'ai pas soufflé.
MERCURE.
Certain mot de fils de putain
A pourtant frappé mon oreille,
Il n'est rien de plus certain.
SOSIE.
C'est donc un perroquet que le beau temps réveille.
MERCURE.
Adieu. Lorsque le dos pourra te démanger,
Voilà l'endroit où je demeure.
SOSIE, seul.
O ciel! que l'heure de manger,
Pour être mis dehors, est une maudite heure!
Allons, cédons au sort dans notre affliction;
Suivons-en aujourd'hui l'aveugle fantaisie;
  Et, par une juste union,
  Joignons le malheureux Sosie
  Au malheureux Amphitryon.
Je l'aperçois venir en bonne compagnie.

SCÈNE VIII.

AMPHITRYON, ARGATIPHONTIDAS, PAUSICLÈS;
SOSIE, dans un coin du théâtre, sans être aperçu.

AMPHITRYON, à plusieurs autres officiers qui l'accompagnent.
Arrêtez là, messieurs, suivez-nous d'un peu loin,
  Et n'avancez tous, je vous prie,
  Que quand il en sera besoin.
PAUSICLÈS.
Je comprends que ce coup doit fort toucher votre âme.

AMPHITRYON.

Ah! de tous les côtés mortelle est ma douleur,
  Et je souffre pour ma flamme
  Autant que pour mon honneur.

PAUSICLÈS.

Si cette ressemblance est telle que l'on dit,
  Alcmène, sans être coupable...

AMPHITRYON.

  Ah! sur le fait dont il s'agit
L'erreur simple devient un crime véritable,
Et sans consentement l'innocence y périt.
De semblables erreurs, quelque jour qu'on leur donne,
  Touchent des endroits délicats ;
  Et la raison bien souvent les pardonne,
Que l'honneur et l'amour ne les pardonnent pas.

ARGATIPHONTIDAS.

Je n'embarrasse point là dedans ma pensée :
Mais je hais vos messieurs de leurs honteux délais;
Et c'est un procédé dont j'ai l'âme blessée,
Et que les gens de cœur n'approuveront jamais.
Quand quelqu'un nous emploie, on doit, tête baissée,
  Se jeter dans ses intérêts.
Argatiphontidas ne va point aux accords.
Écouter d'un ami raisonner l'adversaire,
Pour des hommes d'honneur, n'est point un coup à faire ;
Il ne faut écouter que la vengeance alors.
  Le procès ne me sauroit plaire.
Et l'on doit commencer toujours, dans ses transports,
  Par bailler, sans autre mystère,
  De l'épée au travers du corps.
  Oui, vous verrez, quoi qu'il advienne,
Qu'Argatiphontidas marche droit sur ce point;
  Et de vous il faut que j'obtienne
  Que le pendard ne meure point
  D'une autre main que de la mienne.

AMPHITRYON.

Allons.

SOSIE, à Amphitryon.

Je viens, monsieur, subir à vos genoux
Le juste châtiment d'une audace maudite.
Frappez, battez, chargez, accablez-moi de coups,
    Tuez-moi dans votre courroux,
    Vous ferez bien, je le mérite;
Et je n'en dirai pas un seul mot contre vous.

AMPHITRYON.

Lève-toi. Que fait-on?

SOSIE.

        L'on m'a chassé tout net;
Et, croyant à manger m'aller comme eux ébattre,
    Je ne songeais pas qu'en effet
    Je m'attendais là pour me battre.
Oui, l'autre moi, valet de l'autre vous, a fait
    Tout de nouveau le diable à quatre.
    La rigueur d'un pareil destin,
    Monsieur, aujourd'hui nous talonne;
    Et l'on me des-Sosie enfin
    Comme on vous des–Amphitryonne.

AMPHITRYON.

Suis-moi.

SOSIE.

N'est-il pas mieux de voir s'il vient personne?

SCÈNE IX.

CLÉANTHIS, AMPHITRYON, ARGATIPHONTIDAS,
POLIDAS, NAUCRATÈS, PAUSICLÈS, SOSIE.

CLÉANTHIS.

O ciel !

AMPHITRYON.

Qui t'épouvante ainsi ?
Quelle est la peur que je t'inspire ?

CLÉANTHIS.

Las ! vous êtes là-haut, et je vous vois ici !

NAUCRATÈS, à Amphitryon.

Ne vous pressez point ; le voici
Pour donner devant tous les clartés qu'on désire,
Et qui, si l'on peut croire à ce qu'il vient de dire,
Sauront vous affranchir de trouble et de souci.

SCÈNE X.

MERCURE, AMPHITRYON, ARGATIPHONTIDAS, POLIDAS,
NAUCRATÈS, PAUSICLÈS, CLÉANTHIS,
SOSIE.

MERCURE.

Oui, vous l'allez voir tous ; et sachez par avance
   Que c'est le grand maître des dieux
Que, sous les traits chéris de cette ressemblance,
Alcmène a fait du ciel descendre dans ces lieux.
   Et quant à moi, je suis Mercure ;

Qui, ne sachant que faire, ai rossé tant soit peu
　　Celui dont j'ai pris la figure :
Mais de s'en consoler il a maintenant lieu;
　　Et les coups de bâton d'un dieu
　　　Font honneur à qui les endure.

SOSIE.

Ma foi, monsieur le dieu, je suis votre valet :
Je me serais passé de votre courtoisie.

MERCURE.

Je lui donne à présent congé d'être Sosie ;
Je suis las de porter un visage si laid ;
Et je m'en vais au ciel, avec de l'ambroisie,
　　M'en débarbouiller tout à fait.

　　　　　　　　　　　　(Mercure s'envole.)

SOSIE.

Le ciel de m'approcher t'ôte à jamais l'envie!
Ta fureur s'est par trop acharnée après moi;
　　Et je ne vis de ma vie
　　Un dieu plus diable que toi.

SCÈNE XI.

JUPITER, AMPHITRYON, NAUCRATÈS, ARGATIPHONDITAS, POLIDAS, PAUSICLÈS, CLÉANTHIS, SOSIE.

JUPITER, dans une nue sur son aigle, armé de son foudre, au bruit du tonnerre et des éclairs.

Regarde, Amphitryon, quel est ton imposteur;
Et sous tes propres traits vois Jupiter paraître.
A ces marques tu peux aisément le connaître ;
Et c'est assez, je crois, pour remettre ton cœur
　　Dans l'état auquel il doit être,
Et rétablir chez toi la paix et la douceur.

Mon nom, qu'incessamment toute la terre adore,
Étouffe ici les bruits qui pouvaient éclater.
    Un partage avec Jupiter
    N'a rien du tout qui déshonore;
Et sans doute il ne peut être que glorieux
De se voir le rival du souverain des dieux.
Je n'y vois pour ta flamme aucun lieu de murmure;
    Et c'est moi, dans cette aventure,
Qui, tout dieu que je suis, dois être le jaloux.
Alcmène est toute à toi, quelque soin qu'on emploie;
Et ce doit à tes feux être un objet bien doux
De voir que pour lui plaire il n'est point d'autre voie
    Que de paraître son époux :
Que Jupiter, orné de sa gloire immortelle,
Par lui-même n'a pu triompher de sa foi :
    Et que ce qu'il a reçu d'elle
N'a, par son cœur ardent, été donné qu'à toi.

SOSIE, à part.

Le seigneur Jupiter sait dorer la pilule.

JUPITER.

Sors donc des noirs chagrins que ton cœur a soufferts,
Et rends le calme entier à l'ardeur qui te brûle.
Chez toi doit naître un fils qui, sous le nom d'Hercule,
Remplira de ses faits tout le vaste univers.
L'éclat d'une fortune en mille biens féconde
Fera connaître à tous que je suis ton support;
    Et je mettrai tout le monde
    Au point d'envier ton sort.
    Tu peux hardiment te flatter
    De ces espérances données.
    C'est un crime que d'en douter :
    Les paroles de Jupiter
    Sont des arrêts des destinées.

(Il se perd dans les nues.)

NAUCRATÈS.

Certes, je suis ravi de ces marques brillantes...

SOSIE.

Messieurs, voulez-vous bien suivre mon sentiment?
    Ne vous embarquez nullement
      Dans ces douceurs congratulantes :
      C'est un mauvais embarquement;
Et d'une et d'autre part, pour un tel compliment,
      Les phrases sont embarrassantes.
Le grand dieu Jupiter nous fait beaucoup d'honneur,
Et sa bonté, sans doute, est pour nous sans seconde;
    Il nous promet l'infaillible bonheur
      D'une fortune en mille biens féconde,
Et chez nous il doit naître un fils d'un très-grand cœur :
      Tout cela va le mieux du monde.
    Mais enfin, coupons aux discours,
Et que chacun chez soi doucement se retire.
      Sur telles affaires, toujours
    Le meilleur est de ne rien dire.

FIN D'AMPHITRYON.

TABLE DES MATIÈRES.

	Page
Le Misanthrope, comédie	1
Le Médecin malgré lui, comédie	105
Mélicerte, comédie, pastorale héroïque	167
Pastorale comique	199
Le Sicilien ou l'Amour peintre, comédie	209
Le Tartuffe ou l'Imposteur, comédie	241
Amphitryon, comédie	407

LA BIBLIOTHÈQUE UNIVERSELLE DES FAMILLES

SE COMPOSE DE 500 BEAUX VOLUMES

CHOISIS PARMI LES MEILLEURS OUVRAGES ANCIENS ET MODERNES

Prix, par série, 2 francs le volume. — Séparément, 2 fr. 50 c.

Voici les Ouvrages compris dans la première Série, classés par ordre de matières :

RELIGION.

NOUVEAU TESTAMENT. — Les Évangiles. — Les Actes des Apôtres. — Epîtres, etc.   2
L'IMITATION DE JÉSUS-CHRIST. 1
LA VIE DE JÉSUS-CHRIST 1
BOSSUET. — Traité de la Connaissance de Dieu et de soi-même. — Traité du libre arbitre. — Oraisons funèbres. — Elév. à Dieu sur les Myst. de la Relig.   3
BOURDALOUE. — Avent. — Carême . . . 3
FÉNELON. — Traité de l'Existence de Dieu. — Lettres sur divers sujets de métaphysique et de religion 1
SAINT FRANÇOIS DE SALES. — Introduction à la vie dévote 1
FLÉCHIER. — Oraisons funèbres. — Sermons. — Discours de piété 3
MASSILLON. — Avent. — Carême. — Petit Carême. — Oraisons funèbres . . . 5

MORALE.

LA ROCHEFOUCAULD. — Maximes . . . 1
LA BRUYÈRE. — Caractères 1
PASCAL. — Pensées 1
VAUVENARGUES. — Pensées 1

PHILOSOPHIE.

DESCARTES. — Discours de la Méthode. — Les Méditations. — Réponses aux Objections. — Passions de l'Ame, etc.   2
MALEBRANCHE. — Recherche de la vérité. — Entretiens métaphysiques. — Méditations. — Traité de l'amour de Dieu. Entretiens d'un philosophe chrétien et d'un philosophe chinois 2

HISTOIRE.

AMYOT. — Vies des Hommes célèbres de Plutarque 3
BOSSUET. — Discours sur l'Hist. univ. . 1
FLÉCHIER. — Hist. de Théodose le Grand. 1
MONTESQUIEU. — Considérations sur les Causes de la grandeur et de la décadence des Romains 1
RETZ (CARDINAL DE). — Mémoires . . . 2
VOLTAIRE. — Siècle de Louis XIV. — Siècle de Louis XV. — Hist. de Charles XII   4

POÉSIE.

BOILEAU. — Œuvres complètes 3
CORNEILLE (PIERRE). — Œuvres complètes. 7
CORNEILLE (THOMAS). — Œuvres . . . 1
CHÉNIER (ANDRÉ). — Poésies 1

POÉSIE.

DELILLE. — L'Imagination. — Les Géorgiques. — Malheur et Pitié. — Les Jardins. — l'Homme des champs. — Pièces diverses 4
MALHERBE. — Œuvres 1
MOLIÈRE. — Œuvres complètes 5
RACINE (JEAN). — Œuvres complètes . 2
RACINE (LOUIS). — Poëme de la Religion. — Poëme de la Grâce. — Odes sacrées. — Pièces diverses 1
REGNARD. — Œuvres choisies 1
VOLTAIRE. — Théâtre choisi. — La Henriade. — Choix de poésies 4

LITTÉRATURE.

BERNARDIN DE SAINT-PIERRE. — Études de la nature 2
CHATEAUBRIAND. — Génie du Christianisme 1
FÉNELON. — Éducation des Filles. — Dialogues sur l'Eloquence. — Opuscules littéraires. — Poésies 1
FONTENELLE. — Entretiens sur la pluralité des mondes 1
Mme DE SÉVIGNÉ. — Œuvres complètes . 8
VOLTAIRE. — Choix de Correspondance . 2

HISTOIRE NATURELLE.

BUFFON. — Histoire de l'Homme. — Histoire des Mammifères 2

ROMANS.

BERNARDIN DE SAINT-PIERRE. — Paul et Virginie. — La Chaumière indienne. — Voyage à l'île de France 1
FÉNELON. — Télémaque 1
Mme DE STAEL. — Corinne 1

FABLES.

LA FONTAINE. — Fables 1
FÉNELON. — Fables 1
FLORIAN. — Fables 1

VOYAGES.

BARTHÉLEMY. — Voyage d'Anacharsis . 4
CHATEAUBRIAND. — Voyages. — Itinéraire de Paris à Jérusalem 2

DROIT PUBLIC.

D'AGUESSEAU. — Mercuriales 1
MONTESQUIEU. — Esprit des lois . . . 2

www.ingramcontent.com/pod-product-compliance
Lightning Source LLC
Chambersburg PA
CBHW051129230426
43670CB00007B/737